異文化間教育 とは何か

グローバル人材育成のために

西山教行・細川英雄・大木充 編

異文化間教育とは何か
目　次

はじめに　　　　　　　　　　　　　　　　　　　　　　　大木 充　iv

◇　◇

▼第1部　ことば・文化・アイデンティティ▼

[序]
今，なぜ「ことば・文化・アイデンティティ」か

細川 英雄　2

第1章
異文化間教育とは何か

フランシス・カルトン
堀 晋也（訳）　9

第2章
「共に生きる」社会形成とその教育
　──欧州評議会の活動を例として

福島 青史　23

第3章
ことば・文化・アイデンティティをつなぐ言語教育実践

細川 英雄　42

▼第2部　言語教育から異文化間(インターカルチャー)へ▼

[序]
異文化間教育はどのように生まれたか

西山 教行　62

第4章
複数文化と異文化間能力

ダニエル・コスト
倉舘 健一（訳） 73

第5章
複言語能力の養成
―― 大学の国際化の挑戦と課題

ダニエル・モーア
大山 万容（訳） 92

第6章
間を見つける力
―― 外国語教育と異文化間能力

姫田 麻利子 118

▼第3部　異文化間(インターカルチャー)と人材育成▼

[序]
異文化間教育と市民性教育・グローバル教育

大木 充 142

第7章
異文化間市民教育
―― 外国語教育の役割

マイケル・バイラム
柳 美佐（訳） 155

第8章
グローバル教育の立場から見た異文化間(インターカルチャー)と人材育成

キップ・ケイツ 180

第 9 章
継承語・継承文化学習支援と異文化間教育の実践
　　　　　　　　　　　　　　　　　　　　　　落合 知子　209

あとがき　　　　　　　　　　　　　　　　　　西山 教行　232

はじめに

大木 充

　本書は，全体を通じて「異文化間(インターカルチャー)教育とは何か」を問うている。グローバル時代ということで，世をあげていろいろなところで，いろいろな人が「異文化間」ということばを使っているが，本書で「異文化間教育とは何か」を改めて問うのには，3つの理由がある。

　1つ目は，「異文化間教育」あるいはそれと深く関係している「異文化間能力」が，意図的もしくは非意図的にしばしば偏った意味で使われているからである。たとえば，異文化間能力が「異文化適応力」の意味で，外国でのサバイバル能力の一種として使われることがある。企業が求めるグローバル人材の資質の1つとしてなら，異文化間能力が「異文化適応力」とイコールになっていても，さもありなんと納得できる。しかし，大学も含めて学校という組織で育成するべき生徒や学生の異文化間能力は，「異文化適応力」だけではないはずである。「異文化間教育」イコール「異文化適応力」の養成ではないはずだ。また，異文化間教育や異文化間能力が十分に理解されているとは思えないこともしばしばある。たとえば，日本の学校では最近，生徒や学生の海外研修がさかんに行われている。異文化体験をさせれば，自動的に異文化間能力が身につくという風潮があるが，はたしてそうであろうか。

　2つ目の理由は，現状では「異文化間教育」や「異文化間能力」の重要性が十分に認識されていないからである。そのため，教育の現場であいかわらず言語能力偏重の教育が行われていて，異文化間教育が軽視されている。初等教育，中等教育の外国語の学習指導要領で異文化間教育に関するどんな美辞麗句をならべても，実際に実施されなければ意味がない。そのためには，関係者が異文化間教育の重要性を理解し，実施できる体制を作らなければならない。また，日本においては，ビジネスの世界で高度な外国語運用能力をそなえた人材はそれほど必要ではない。大部分の大学生には，高度な外国語運用能力は必要ではない。彼らに必要なのは，むしろ異文化間能力である。本書の中で，異文

化間教育研究の泰斗であるコストは「この異文化間能力とは，教育に追加されるものの１つに過ぎないのではなく，教育の核心を占めるものとして捉えられる必要があるだろう」と述べている。

　本書で「異文化間教育とは何か」を問う残り１つの理由は，現代社会における異文化間教育のあるべき姿を明確にするためである。社会のグローバル化により，我が国においても異なる文化との接触が日常化されつつある。また，国際競争だけではなく国際協調も重要性が増している。このような変貌しつつある社会環境に応じるために，市民性教育，グローバル教育，ESD（持続可能な開発のための教育）などが行われるようになってきている。現時点における異文化間教育の意義は何か。立ち位置はどこにあるのか。改めて問うてみる必要がある。

　本書は，異文化間教育に関係している抽象的な概念から具体的な人材育成までを理解できるように，「第１部　ことば・文化・アイデンティティ」，「第２部　言語教育から異文化間教育へ」，「第３部　異文化間と人材育成」の全３部で構成されている。異文化間教育研究のもう一人の泰斗バイラムは，本書の中で重要な異文化間能力として物事を批判的に評価する能力をあげている。読者のみなさんには，それぞれの論考を批判的精神を持って読んでいただきたい。そのうえで，「英語が使える日本人」を養成するより，日本のために，地球のために，いま必要なのは，たとえ英語はそれほどできなくても，「異文化間能力をそなえた日本人」であることを確信していただければ，編者としては幸せである。

　なお，2013年4月に，京都大学で国際研究集会「真のグローバル人材育成を目指して──その理念と実践」が開催され，「異文化間教育とグローバル人材育成」について，講演および研究発表が行われた。本書に掲載されている論考の大部分は，その成果に基づいている。

第1部

ことば・文化・アイデンティティ

［序］今，なぜ「ことば・文化・アイデンティティ」か ...... 細川 英雄

異文化間教育とは何か ...... フランシス・カルトン

「共に生きる」社会形成とその教育 ...... 福島 青史

ことば・文化・アイデンティティをつなぐ言語教育実践 ...... 細川 英雄

[序]

今，なぜ「ことば・文化・アイデンティティ」か

細川 英雄

今，なぜ「ことば・文化・アイデンティティ」か
　第1部は，本書全体のテーマである「異文化間教育の可能性——インターカルチャーとは何か」という観点から，ことば・文化・アイデンティティの課題について検討するものである。
　まず，「異文化間教育」というテーマにおいて，ことば・文化・アイデンティティという3つの概念が話題になる前提について考えてみよう。
　「ことば」については，いうまでもなく，言語の学習及び教育の課題である。一般には，言語教育という用語で扱われることばの学習・教育の課題は，本書の編者にとっても共通の分野・領域である。
　次に，「文化」の課題は，言語教育からさらに発展して，言語と文化の教育として，ことばと文化を統合して捉えようとする視点から生まれたものである。1970年代から展開する，さまざまな文化論は，社会学や文化人類学では大きく発展したが，言語教育とはほとんど結びつかず，双方が別々のものとして捉えられる傾向にあった。1980年代初頭からの「異文化間教育」も言語教育とは結びつかないまま，1990年代後半に入って，ようやくことばと文化の統合が指摘されるようになり，言語文化教育という新しい分野に向けて考えていこうとする動きが高まってきた。
　一方，「アイデンティティ」についての課題は，このことばと文化の教育課題を結ぶものとして位置づけることができる。アイデンティティとは何かという問いは，まだ決着を見ているわけではなく，日本語にも定訳はない。「自己同一性」等と訳されることもあるが，「同一」の意味は定かではない。むしろ自己をどのように規定するかという意味での「自己規定性」というような意味合いのほうが，わかりやすいかもしれない。その自己規定の際に，たとえば，

「日本人としてのアイデンティティ」というような表現に象徴されるように，これまでは国家や民族への帰属意識が中心に論じられてきた。しかし，社会・文化の複数性から見ると，必ずしも国家・民族への帰属ばかりがアイデンティティではなく，むしろ自分を複数社会の中でどのように規定していくか，その際の個人の自己意識のあり方を考えることが，アイデンティティの課題として注目されるようになってきている。

このとき，どのようなことばをどのように使い，自分以外の他者とどのように関わっていくか，そして，その他者とともにどのような社会を構築するのかというような態度が，ことばと文化の教育として重要だという認識が次第に広まりつつあるといえるだろう。ここに，ことばと文化の教育を考える際のアイデンティティの意味があるといえる。

ことばの教育の推移と現在

いわゆる外国語教育としての言語教育という分野が生まれたのは，この200年ほどの話である。17世紀半ばに蒸気機関が発明され，いわゆる産業革命が起こったことで大航海時代と呼ばれる大きな移動が始まり，それがさまざまな資源の利権と重なって植民地主義に展開する。言語教育はその植民地主義とともに発達した。直接法の祖といわれるフランスのF. グアンによる『言語教授及び研究法』が1800年代初頭の出版で，日本語教育でも明治の末期に台湾で山口喜一郎の直接法が始まっている。その後，世界的な動きとして，さまざまな教授法が開発されるが，一つに集約されることはなく，やがて教授法なき時代（Post Method Era）が来る。

1950-60年代の言語構造主義的時代を経て，1970年代から80年代にかけては，ヨーロッパで生まれたコミュニカティブ・アプローチに基づき，実社会に役立つ「コミュニケーション能力育成」主義の言語教育が発展する。前代の言語構造主義で開発された言語知識（語彙・文型）と仮想場面のタスクを組み合わせる形で語用論的に展開する時期である。

この結果，ことばの教室は，コミュニケーション能力を育成する場所となった。これまでのように，言語の知識だけを教えてもコミュニケーション能力はつかないため，言語の知識と言語の使用場面とを結びつけることがコミュニ

ケーション能力をつけることだということになった。しかし，言語の使用場面は，個人一人一人の行動や発話の動機と強く結びついている。それらはすべて一回性のものであり，再現しても，二度と訪れるものではない。つまり，言語の知識と言語の使用場面とをいくら結びつけても，所詮，「練習」としての仮想トレーニングの域を出ないばかりか，それはコミュニケーションのためのコミュニケーションになりかねない。コミュニケーションのためのコミュニケーションでは，個人と現実の社会をつなぐやりとりには発展しない。

　この内省が，人がことばを使って社会の中で生きていくことの意味を追及する教育実践への方向性を生み出したといっていいだろう。それが，次代の異文化間教育へとつながっていく。

相互理解と社会構築のための異文化間教育へ

　以下，第1部を概観する。第1章の「異文化間教育とは何か」と題されたフランシス・カルトンの論文では，次のような著者の立場が表明されている。

> 　我々の社会は多文化的であるが，一人一人の個人は複文化的な存在である。というのも，個人のアイデンティティは，自分自身が帰属する複数の集団を土台としているからだ。したがって我々は，国籍，性，年齢，教育，社会的・経済的階級，宗教，出身地，自分が育った家庭や，結婚により新たにつくられた家族などと結びついた文化を，自分自身の内に所有している。
> 　　　　　　　　　　　　　　　　　　　　　　　　　　　（本書 p. 10）

　この立場のもと，他者と接する際に起こる障害を，ステレオタイプ・偏見・自己中心主義等から記述し，これを乗り越えるための「異文化間教育の原則」について論じている。それによれば，解釈の際の「フィルター」を意識することにより，異文化に対する発見として，さまざまな分類の枠組みを，2001年に公開・出版された「ヨーロッパ言語共通参照枠」（CEFR）の記述に沿って示している。さらにステレオタイプに対する取り組みとして，「客観的に現実を見る」手だてが示され，その実践が他者の文化との協働によって行われることを示す。たとえば，一つの事象を見る場合でも，見方や立場によって複数の表

象(イメージ)に変容することを知ることができ，集団の中の暗黙の了解がどのように理解され解釈されているかを考える道筋を示している。

　こうした「異文化間的アプローチ」によって，相互理解が成り立ち，社会が構築されるためには，コミュニケーション，共感，対話などが必要になるが，それは自然発生的に起こるものではなく，「学習者中心」の活動を基盤とした教育の力の大きいことが指摘されている。この「学習者中心」という用語及び訳語は，言語教育の教育概念としてきわめて重要であり，その位置づけによってさまざまに展開する可能性を持つものである。ヨーロッパ，アメリカ，日本といった地域，あるいは英語教育，日本語教育，外国語教育，国語教育といったことばの教育の諸分野・領域によって，かなり温度差があるため，今後十分に議論されなければならない課題である。いずれにしても，そうした「学習者」の目線に立った活動のためには，教師による信頼と雰囲気づくりの必要性が確認されるとともに，教師自身の価値観の絶えざる問い直しが重要であることが提案されている。

「共に生きる」社会のアイデンティティからシティズンシップ教育へ

　こうした，ことばと文化を結ぶアイデンティティに関連して，第2章の福島青史の論文「「共に生きる」社会形成とその教育——欧州評議会の活動を例として」では，本来のあるべき姿としての intercultural education が，言語教育，文化教育を統合したシティズンシップ教育の一環として捉えるべきだという立場をとる。なぜシティズンシップ教育かは，欧州評議会の提案を例にしつつ，「共に生きる」社会形成とその教育として，自己にとって他者を承認できない不都合なものとして捉えるのではなく，社会において「共に生きる」ために不可欠な要素として考え，そのことによって，「共に生きる」空間創造へと社会全体が動いていくことを期待するものだからである。これは同時に，複数の言語を持つことの意味としての複言語主義や背景の異なる人々が，複文化主義として関わりあうことで，社会そのものが豊かになると提案するヨーロッパ市民への理念と結びついていく。

　当該論文では，アイデンティティ論における最も大きくかつ深い事柄として，「わたし」と「わたしたち」の間の違和感を問題にしている。たとえば，

日本の「異文化間教育」における,「わたし」を常に安全な場所に置き, 他者を排除すべきものとして扱う傾向の危うさを指摘する。自己と他者の両者が「予定調和」的に関係づけられることによって, 本来的な「共に生きる」意味がややもすると失われがちであることも言及されている。

「共に生きる」社会の構築のためには, ことばと文化の統合が重要であるだけでなく, アイデンティティについての議論の必要性を福島論文は説いている。さらに, こうした「異文化性（interculturality）」と「複文化性（pluriculuality）」を統合する教育において, 欧州評議会が「複言語・異文化間教育」の名において,「複文化教育」ではなく,「異文化間教育」を選択している点に注目する。この「異文化性」と「複文化性」の区別の重要性は, 文化とアイデンティティの関係を類型化した点であろうとし,「この区別について, 異文化間教育が倫理・価値における政治的選択という現実的課題に, 積極的に取り組む姿勢を示したと解釈する」（本書 p.39）という立場を示す。

また,「共に生きる」社会形成のためには, 一つには,「他者」の「文化」を理解し, 自己アイデンティティに組み込み,「わたしたち」を作り出す場合があるとし, もう一つには,「他者」の文化を尊重しつつも, 自己のアイデンティティには取り込まず, 協働的に「わたしたち」という「共に生きる」空間を取り入れるという場合があるとする。いずれにしても, この 2 つの方法によって, 市民は, 価値・倫理の根本的に異なる「他者」を排除するのではなく, あくまでも民主的な議論や手続きを通して,「共に生きる」方略を見出す必要があるとしている。

さらに, 当該論文の卓見は, すべての人が教育により「共に生きる」空間への参加が可能となるためには,「他者」のみならず, 自己の中の他者性を意識しておくことの重要性を指摘している点であろう。

> 自己内にあるアイデンティティの複数性（複文化性）を理解することは, 自他間のアイデンティティにおける他者性に対する批判的認識に繋がるだろう。この「自分も自分に対して他者であり得る」という認識は, 他者と「共に生きる」空間を形成する基盤となると考える。　　　　（本書 p.40）

この指摘はそのままシティズンシップ教育の要諦にもつながるものである。言語教育に携わる関係者がそのような「自他内のアイデンティティにおける他者性に対する批判的認識」を有することが，「共に生きる」社会における市民としての重要な鍵となることは疑いのないことだからだ。

これからのことばと文化の教育へ向けて

　以上のような「ことば・文化・アイデンティティ」を結ぶ異文化間教育論，シティズンシップ教育論を受けて，第3章の細川論文「ことば・文化・アイデンティティをつなぐ言語教育実践」では，この三者をつなぐ言語教育実践について考察がなされ，とくに「言語教育」と「異文化間教育」という2つの教育を結ぶための言語教育実践のあり方が論じられる。議論の前提として，「言語」「文化」の境界概念及びアイデンティティをめぐる課題について言及がある。一方，「言語教育」に関して，「コミュニケーション能力育成」という目的の問題点を指摘したうえで，何のためにことばを学ぶのかという言語教育の目的に関する議論が重要であるとし，そこでは，「市民性形成」という新しい教育概念への方向性を示唆している。具体的には，福島論文でも挙げられているAutobiography of Intercultural Encounter（相互文化的出会いの自分誌）を紹介し，その意味について検討する。ここでは，自己のテーマ発見として，それぞれのアイデンティティを問いつつ，言語習得だけを目的としない言語活動とその活性化として記述することが，市民性形成という課題への接近であることが示される。そのことによって，市民性教育としての言語教育とは，「言語を教える」ことではなく，「ことばによって活動する」場をつくることであるという提案がなされている。

ことば・文化・アイデンティティをつなぐ

　人間としてことばを考えることは，同時に文化を考えることであり，さらに個人一人一人のアイデンティティのあり方とも深いつながりのあることが明らかとなる。その教育はきわめてホリスティックな活動であることが第1部の主張として見えてくる。このことば・文化・アイデンティティという3つの概念を全体としてどのようにつなぐかということがこれからの言語教育に求められ

ているからだろう。この教育の再編のためには，言語学，心理学，社会学，哲学等の諸分野の連携が不可欠であることは言を俟たない。

　さらに，今，改めてことば・文化・アイデンティティについて問うことに，どのような意味が考えられるだろうか。

　教育とは，さまざまな場面を通して自分にとっての意味を問う活動であるといえる。そこには，絶えず「なぜ」という問いが必要だろう。「なぜ」という問いが根底に存在する教育によってはじめて，この三者が統合されるといってもいいだろう。

　言語教育の世界では，この「なぜ」が根本的に不在だった。この不在こそが技術実体主義を産み，コミュニケーション能力一辺倒を産み，さらに方法にしか関心を持たない「考えない教師」（細川，2012）を量産した。これは，教育方法の問題というよりは，むしろ個人の教育観の反映した制度の問題だといえるだろう。「なぜ」を問わない風土が，いつのまにか自己の教育観に無関心な教師をつくり，それが制度として定着することによって，考えない体質を形成してしまった。それは，いわゆる「国際化」や留学生10万人計画を発端とする言語及び教育の政策とも関わりが深い。

　今，改めてことば・文化・アイデンティティについて問うことの意味は，教師及びこの分野・領域の関係者が，自分の問題としての「なぜ」を持つことである。すべての教師にとって，「なぜ私はこの教育実践をするのか」という問いと「私にとって言語教育とは何か」という答えが表裏一体となって統合されることで，この課題は拓かれるといえるだろう（細川・鄭，2013）。そうでなければ，言語教育は技術実体主義のドグマから抜け出すことは不可能だからである。この「なぜ」を持った教育実践とその研究こそ，言語教育が今，全力を挙げて取り組むべき課題だろう。

関連文献

細川英雄（2012）.『「ことばの市民」になる——言語文化教育学の思想と実践』ココ出版.
細川英雄・鄭京姫（2013）.『私はどのような教育実践をめざすのか——言語教育とアイデンティティ』春風社.

第 1 章

異文化間教育とは何か

フランシス・カルトン
堀 晋也（訳）

1. はじめに

　異文化間性（interculturel）とは，複数の文化や異なる文化集団の間での相互作用（インタラクション）や，交流，付き合いといった，何らかの関わりや接触を形容する用語である。異なる文化の人や集団が，意味作用[注1]の体系とそれを表現する様式を共有していないとき，この「ずれ」はコミュニケーションの障害になる。これが異文化間の状態である。複数の文化の共存や並存を形容する「多文化」[注2]という用語があるが，これに比べて「異文化間」は，より動的であり，そこには相互性という概念が含まれている。つまり，異文化間性とは，異なる文化が出会い，接触するところから生まれるもので，相互のやり取りを伴う（これがまさに異文化間と形容される）付き合いやインタラクションの総体である。

　現代社会は多文化が共存し，相互依存している社会である。個々の国家やその集合体からなる大陸は，人々の交流によって成立してきた。例えば，オーストラリア，ブラジル，アメリカなどヨーロッパからの移民でつくられた国家は，人や物が絶え間なく流入することで成立した。異なる文化は，人々の移住や経済，政治だけでなく，衣食といった消費生活を通じても相互に浸透している。現代の「グローバル」世界では，地域レベルであれ，国際的なレベルであれ，多文化社会が極めて速いスピードで形成されている。世界中の人々が地球

[注1] 原文は signification で，記号表意作用ともいう。言語学の用語で，文字や音声といった記号表現（signifiant）とイメージや概念といった記号内容（signifié）の相互的な結びつきのことを指す。
[注2] 多文化（および多文化主義，多文化社会）についての詳細は，本書第 4 章「複数文化と異文化間能力」を参照。

規模でコミュニケーションを行い，さまざまな言語や社会文化的背景を持つ人々が交流し，ともに生活し，さまざまな活動を行っている。

我々の社会は多文化的であるが，一人一人の個人は複文化的な存在である。というのも，個人のアイデンティティは，自分自身が帰属する複数の集団を土台としているからだ。したがって我々は，国籍，性，年齢，教育，社会的・経済的階級，宗教，出身地，自分が育った家庭や，結婚により新たにつくられた家族などと結びついた文化を，自分自身の内に所有している。

しかし，文化が異なるという理由から他者を認めない，ひいては拒絶するような言説を目にすることがある。「文化的アイデンティティ」を失うことを怖れた自己保全的な動きも現れており，そこには偏見や他者に対する無理解，よそもの嫌い[注3]が見え隠れしている。

異文化間教育では，学習者に，他者の表象および他者と接するとはどういうことかについて考えさせる。そして，我々は誰もが，ややもすれば単純な思考に陥り，他人に対し偏見を持つことも意識させる。また，異文化間教育は，学習者がより客観的で，より他者を意識したものの見方をすることを目的としており，それによって学習者に，自分自身や自らの帰属先，価値観に対する内省を促している。他者の文化を理解し，その独自性を尊重するためには，何よりもまず自らの文化について理解することが重要である。Abdallah-Pretceille (1986) も強調しているように，「異文化間に関する言説は，異文化や他者だけでなく，自らの文化に対する問いかけからも生まれるものであり，鏡に自己の姿を投影するプロセスによって異文化間に対する問題を意識する」のである。

以上が異文化間教育の根幹である。異文化間教育を通じて学習者は，他者を認め，自らの心を開き，他者の考え方に思いをめぐらせ，「自分のものの見方が唯一の見方」という思考から抜け出し，他者は異なっているとの考え方を受け入れ，その違いも正しいものと理解できるのである。

こうしたアプローチは，これからの社会の担い手に対する教育全般に通じるものである。教師は，口頭での発話であれ，書記言語での産出であれ，学習者

[注3] 原文は xénophobie で「外国嫌い」と訳されるのが一般的だが，ここでは外国に限らない，自分が属している以外の社会集団，文化集団，およびそこに属する人に対する嫌悪という意味でこの訳語を使用した。

が発する言説には，他の文化集団や社会に対する理解が不十分であったり，これまでに培った考え方が色濃く表れたりしていることを理解している。そこで，よそもの嫌いや自民族中心主義との戦い，偏見や差別をなくすことが教育学者や教育関係者の関心を惹くのである。

このような状況で言語学習は，新たな文化に触れ合う入り口として貴重な時間となる。また，言語学習は現実に対する別の見方や判断のあり方，異なる価値観や生活様式，異なる世界の見方を可能にさせる。つまり，それは異なる言語と同時に異なるものの考え方に出会う場となるのである。また異文化間教育は，学習者が異言語注4の言語文化面だけを習得するのではない。社会のステレオタイプについて考えることや，他者に対して自らを開放する，他者を尊重する，よそもの嫌いや人種差別に立ち向かうことをも目的としている。

このような点で，異言語の学習はまぎれもなく学校の教科となるべきものであろう。これはまた政治的な道具にもなるのだが，政治家や教師自身はあまりにも過小評価している。とはいえ，異言語学習・教育が廃止されたり，義務教育の外に置かれたりしてはならない。あるいはまた，英語の「グロービッシュ」のような国際語の学習に限定してはならない。グロービッシュとは，国際的なコミュニケーションにおける相互理解の道具として極めて簡素化された英語であるが，これを過度に一般化すると，文化の多様性を脅かすものとなる。

ここまで異文化間教育の定義を紹介してきたが，以下では異文化間教育によって乗り越えるべき障害を分析し，教育学的観点から異文化間教育の原理をいくつか紹介したい。

2. 他者と接した際には何が起こるか

他の文化に属する人と接するだけで，開かれた態度や寛容性を育むことはできない。個人には物事を判断するための規準があり，これは往々にして唯一のモデルとなるため，これを改めて考え直すことはない。なぜなら，そのような概念の道具は，個人にとって，生まれながらの「当たり前のもの」だからであ

注4　原文は langues étrangères で，日本の文脈では「外国語」となるが，世界には複数の言語が公用語とされている，あるいは日常的に使われている国や地域が数多く存在する。そこで，ここでは母語以外の言語という意味でこの訳語を使用した。

る。したがって，自分の文化のファインダーを通して見る他者は，次のようなものになる。「彼」は我々と違うものを食べる，「彼」は我々と違うものを着ている，「彼」は我々と時間の捉え方が違う，「彼」は私と価値観が違う，「彼」は変わっている，「彼」の行動はおかしい，「彼」は間違っている，「彼」はものの見方が違っている。このように見ると，他者に対して用心深くなり，接し方も消極的になる。

　文化の異なる者がコミュニケーションを図るとき，そこには認識のずれや誤解が存在することがある。そのようなずれや誤解は，内向的な態度や緊張，敵意，怒り，あるいは身体的なトラブルといったさまざまなかたちで表面に現れる。したがって，彼らが相互理解するためには，いくつかの「調整」が必要となる。文化の違いやさまざまな生活様式を目の当たりにし，人々の振る舞い，その土地の慣例や習慣を理解し難いものと感じ，そして何も手掛かりがなくなると，人は不安定になり，対人関係もややこしくなってしまう。これは外国に滞在した際にしばしば起こることでもある。

　では，物事を認識するメカニズムをどのような問題として扱うべきか。またどのようにして異文化間の関係に新しいあり方を示せばよいだろうか。

　他者との関わりを円滑にするため，またいくつかの障害を乗り越えるための心理的な道具に，「脱中心化」がある。脱中心化とは，別の見方や別の考え方，別のやり方を気づかせるプロセスであるが，そこには自発性や努力が必要となる。なぜなら，見知らぬ人やよその人，なじみのない人，他者を警戒するのは自然なことだからである。言い換えると，他者と接することに対するニーズは自然には生まれないのである。

　脱中心化とは次のような現象を指す。

・物事を判断するための規準を客体化し，距離を置く（とはいえ，それを拒絶するわけではない）。自己の視点を相対化し，さらに他者のアイデンティティに意識を向ける。つまり異なる見方も存在することを受け入れる。
・他者も，自分とは異なる，それぞれ固有の規範を持つ個人であることを理解する。さらにその違いを認め，他者の立場になって考えたり，他者の見方のなかに自己を投影させたりすることで，その差異を理解しようとす

る。
・偏見を克服し，他者の現実や自分に対する見方を理解し，行動をともにする。

　このように脱中心化とは，他者の立場を理解し，不安を克服しながら他者と接することである。これにより，他者の文化はもはや脅威ではなく，自らを豊かにする資源となる。
　冒頭でも述べたように，人は誰しも複数の文化から作りあげられた存在である。見知らぬ人との接触は，何よりもまず，それぞれ個性を持った主体と接することである。異文化間能力は，国籍や文化が異なる人に限らず，自分以外の他者と対話をする能力なのである。したがって，他者の文化を学ぶことよりもむしろ，他者との接し方を学ぶことが異文化間教育の目的なのである。

3．他者と接するうえでの障害──ステレオタイプと偏見

　他者やその振る舞いに対する我々の見方は，これまでに我々が身につけてきた知識やこれまでに自分が構築してきた類型のパターンに影響されている。したがって，ここにまず，他者と接するうえでの障害が存在するのである。
　どの社会集団も集団固有の慣習や価値観，規範により，その存在意義を示そうとしている。一方で個人は，これまで受け継がれてきた，社会に適応するために必要な考え方や規範，価値観を身につける。そして，これらが，時間と空間の管理や食習慣，衛生観念，宗教，社会生活における優先順位（何を最も重要とするか），許容事項（やって良いこと悪いこと），あるいは性に応じた役割など，自己の置かれた環境に対する認識を作りあげる。このようにしてステレオタイプや偏見は，社会集団のなかで生まれ，存続し，共有されているのである。また，こうしたステレオタイプや偏見は，環境から受ける情報を処理する方法を形成し，また我々が現実と関わるなかで常に影響するのである（Amossy et Herscherberg-Pierrot, 1997）。
　「ステレオタイプ」とは，一般的に個性といわれる個人の特徴や，社会集団の行動や振る舞いについて人々の間で共有されている考え方である。例えば，フランス人にとっての日本人とは，テクノロジーの最先端にいる人々であ

り，礼儀正しく，勤勉な人々であり，反対に日本人にとってフランス人とは，ファッションに熱心で，個人主義者で，尊大な態度をとる人々であるといったものである。これに対して「偏見」とは，「私はピアスをした若者は嫌いだ」といったように，ある社会集団に対する評価を伴う態度である。

ステレオタイプや偏見は，ある種の文化遺産として受け継がれてきたもので，個人が環境から情報を受けて，それを処理する認知的手続きの一部を構成している。脳は，においや映像，音など，膨大で加工されていない生の情報を処理する装置である。そうした膨大なデータのなかに埋没しないよう，脳ではそれらをふるいにかけて選別する。そして知覚の対象となっている人や物が属するカテゴリー（例えば失業者，退職者，警察官，公務員，アメリカ人など）を頼りにして処理を単純化する。このような環境に適応するための脳の働きによって，環境の捉え方はデフォルメされることにもなる。というのも，この類型化のプロセスでは，別のカテゴリーに属する人や物の違いが，実際よりも際立つものとして知覚される。そして知覚対象の特性をとりわけ際立たせたり，あるいは「警察官というのはこういう人たちだ」，「アメリカ人というのはこういう人たちだ」のように，1つに類型化されたグループをより均質化させたりするからである。

4. 他者と接するうえでの障害——自己中心主義

ステレオタイプや偏見によって，物事を判断するための唯一の規準に閉じこもること，これは他者と接するうえでのもう1つの障害となる。このような自己中心主義は，以下の3つのタイプに分類することができる（Chaves, Favier, et Pélissier, 2012, pp. 47-49）。

- エゴ中心主義：自分を世界の中心とすること。幼児にとっては自然なことであり，発達段階の1つでもある。しかし社会化され，教育を受けているはずの成人にも見られることがある。成人の場合は，自己の視点を客体化できず，それを唯一で正しいものと見なしている。
- 帰属社会中心主義：自分の帰属する社会，集団を他のどれよりも優れていると見なし，これだけを意識すること。帰属社会中心主義によって，

自分の属していない集団に無関心になったり，あるいはそれを拒否することもある。また帰属社会中心主義が一個人のなかに複数存在することもある。それは，ある社会や集団のなかで成長していく個人が，家族や職業，社会階級，言語文化，政治，宗教，性などさまざまな条件に応じて，いくつかの場に帰属していることと関係する。こうした帰属の場は，態度や判断に影響を与え，その方向付けを行い，自己の属する世界以外の世界を解釈し，理解するためのフィルターとなる。

・自民族中心主義：唯一の判断規準を用い，他の集団をネガティブに，劣っていると判断すること。これは，「自分たちから最も遠い文化（あるいは精神，宗教，社会，美しさにおけるあり方）を拒否する集団の態度」（Summer, in Colin et Müller, 1996）である。古代ギリシアでは"barbares"（ギリシア人以外の人々）といった名称が，ヨーロッパ各国がラテンアメリカやアフリカを植民地とした時代には"sauvages"（野蛮人，未開人）といった名称が使用されていた。そしてヨーロッパは，文明化されていない野蛮人に文明と文化をもたらすと主張した。このような歴史的な事例はいくつもある。極端なまでの自民族中心主義は，よそもの嫌いや人種差別をもたらすことになる。

5. 異文化間教育の原則

次に，異文化間教育に関する主要な考え方をいくつか示す。

5.1　学習者中心の教育と体験型アプローチ

他者との接触に向けた教育とは，一般の教科のような知識の積み重ねではなく，他者との関係に対する学びを意味する。言語能力のために文化を学んでも，必ずしも他者に対して自分を開くとは限らない。いかに丹念であれ，他者の文化を観察するだけでは，それを理解するのに十分ではない。差異への感受性を養い，自分とは異なる人と十分にコミュニケーションを行う能力を養うためには，異文化間教育の方法や技術が，理論や比較，分析のレベルを超える必要がある。というのも，知識があったとしても，「差異」に直面した際にどのように振る舞ったらよいか，そのノウハウまではわかるものではないからだ。

そして文化教育のコンセプトは，集団による教育から，学習者中心の個人学習へと移行している。その目的は，他者の文化についての類型的な知識を獲得することではなく，一人一人固有の主体性とアイデンティティを持った学習者が新たな発見をすることなのである（Abdallah-Pretceille, 1986）。

　異文化間教育は，これまでに研究されてきた問題やテーマよりもむしろ，学習者やコミュニケーション場面でのノウハウに関心を向けている[注5]。そして，実際のやり取りにおける文化の役割を意識させ，自己中心主義を脱する能力を養い，そのノウハウを身につけるための活動の場を提供する。学習過程にこのような場は欠かせない。なぜなら，ここで獲得しようとする異文化間能力は，自己に対するイメージ，価値観，信念，善悪に対する考え，あるいは現実に対する判断など，個人の内奥に関わる能力だからである。

　体験型アプローチはロールプレイやシミュレーションだけではない。発見や探求，事実とそれにまつわる事象の解釈，生活体験，個人の意見を問いただす議論など諸々の活動がある。こうした活動は分析を伴うもので，そこから実生活での観察能力が養われるのだ。

5.2　解釈の際の「フィルター」を意識する

　異文化の認識は，自文化の意識化を通して行われる。エゴ，帰属社会，自民族中心主義は，文化の多様性に直面した人間の自然な反応として捉えられているが，これを克服するには，自分のなかにある「中心主義」の特徴を特定し，自己の価値観を批判的に検討する必要がある。それは，価値観の否定ではなく，自己の内なる中心主義を理解し，そこに文化的な特徴のあることを認識するためである。また，自己の属する社会集団における人々の態度や振る舞いを分析することによって，自らの文化的アイデンティティが複雑なシステムの表れであることを理解できるようになる。そこで，相互作用を通して，他者の解釈に関わる「フィルター」の構造とその起源，そして文化的規範を学習者に意識させることが重要である。これにより，以下を目標とす

[注5]　『ヨーロッパ言語共通参照枠』（Conseil de l'Europe, 2001）は，文化をテーマとした章や項目を設けてはいない。

る活動が考えられる。

- ・個人や社会集団のアイデンティティの構成要素を解明する。
- ・規範や習慣，制度が，想像力の働きや集団の自主性を抑制することに気づく。
- ・個人および社会が文化的に雑種であることを解明する（一人の人間の内にある文化は，生涯にわたって複数の文化が混ざりあってつくられてきた）。

5.3　異文化に対する発見

　現実の分類の方法が他にもあるとわかれば，自文化が普遍的でないこともわかる。ここで重要なのは，自らの社会集団と識別された，他の社会集団の特性に歩み寄ることにより，物事の別の見方を知ることである。

　『ヨーロッパ言語共通参照枠』（Conseil de l'Europe, 2001）の第5章（5.1.1.2）では，このことを目的として；食習慣のような目に見える要素から，価値観のように目に見えない要素まで，社会的特性に関する幅広い分類の枠組みを提示している。

1. **日常生活に関する事柄**，例えば：
    - ・食べ物や飲み物，食事の時間，食卓での作法
    - ・公的祝日
    - ・勤務時間と仕事のやり方
    - ・余暇の活動（趣味，スポーツ，読書習慣，メディア）
2. **住環境**，例えば：
    - ・生活水準（地域的，階級的，民族的な違いも含む）
    - ・住宅環境
    - ・福祉政策
3. **対人関係**（権力関係や協調関係も含む），例えば次のようなもの：
    - ・社会の中の階級構成や階級間の関係
    - ・異性間の関係（ジェンダー，親密さ）
    - ・家族構成や家族内での人間関係
    - ・世代間の関係
    - ・職場の人間関係

- ・一般市民と警察や公務員との関係
- ・人種や地域間の関係
- ・政治的および宗教的な集団間の関係

4. 以下の事柄に対する**価値観，信条，態度**：
   - ・社会階級
   - ・職業的な集団（学者，経営者，公務員，技術者，労働者）
   - ・財産（収入および相続）
   - ・地域文化
   - ・治安
   - ・制度
   - ・伝統と社会変革
   - ・歴史，特に，歴史上重要な人物や出来事
   - ・少数集団（民族的，宗教的）
   - ・国民意識
   - ・外国，外国人
   - ・政治
   - ・芸術（音楽，造形芸術，文学，演劇，ポピュラー音楽や歌）
   - ・宗教
   - ・ユーモア

5. **身体言語**：身体言語の使い方の慣習に関する知識は，言語使用者／学習者の社会文化的能力の一部を形成する。

6. **社会的慣習**，例えばもてなしたり，もてなされたりするとき，以下の点：
   - ・時間に対する正確さ
   - ・贈り物
   - ・服装
   - ・飲み物，酒，食事
   - ・行動および会話における慣習とタブー
   - ・滞在時間
   - ・いとまごいの挨拶

7. **儀式時の立ち居振る舞い**，例えば以下に挙げる分野において：
   - ・宗教的行事と儀式
   - ・誕生，結婚，死
   - ・公演や式典での観客や見物人の行動
   - ・祝典，祭り，舞踏，ディスコ，など

異文化間教育の目的は，このような文化に関わる行動や振る舞いを観察し，分析し，仮説を組み立て，異文化の有機性や原理を明らかにすることである。しかし，このような取り組みに必要な知識や能力を獲得するために，教師中心の授業や講義が一番確実な方法とはいえない。前述のような，体験型アプローチ，すなわち自主的な資料の収集，資料の解説，レポートの作成，質問紙への回答，仮説の設定，共同での分析，議論などを行うことによって，現実を理解するための別の方法を意識することができる。こうした学習を通じて，前提となる知識を修正し，これまでの物事の捉え方や考え方を再構成し，情報を再分類化し，新たな疑問を持ち，新たな仮説を立て，最終的には能力を形成することが求められる。

5.4　ステレオタイプに対する取り組み

　ステレオタイプや偏見を取り除くのは現実的ではない。これはいずれも現実を把握する認知メカニズムだからである。教師の思考も同じようなメカニズムの影響を受けており，意識的に，あるいは無意識的に集団の考え方や価値観，すなわち偏見やステレオタイプの伝達に重要な役割を果たしている。異文化間教育を通して，学習者はもとより教師も可能な限り客観的に現実を見ることができるようになる。異文化間教育は，媒介となるステレオタイプ化した考え方や，「我々に」当てはまることは「他者にも」当てはまるといった偏見を気づかせるもので，それらを意識的に問い直し，カテゴリー化し，対比し，均質化するプロセスの分析を通じて，偏見などを客体化し，その長所や短所を社会集団のなかで継承すべきものなのかどうかを識別させるようにする。そのための活動は，ブログや学校間交流，インタビューやアンケート，幼児の場合はお絵描きといった非常にシンプルなもので十分である。

5.5　他者の文化との協働 ── 類似点と相違点を調べる

　目の前にある文化を特定し，認識すると，自文化との類似（おそらく，より多くの類似点や思いもよらぬ価値観の存在に気づくだろう）と相違について検討し，文化の一貫性を考察することができる。重要なのは，このような取り組みが，些細な点や直感，主観のレベルを超えて行われることである。目標とする

のは，自文化と異文化をさまざまな視点から眺め，一般化をしないこと，複数で相対的な視点に対して意識を向けること，さまざまな規準を把握したうえで，他者の文化を自文化のコンテクストに位置づけること，コミュニケーションのなかで展開される多様性[注6]を理解すること，そしてさまざまな文化に直面した際にそれらを基盤にして，判断の規準を構築することである。

5.6　学習教材の問題

　到達目標の改善に向けて明確にするべきことは，現実に即した学習を目指すことである。現実とは抽象ではない。見て，聞いて，触れることのできるものだ。自分自身や他者に関する内省を促すよう，学習教材は言語教育学の目的に沿って改良され，簡略化されたものではなく，複雑で多様なものが望ましい。他者の文化の複数性を考慮に入れるため，また教師による単純化を避けるために，さまざまな使用場面や例文，活動を想定し，提示しなければならない。あらゆるジャンルにおよぶ多様な資料が，異文化間能力の育成に向けて必要となる。なぜなら，どの社会も小さな文化的事象の積み重ねから構成されているからである。

　最も興味深い資料とは，必ずしも最新の資料であったり，量的なデータや技術的に最も正確な資料であるとは限らない。Zarate（1993）の提示するように，1つの出来事をめぐりつくられたものの，複数の捉え方が可能な資料もある。例えば，同じ出来事について，複数のリソースからできた歴史物語がある。また，自明だと思われていた事柄について多義的な解釈を示すことによって，読者にひとたび距離を置かせ，内省を促す文学作品[注7]などもある。De Carlo（1998, p. 64）は，資料の選択について次の基準を提案している。

[注6]　コミュニケーションは，情報のやり取りだけでなく，自分が社会的にいかなる存在であるかを示し，他者との関係のなかで自らの位置づけを行う場でもある。そこで，コミュニケーションの参加者の間で，文化的，社会的，心理的レベルでのやり取りが展開される。例えば，教師が新しいクラスを担当する際に，自分がどのような教師であるかをさまざまな方法（明示的か，暗示的か，言葉によるものか，態度によるものか）で示す。生徒も同様に，自分たちがどのような生徒であるかを示す。こうしたやり取りを通して，互いにそれぞれの役割を把握することになる。

[注7]　De Carlo（1998, p. 64）がミシェル・トゥルニエの小説 La goutte d'or（榊原晃三（訳）『黄金のしずく』）を出発点としてこの考え方を例証した事例を，参照のこと。

- 対立し，相反し，予期していない立場から表現しているもの。すなわち多様な読者に適していること。
- 複数の視点を持つこと。すなわち，同じ社会的事実に対して，著者や読み手，登場人物の「交差する眼差し」を集めること。それと同時に驚きを生み出すような俯瞰的な視点を持っていること。
- ある民族や社会集団の行動を，肯定的にも，否定的にも評価する，言語による手掛かりを示すこと。
- 文化にまつわる事物そのものではなく，その使われ方にも注意を払っていること。

　異言語学習の場での異文化間アプローチは，教育環境によっては，学習者の母語に頼らざるを得ないこともある。実際，このアプローチでは対象言語と同時に母語による資料を用いることで，集団のなかの暗黙の了解がどのように理解され，解釈されているのかを考察することになる。

6. 結論

　ある集団を構築し，そこに協調性を生み出すためには，単に人を集め，隣り合わせにするだけでは不十分である。自発性や真のコミュニケーション，共感，文化的対話などは自然に生まれるものではない。他者との接触が可能になる条件については，これまでのところで論じてきた。
　さらに，異文化間アプローチでは学習者からの積極的な参加と熱心な取り組みが求められている。具体的には感情と同時に認知に訴えかける活動を行ったり，未知のものと向き合ったり，学習者が絶対的な真理のように感じている価値観に対して，自発的かつ意識的に再検討したり，慣習に対して疑問を抱いたり，自分自身に対して内省したりすることである。ただし，これには教師による信頼あふれる雰囲気づくりが求められる。これに加えて教師は，自分自身の価値観や慣習について内省しなければならないし，新しい価値観の体系を受容する場合，学習者にはそれぞれ受け入れ方に違いがあること，また教師自身にとっての「真理」が，当然のことながら，唯一ではないことを受け入れねばならない。

参考文献

Abdallah-Pretceille, M.（1986）. *Vers une pédagogie interculturelle.* Paris : Publications de la Sorbonne.

Abdallah-Pretceille, M.（2004）. *L'éducation interculturelle.* Paris : Presses Universitaires de France.（PUF, Collection *Que sais-je ?*）

Amossy, R., et Herscherberg-Pierrot, A.（1997）. *Stéréotypes et clichés.* Paris : Nathan Université.

Chaves, R.-M., Favier L., et Pélissier, S.（2012）. *L'Interculturel en classe.* Grenoble : Presses Universitaires de Grenoble.

Colin L., et Müller B.（1996）. *La pédagogie des rencontres interculturelles.* Paris : Anthropos.

Conseil de l'Europe（2001）. *Le cadre européen commun de référence pour les langues : Apprendre, enseigner, évaluer.* Paris : Didier.［吉島茂・大橋理枝 他（訳・編）（2004）.『外国語教育Ⅱ──外国語の学習，教授，評価のためのヨーロッパ共通参照枠』朝日出版社.］

De Carlo, M.（1998）. *L'interculturel.* Paris : Cle International.

Zarate, G.（1993）. *Représentations de l'étranger et didactique des langues.* Paris : Didier.

第2章

「共に生きる」社会形成とその教育
── 欧州評議会の活動を例として[注1]

福島 青史

1. はじめに

　「異文化間教育」という日本語には，本来備わるべき緊張感や切実さが欠如しているように思う。この語には，一方に安全な「わたし」があり，他方で理解すべき「他者」があり，双方が尊重し合い互いを知る過程で，よりよい世界が成立するような予定調和的なイメージがある。もちろん「異文化間教育」が，文化・言語を異にする者同士の「共に生きる」能力を育成する教育であることには違いない。しかし，「共に生きる」空間は，常に調和的，協働的，平和的なものであるとは限らない。むしろ，人と人との関係の創造を考える時，「わたし」と「他者」の間で摩擦が生じることを前提としたほうがいい。「わたし」には譲れない何かがあり，当然「他者」，つまり彼岸にいる「わたし」にも譲れないものがあるのだ。共生社会の創出は，これら個々の「わたし」が自分自身を部分的に放棄することにより，新しい「わたしたち」を作り上げる行為であり，本来，痛みを伴うものである。この痛みに対する反応として，日本でも繰り広げられたヘイトスピーチや，欧州各国で出現した移民排斥のデモを思い起こしてもいい。あるいは，もっと身近な行動様式や習慣の違いからくる違和感を考えてもいい。「声が大きい」「変わった格好をしている」「変わった匂いのものを食べている」など，日常の風景から一瞬にして感知される違和感は，相手が「他者」のままでいる場合は，次の瞬間，忘れ去られてしまうかもしれない。しかし，この「他者」が，近隣者，同僚といった共同生活をする相手となった場合，違和感が不快感に変わることもある。この不快感は，個々人

注1　本章は福島（2011）を元に，論集の趣旨に従い加筆修正を行った。

が持っていた「わたし」のアイデンティティと,「他者」を含めた新しい集団としての「わたしたち」のアイデンティティとの間の不一致,あるいは居心地の悪さに対する,生理的な反応の1つであると言える。

　ただ,私たちは,この不快感を「良くないもの」としてその存在を否定したり,避けたりしてはいけない。なぜなら,違和感のない関係形成は,一方の相手にのみアイデンティティの譲渡を強制している可能性があるからだ。よって,「他者」と共に生きる社会において,「わたしたち」が,それぞれ自分自身として参加するためには,この痛みを管理し,新たな「わたしたち」という関係性から「わたし」を見出す能力・技術が必要となる。このためには,「わたし」「わたしたち」を形作る「ことば・文化・アイデンティティ」の形態と,その動態性を明示的に認識,管理し,異なる言語・文化の人々と,共同社会が作れるようになるための教育が必要となる。この教育こそが,本章で考える「異文化間教育」であり,人々が実際に生きる空間における「わたしたち」形成の手段となる。

　国民国家制度において,「ことば・文化・アイデンティティ」は,「国家語－国民文化－国民」として一元的に処理され,「異文化間教育」は,もっぱら,「外国人」が,ある国の制度へ参入する方略として理解された。この際,痛みは同化する側に一方的に押し付けられる。しかし,グローバル化した社会において,人と人が関係を形成する際,国民国家制度で処理できない次元が増えてきた。家族,職場,地域等,個人が参加する集団において,支配的な民族,宗教,言語,文化が異なっていたり,そのような多様な集団間を一人の個人が横断したりするような多元的な状態である。このような社会において,個人は,1つの固定したアイデンティティや価値観では,参加が困難な状況も出てくるため,相手と状況によって,常に変わり続ける必要がある。このため,「異文化間教育」においても,「ことば・文化・アイデンティティ」相互の関係を,「共に生きる人」,つまり「市民」という根源的な次元にまで還元し,「共に生きる人」とは誰か,そこで使用される言語は何か,そして,「わたしたち」の範囲はどこまでかを常に問いなおす必要が出てきた。この意味で,「異文化間教育」とは,言語教育であると同時にシティズンシップ教育の一環であると言えよう。

　そこで本章では,すでに「外国人」「移民」といった「他者」を「共に生き

る人」として包摂しようとするヨーロッパの活動をモデルとして，国民国家制度だけでは処理できない社会において，いかに「共に生きる」空間を創造するのか，また，そのための教育とはどんなものかについて検討する。まず，「ことば・文化・アイデンティティ」の相互の関係を「シティズンシップ」の概念から紹介し，次に「共に生きる」空間創出のための教育として，欧州評議会が実施するシティズンシップ教育，言語教育，異文化間教育について見る。最後に「共に生きる」空間を創出するための方略として，異文化間教育のありかたについてまとめる。

2. シティズンシップの構造とその争点

　Citizenship は「市民性」「市民権」など，その訳語においても，その意味範囲においても定まったものはない（宮島，2004；岡野，2009）。また，オスラー・スターキー（2005/2009, p. 8）が「市民が新しい国際的な文脈のなかで行為する機会をより多く得るにつれて，変容している」と述べるように，歴史や状況によって変わり続ける概念であるとも言える。宮島（2004, pp. 2-3）は，シティズンシップには 3 つの意味文脈があるとした。第 1 は「国籍」，第 2 は「市民という地位，資格に結び付いた諸権利」，第 3 は「人々の行為，アイデンティティに関わるもの」である。そして近代国家の下では(1)平等な成員資格，(2)意思決定への参加の保証，(3)社会的保護と福祉の保証，(4)共同体への公認の帰属（国籍），(5)義務の履行（納税・兵役），(6)共同体の正当性の観念の共有（伝統，歴史，文化（言語，宗教）に基づく表象）という要素があるとする。

　従来「Ⅱ 諸権利」における(1)(2)(3)は「Ⅰ 国籍」の(4)とその義務である(5)により認められてきた。しかし，シティズンシップにはさらに所属意識・アイデンティティを表す(6)があり，個人は「伝統，歴史，文化（言語，宗教）に基づく表象」により，ある集団に帰属意識を抱き，その集団は結束していく。

　この構造を他の表現で補強してみる。岡野（2009, pp. 22-27）は「国民」「民族」「市民」の定義付けをしながらシティズンシップの構造を示す。岡野は，「国民」（people, citizen, nation, subject）を「近代国民国家システムが誕生した後の，ある国家における国籍保有者」，「民族」（nation）を「共同体意識を支える一種の捉え難いもの，しかし，現に存在する文化的・歴史的想像力／創造力の

産物としての集合体，一つの統合された集合体」，「市民」(citizen)を「十全な市民権を享受し，政治参加の権利あるいは義務を持つもの」と定義する。この分類を表1に即して意味の近いもので分けると，「国民－Ⅰ 国籍」，「民族－Ⅲ アイデンティティ」，「市民－Ⅱ 諸権利」となると考える（表1）。

表1　シティズンシップの3つの要素（宮島，岡野より筆者が作成）

Ⅰ	国籍	(4)共同体への公認の帰属（国籍）	「国民」ある国家における国籍保有者
Ⅱ	市民という地位，資格に結び付いた**諸権利**	(1)平等な成員資格 (2)意思決定への参加の保証 (3)社会的保護と福祉の保証 (5)義務の履行（納税・兵役）	「市民」十全な市民権を享受し，政治参加の権利あるいは義務を持つもの
Ⅲ	人々の行為，**アイデンティティ**に関わるもの	(6)共同体の正当性の観念の共有（伝統，歴史，文化（言語，宗教）に基づく表象）	「民族」共同体意識を支える一種の捉え難いもの，しかし，現に存在する文化的・歴史的想像力／創造力の産物としての集合体，一つの統合された集合体

　シティズンシップは「Ⅰ 国籍」「Ⅱ 諸権利」「Ⅲ アイデンティティ」という3つの要素が複合的に交差した次元であり，この要素が社会状況によって解釈される事象であると考える。一般的に国民国家制度は「Ⅰ 国籍」と「Ⅲ アイデンティティ」を「民族」という物語で固定し，その条件の下で「Ⅱ 諸権利」を認めるという「(国民＝民族)→市民」制度であると考えられる。これが可能だったのは，岡野が言うように「民族」が「文化的・歴史的想像力／創造力の産物」という幻想であったからであり，この幻想が現実に存在した「他者」を隠蔽しながら同質的な「国民」を作り上げることを可能にした。
　しかし，1989年の冷戦終結を期に，世界ではグローバリゼーションと呼ばれる現象が加速化し，欧州においては1990年ドイツ再統一，1993年マーストリヒト条約発効，2004年中東欧諸国を含めた「EU拡大」など，国民国家の統合や連合が現実のものとなった。それに伴い，かつて国民国家制度が作り上げてきた領域内（領土的にもアイデンティティ的にも）に移民，外国人労働者など，以前「外国人」と呼ばれた人々が生活し始め，自らを「市民」と名指し，その権利を求めるようになった時，安定していると考えられた「(国民＝民族)

→市民」の構造が「文化的・歴史的想像力／創造力の産物」という幻想に支えられた虚構であることが明らかになった。同時に，現在，自分が生きている社会が，幻想の下に隠蔽されてきた「他者」とともに構成されており，国民国家制度では社会の結束性が求められないことも意識されるようになった。このためヨーロッパでは「Ⅰ 国籍」を媒介した制度作りではなく，「ヨーロッパ」という地平を創造する「Ⅲ アイデンティティ＝文化的・歴史的想像力／創造力の産物」を新たに設定し「ヨーロッパ市民」の資格要件を規定しなければならなくなった。この時，個人や集団のアイデンティティを規定してきた文化とことばが決定的な要素になる。

3. 欧州評議会とシティズンシップ教育
3.1 「ヨーロッパ」における「市民」とは

では「ヨーロッパ市民」とは誰であり，どのような資格を持っている・持つべきなのだろうか。この問いに対し，設立以来「ヨーロッパの独自性」に関与し続ける欧州評議会（Council of Europe）は積極的な活動を行っている。以下，欧州評議会の文書を参照しながら検討する。

O'shea（2003, p. 8）は市民／シティズンシップについて次のように定義する。

> 民主的シティズンシップ教育の文脈では，市民は広く「社会において共存する人」として表される。これは国民国家における市民概念がもはや重要ではないとか，適用できなくなったという意味ではない。しかし，国民国家はもはや権威の唯一の中心ではないため，市民概念をより包括的に捉える考え方が必要である。
>
> 市民／シティズンシップは，より広い理解として，共に生きる道を模索する新しいモデルとも考えられる。よって，私たちは，国民国家に限定せず，個人が生きる土地，国家，地域，国際的文脈も含んだ「コミュニティー」という概念まで考慮する必要がある。
>
> 以上のような意味において，市民／シティズンシップは「地位」と「役割」の概念を持つ。それは権利と義務とともに，平等，多様性，社会正義の課題も含む。「シティズンシップ」の意味は，もはや投票という行為に

限定することはできない。それは，（地方，国家，地域，国際的）コミュニティーでの生活に影響を与える個人の<u>一連の行動</u>も含まなければならず，そのため，諸個人が共に活動できる<u>公共的空間が必要となる</u>のである。

(強調は原文)

　欧州評議会において「市民」とは「社会において共存する人」であり，ここには「国籍」「民族」や，それに伴う特定の「言語」「文化」などの規定はない。むしろ「国民国家における市民」との違いを際立たせることで，協働する人としての市民の普遍性を強調する意思が見られる。また，視点を国家ではなく「個人が生きる土地，国家，地域，国際的文脈も含んだ「コミュニティー」」とすることで，国家権力の脱中心化を図り，個人が参加する集団の多元化を提案する。さらに「市民」の特徴として「地位」「役割」の他に，「一連の行動」という積極的な参加の形態を求め，コミュニティーのありかたの可塑性を保証する。Audigier（2000, pp. 9-10）はこの変化について，シティズンシップの概念が「より個人的で，より手段的（instrumental）」に変わったと表現する。「市民」を定義するものを，国民国家的な「アイデンティティ」要件である「民族」「言語」「文化」など集合的要因に求めるのではなく，「共に生きる道を模索する」参加者という「個人的，手段的」な要件に変えることにより，すべての人間を包摂する機構の創造が可能となるのである。表現を変えれば，民族，言語，文化に関わらず，欧州において「共に生きる道」を模索し，共に生きようと行動する人が「ヨーロッパ市民」であるという新しい「アイデンティティ」がここに示されている。

3.2　民主的シティズンシップのための中核的能力

　では，このような「ヨーロッパ市民」はどのような資質・能力を持つのか。以下，欧州評議会が行う「民主的シティズンシップ教育」（Education for Democratic Citizenship，以後，EDC）に関する文書から，その能力や行動について検討する。

　Audigier（2000, pp. 21-22），Starkey（2002, p. 16）は EDC が必要とする能力には「(1)認知的能力」，「(2)情動的能力と価値の選択」，「(3)行動できる力，ある

いは社会的能力」の３つの能力があるとする。以下[注2]，Audigier, Starkey を引用しまとめつつ，今後の議論のために言語教育，異文化間教育と関連するものを下線で強調する。

(1) 認知的能力
　　「認知的能力」には４つの下位項目がある。
【法的・政治的な能力】
　　この能力は「集団的生活の規則や規則の成立に関わる民主的条件の知識」や「すべての政治的生活のレベルにおける，民主的社会における権力の知識」等のことである。これら法の知識は市民の自由を擁護し，個人を守り，権力の乱用に対抗するための武器ともなる。
【現代世界に関する知識】
　　この知識は歴史的，文化的次元の知識である。公的な議論に参加したり，民主的社会で提示される選択において有効な決定をするには，話されている内容，議論の主題に関する知識が必要である。その他，社会についての批判的な分析力，長期的な視野にたった予測をする能力も必要である。
【手続き的性質（procedural nature）の能力】
　　この能力は「議論する能力」「熟考する（reflect）能力」である。人権の原則や価値から行動や議論を再検討する能力や，価値や利害の対立において，選択可能な行動の方向性やその限界を熟考する能力などである。
【人権及び民主的シティズンシップの原理と価値に関する知識】
　　個人の自由と平等な尊厳に基づいた人間という概念に基づく原理，価値を理解することである。

(2) 情動的能力と価値の選択
【倫理的能力と価値の選択に関する能力】
　　人間はある価値を持って自分自身を形作り他者と関係を持つ。個人が他

[注2] Starkey は Audigier に基づいて能力の分類を行っており，基本的には同じものであるが，Audigier の記述の中で不明な部分を補っている。本章では能力名などは Starkey に従い，詳細は Audigier を参照する。

者や世界との関係において自己を考える時，理性的側面だけでなく，情動と感情的な側面が絶えず存在する。つまり，シティズンシップは単なる権利と義務の一覧でなく，集団におけるメンバーシップの問題であり，アイデンティティの問題も加わるのである。この価値の問題はその構築や熟考が必要となるが，それらは「自由，平等，連帯」が中心的な対象となる。よって，自己と他者の承認と尊重，聞く能力，社会における暴力のありかたを熟考し，対立を解決するために暴力をどのように制御するかという問題について考慮することになる。このためには差異と多様性を積極的に受け入れ，他者を人間として自分と同じように考える必要がある。

(3) 行動できる力，あるいは社会的能力

この能力は日々の個人的社会的生活で意味を持つ知識，態度，価値のことである。この能力は以下の3つに分類できる。

【他者と共に生活し，協力し，共同作業を構築・実施し，責任をとる能力】

この能力には複数の言語能力が必要である。ただし，言語はコミュニケーションの道具としてだけでなく，異なる思考法，異文化に対する理解の方法の入り口として見なされる。

【民主的な法律の原則に則り対立を解決する能力】

第三者による仲介を依頼したり，対立する双方の意見を聞き，開かれた議論をするという2つの原則により，対立は両者の合意や法律的原則に従って仲介を通して解決される。

【公的な討議に参加する能力】

実際の生活状況において議論し，選択する能力のことである。

以上のようにEDCでは，「認知」「情動・価値」「行動」という3つの能力の育成を図っている。つまり，このような価値を共有し，能力として持つものが「ヨーロッパ」を形成する「市民」としての資質・能力を持っていると認定され，それに相応する「諸権利」を享受できると言える。

抽象的な記述であるが，この市民の能力記述から，共に生きる社会の創造が，いかに困難かが読み取れる。市民は理性（＝認知）のみならず，感情

（＝情動・価値）的能力も求められ，「暴力の制御」にも言及がある。「共に生きる」社会の秩序形成は，暴力ではなく法に基づく行動によるのである。これは，平和な社会に慣れた者には当然のことのように思われるかもしれない。しかし，私たちは，「他者」との接触による痛み・違和感が，実際の暴力に容易に転じることを知っておかなければならない。自己の痛みは他者への暴力行使の正当化に繋がり，個人の小さな痛みが党派性を帯びた時，大きな暴力に変わる。「共に生きる」社会の創造のためには，時には集団そのものを破壊する暴力性を孕むアイデンティティの政治性に留意し，規則と行動により，管理・創造する能力・技術が必要となる。この時，個人や集団のアイデンティティを象徴する文化とことばが重要な要素となるのは言うまでもない。では，「共に生きる」市民育成において，ことばと文化はどのように関わってくるのだろうか。以下，欧州評議会による言語教育，異文化間教育について見る。

4. 欧州評議会と言語政策
4.1 国民国家と言語

言語教育，異文化間教育の議論に入る前に，言語政策とシティズンシップの接点について確認する。

シティズンシップ教育において「市民」の定義が国民国家と対照的になされたのと同様に，Beacco & Byram（2007）は，*Guide for the Development of Language Education Policies in Europe*（以後，Guide）において，「ヨーロッパ」の言語政策が「国民国家」における言語と国家の関係とは異なっていることを強調する。Guide は第 1 章「欧州における言語政策と言語教育政策——一般的アプローチ」において，欧州評議会が目指す「共有された欧州的価値（shared European values）」に対して，国民国家では対照的な言語政策が行われていることを示す（p. 16）。「（国民国家においては）言語多様性に対する管理は政策の中心課題である。というのは現在の言語政策は国民国家の文脈において作られ，国民国家の成立は国家語の「創造」と関係しているからである」（p. 19）。この「創造」とは「国民 − 国家語 − 国家」という体制の創造であり，国民国家制度の下での言語教育政策の特徴として「国家的・地域的言語が国家／地域アイデンティティの感情を構成するための教育言語となっている」（p. 16）と述べる。

32　第1部　ことば・文化・アイデンティティ

　この構造はシティズンシップ論で見た構造と同様である。「(国民＝民族) →市民」という図式の中で，社会的結束性の求心力として国民国家制度が「国民－国家語－国家」の制度を作り上げ社会を管理しているのである。また，この「国民－国家語－国家」体制が「アイデンティティ」として機能できなくなった状況もシティズンシップ論と同様である。

4.2　欧州評議会と言語政策

　「ヨーロッパ」がすでに「国民－国家語－国家」の言語管理体制を保てなくなった現在，いかなる言語の「アイデンティティ」により，社会的拘束性を形成していくのか。Guide によれば「複言語主義 (plurilingualism)」を中心とする言語理念をその代替物にしようと試みる。以下，Guide を引用しながら流れを追っていく。

　Guide は，国民国家における原則がヨーロッパに適合できない理由として「ヨーロッパは国民国家と違って，政治的実体ではないので，ユニティやアイデンティティを引き出すような公用語を選ぶことでは十分でないだろう」(p. 31) と述べる。その上で「商品と人の自由な移動を言語的に保障するには，いくつかの共通言語 (リンガフランカ) を利用すれば十分だろうが，それはヨーロッパの文化的一体性には何の効果もない。ヨーロッパは共通言語よりも共通の言語理念が必要である」とする (p. 31, 強調引用者)。そこで考え出されたのが，「複言語主義」という理念である。

　Guide においては「複言語主義」は以下のように定義がされる。

　　　個人が持つ生得的な能力で，1つ以上の言語を，一人であるいは教育を通して使用し学ぶことである。いくつかの言語を様々な度合いで，はっきりとした目的のために使用する能力は，CEFR (p. 168) に定義されるように，コミュニケーションの目的のために複数の言語を使い，異文化間の交流に参加する能力である。そこでは人間は社会的主体として，いくつかの言語において，様々な程度の能力と，いくつかの文化的経験を持っている。この能力は話者が使える言語のレパートリに具体化される。教育の目的はこの能力を開発することである (よって「能力としての複言語主義」と

表現される)。

　言語的寛容，言い換えれば多様性への積極的な受け入れを基礎とした教育的価値のことである。複言語主義への自覚により，（個人，職業，公的コミュニケーション，仲間の言葉など）機能が違っていても自分や他者が使用する言語に対して，平等な価値を与えるようになるだろう。しかし，この自覚は自然に持っている感覚ではないため，学校教育の言語によって支援され，形成されるべきである（<u>よって「価値としての複言語主義」と表現される</u>）。
(pp. 17-18, 強調は原書)

　複言語主義においては，言語のアイデンティティは，特定言語には見出されない。各言語は実体的なものや制度としてではなく，個々人のコミュニケーションの手段として利用され，社会を作り上げる動態性として捉えられている。その結果，多くの言語種が存在する欧州では，複数言語による複合的なネットワーク作用が「ことば」であると言える。ここで，注目されるのは「複言語主義」が「能力としての複言語主義」と「価値としての複言語主義」の2つに分けられ，そして，この複言語主義は「2つの意味で理解されなければならない」とされることである。

　欧州の言語教育界で普及している *Common European Framework of Reference for Languages*（Council of Europe, 2001，以後，CEFR）において「価値としての複言語主義」という記述はなく，言語教育実践者が多い CEFR の読者はどうしても「能力としての複言語主義」の側面に目が行きがちである。言語教育の現場で CEFR のみを手掛かりとして考えると，「複言語主義」の能力的側面は理解しやすいが，価値的側面は抽象的で必然性を感じにくい。その結果，欧州評議会の言語政策が A1 〜 C2 の 6 つのレベルの記述そのものであるように思われてしまうのである（Coste, 2007）。しかし，シティズンシップの観点から見ると，複言語主義の二重性は必然である。なぜなら，「複言語主義」はシティズンシップ形成のための基本理念として，「ヨーロッパ」という観念の形成に不可欠だからである。逆に「能力としての複言語主義」の側面のみが実現されることがあれば，英，仏，独，西，伊などの巨大言語以外の母語話者は，より一層の言語的不平等を感じ，そのような理念に連帯感を持つことはできなくなる

34　第 1 部　ことば・文化・アイデンティティ

だろう。より重要なのは「言語が平等な価値を持つ」という理念を共有することであり，そのことによってのみ「複言語主義」は「ヨーロッパ」の「言語的アイデンティティ」になりうるのである。

　　複言語主義と複言語教育の目的は一連の言語を同時に教えることでも，異なった言語同士を比較することを通して教えることでも，できるだけたくさんの言語を教えることでもない。その目的は，<u>共に生きるための方法</u>として，複言語能力と異文化間教育の開発をすることである。
　　　　　　　　　　　　　　　　　　　　　　　（Guide, p. 18，強調は引用者）

「共に生きる方法」という地点において，EDC と複言語主義は連接する。つまり，複言語主義という言語の複数性，動態性を保証する理念（＝ことば）が，「共に生きる」空間を創出すると言い換えられるかもしれない。

5. 民主的シティズンシップ教育と言語教育
5.1　EDC に必要な能力と言語教育

以上までの議論で「共に生きる人」という市民概念も，「複言語主義」という言語概念も「ヨーロッパ市民」という概念を形成する「アイデンティティ」として機能することを述べた。ここでは本章 3.2 に記した EDC の中核的能力と言語教育との関係について考察する。

「認知的能力」は「情意・価値」「行動」の基礎となる「法律・政治」「現代世界」「手続き」「人権・民主的シティズンシップの原理価値」に関する知識である。これらの知識は「議論に参加」したり「話されている内容，議論の主題」の理解，「批判的な分析」に必要である。さらに，「人権の原則や価値から行動や議論を再検討」「価値や利害の対立において，選択可能な行動の方向性やその限界を熟考」など，非常に高度な認知活動も含まれている。よって，これらの知識の獲得は年齢や社会参加の程度により内容が異なり，その獲得は主に教科教育や生涯教育によってなされる。言語教育はこれらの知識が「議論」「批判的分析」などの行動へと再統合する場所として機能する。

「情意的能力と価値の選択」は広くアイデンティティ，つまり「自／他」の

差別化に伴う感情の管理と価値の選択に関わる分野である。自分が自分であるためには，ある「価値」を伴う決定が必要であり，同様に他者のアイデンティティの基礎となる「価値」について，尊重，理解が必要となる。その際，他者から「聞く能力」が必要であるのと同時に，「対立を解消する手段として暴力を制御する」能力も必要となる。これらの行為には高い言語能力のみならず，文化を批判的に検討する能力，感情を管理する能力が必要となるが，文化・価値を含む教育は従来の言語教育では積極的に扱われていない。しかし，価値の源泉となる自他文化を意識，比較，調整する能力は「他者」と「共に生きる」ための必須能力であり，言語教育は「文化」「アイデンティティ」といった要素も積極的に取り込む必要があるだろう。

　「行動」においては，「共に生活」「協力」「共同作業」「責任をとる」「対立を解決する」という行動が必要とされ，そのために「他の思考法，他の文化に対する理解」「仲介を依頼」「双方の意見を聞き，開かれた議論をする」必要がある。言語教育は「共同作業」「議論」など，行動を中心とした言語行為がどのようなものかを明示化し，課題遂行のため，言語能力と前述の知識・文化・価値を統合する技能の育成が必要となる。

　では，EDC で提案された「認知」「情動・価値」「行動」といった諸能力は実際の言語教育ではどのように関連付けられているのであろうか。以下，これらの能力と言語教育，とりわけ CEFR との関連について考察する。

5.2　言語教育の問題と課題

　CEFR は第 5 章において「言語使用者／学習者の能力」として「一般的能力」「コミュニケーション言語能力」を挙げる。「一般的能力」はさらに「叙述的知識」「技能とノウ・ハウ」「実存的能力」「学習能力」に分けられ，「コミュニケーション言語能力」は「言語能力」「社会言語能力」「言語運用能力」に分かれる。EDC の「認知」は「叙述的知識」，「情動・価値」は「技能とノウ・ハウ」「実存的能力」，「行動」は「コミュニケーション言語能力」に分類され，CEFR は，EDC に必要な能力をすべてカバーしているようである。しかし，問題はその記述の質と量において，「認知」「情動・価値」を含む「一般的能力」と「コミュニケーション言語能力」では違うということである。

「コミュニケーション言語能力」については，第 4 章，第 5 章において A1 から C2 の 6 段階のレベル別，また技能別の詳細な例示的能力記述文が存在し，「行動」を考える上で CEFR は十分と言えるかもしれない。その一方，「一般的能力」についての記述は，第 5 章に能力の概念説明と，言語教育に取り入れる際の注意点が簡単に書かれているのみであり，その扱いにおいて大きな差があると言っていい。Zarate（2003）は 2001 年版 CEFR は異文化間能力の概念も曖昧である上，言語と文化の能力について「後者は前者の副次物のように扱われて」おり，「バランスを欠いている」（p. 110）と批判し，Byram（2003, pp. 11-12）も「CEFR も将来的には異文化間教育の目的をはっきりと述べ，それは道徳的政治的な意味合いのものも考慮すべき」と指摘し，文化領域の欠如を指摘する。CEFR は行動中心主義の言語教育を考える上で非常に有効な道具であるが，「共に生きる」社会形成という文脈においては，特に「情動・価値」に関する文化，アイデンティティの問題を補完し，言語教育を考える必要があるだろう。

6.「ことば・文化・アイデンティティ」を統合する教育としての異文化間教育
6.1　複言語・異文化間教育と Autobiography of Intercultural Encounter

5.2 で指摘した言語教育の問題を補完する形で欧州評議会が展開する活動として「複言語・異文化間教育（plurilingual and intercultural education）」がある。文字通り「複言語教育」と「異文化間教育」が併記され，CEFR に欠如する文化，アイデンティティの問題を補償している。

複言語・異文化間教育は，シティズンシップ教育と言語教育が統合された形となっており，とりわけ文化に関する能力が大きな重要性を持っている。複言語・異文化間教育の目的は，「子どもの学校での成功，機会の均等」と「包摂と社会的結束性を高め，民主的シティズンシップへの道を整備し，知識基盤社会を促進する」（Beacco et al., 2010, p. 19）とされ，より一般化された表現が選択されている。教育の保証はすべての市民の社会参加を保証し，「包摂」と「社会的結束性」の基礎となるものである。さらにその社会のありかたとして「民主的シティズンシップ」が挙げられている。Beacco et al.（2010）では，民主的シティズンシップについて白書（Council of Europe, 2008）を引用し，「他者と共

に，文化的，社会的，経済的生活や，コミュニティの公的な活動に参加する権利と責任」(Council of Europe, 2008, p. 29) と定義している。ここで挙げられる「包摂」「社会的結束性」「民主的シティズンシップ」という目標は，「共に生きる」社会が，民主的な手法により市民が公的活動に積極的に参加できる場になることを目指しており，これらの目標からも，複言語・異文化間教育が「情動・価値」を補完し，「ことば・文化・アイデンティティ」を統合する教育を目指していることがわかる。

また，より教育実践に近い活動として Autobiography of Intercultural Encounter （以後，AIE）の開発がある。AIE は，異文化間能力の記述・評価のツールであり，さらに実践的なレベルから目的が書かれている。ここでは「インターカルチュラル・シティズン」の育成がその主目的として示されており，それは，「第一に，言語や文化を共有する街・地域・国などの共同体において必要とされる積極的なシティズンシップの能力を有し，第二に，多言語・多文化の共同体に参加を可能とする態度，知識，異文化間能力のスキルを持つものをいう」(Council of Europe, 2009, p. 5) とされている。ここで「社会的結束性」は「すべてのメンバーの幸福を保証し，格差を最小限にとどめ，社会の分裂を避ける社会の能力」であり，「結束性のある社会」とは，「自由な個人が民主的な手段により，これらの共通の目標を追求するのを互いに支え合うような地域・社会」(Council of Europe, 2009, p. 5) とされる。AIE ではその目標として，明確に市民性育成が掲げられており，「メンバーの幸福」という倫理的・価値的な課題も明示されている[注3]。

6.2　異文化間教育における文化とその戦略

複言語・異文化間教育，AIE を支える「文化」の概念も，アイデンティティやことばの概念と同様，その複数性，動態性を保証し，状況に応じて再構築が可能な構造となっている。

AIE では，文化について考えるにあたり，「文化言説（Cultural discourses）」という概念を導入する（Council of Europe, 2009, p. 8）。そして，この文化言説を，

[注3] 複言語・異文化間教育，AIE が目指す能力の記述については，福島（2014）を参照のこと。

民族，宗教，国籍などで実体化された文化概念である「支配的（dominant）な言説」と、「人々による（demotic）言説」に分ける。「人々による言説」とは、「互いに背景が異なるものが、共通の関心事をめぐって意見を交換したり、互いの利害に適う事柄に参加する際に使われる、文化を作る言語のこと」であり、多様で個人により選択ができ、「意味や集団・コミュニティーの境界そのものが、その時の必要に応じて再考され再定義されるような動態的な過程」と定義される。複言語・異文化間教育，AIE においては、この「人々による言説」により親和性があり、「共に生きる社会」においては、新しい文化が、集団により、その都度形成されることとなる。また、Council of Europe（2009, pp. 8-9）は、多文化社会を「固定的な文化アイデンティティのパッチワークでなく、横断的なネットワークと、状況的、論争的、動態的、流動的であり、極めて文脈的なアイデンティティのネットワークである」としており、この文化−社会概念も、前に見たことば、アイデンティティ概念と同様、その創造性、動態性を保証する戦略をとっている。国民国家制度は、「ことば・文化・アイデンティティ」を、民族、言語、文化により固定化し、管理してきたが、欧州評議会の戦略は、「ことば・文化・アイデンティティ」を、国民国家制度と平行して、「状況的、論争的、動態的、流動的」な運動と捉え、多元的なネットワークとして管理するものであると考える。

　ところで、複言語・異文化間教育，AIE いずれも、「異文化性（interculturality）」と「複文化性（pluriculuality）」とを異なる概念としている（Beacco et al., 2010, p. 16; Council of Europe, 2009, pp. 9-10）。Beacco et al.（2010）は、「異文化性」を「異なる文化を体験し、それを分析する能力」、「複文化性」を「様々な文化にアイデンティティを持ち、参加する意欲・能力」と定義し区別する。ここで、「複言語・異文化間教育」の名において、「複文化教育」ではなく、「異文化間教育」が選択されている点は留意すべきである。目的とされるのは、「異文化間能力」、つまり、「文化の違いをよりよく理解し、この差異の過去と未来の認知的、情動的繋がりを作り出し、2つ（それ以上）の社会集団とその文化の成員の仲介をなし、自らの文化集団・環境の前提を問う」（Beacco et al., 2010）ことであり、本章で見た EDC の能力である。

　この「異文化性」と「複文化性」の区別の重要性は、文化とアイデンティ

ティの関係を類型化した点であろう。つまり、「他者」の「文化」を理解し、自己アイデンティティに組み込み、「わたしたち」を作り出す場合（複文化性）と、「他者」の文化を尊重しつつも、自己のアイデンティティには取り込まず、協働的に「わたしたち」という「共に生きる」空間を取り入れる場合（異文化性）という2つの方法である[注4]。この区別は文化による分離主義と理解されるかもしれない。なぜなら、「どんなに理解しても受け入れられない文化・価値がある」といったメッセージとして受け止められる可能性があるからだ。しかし、筆者は、この区別について、異文化間教育が倫理・価値における政治的選択という現実的課題に、積極的に取り組む姿勢を示したと解釈する。例えば、ある文化が「民主制」という倫理・価値を尊重せず、「暴力」による人間関係を正当化する場合、「ヨーロッパ市民」の前提となる「民主制」や「法の支配」が根本的に崩れてしまう。そして、欧州において、こういった「他者」が隣人として実際に存在する。この場合、市民は、こういった根本的な倫理・価値が異なる「他者」を排除するのではなく、あくまでも民主的な議論や手続きを通して、「共に生きる」方略を見出す必要がある。この文化の複数性に関する2つの概念は、異文化間教育が現実に迫られる政治的選択の局面において、実践的方法であるために重要な区別であると考える。

　欧州においては、人々が現実に生活する空間において、異なる言語・文化・価値が併存しており、この多様性を尊重することを理念として謳っている。このような状況において、欧州評議会のシティズンシップ教育、言語教育、異文化間教育は、実践的な手段として「ことば・文化・アイデンティティ」を実体ではなく、状況的、論争的、動態的、流動的、文脈的なものとして捉え、民主的な議論と合意において「共に生きる」方法を見出す戦略をとる。この戦略はグローバル化が進む社会において、国民国家制度と併存して「共に生きる」空間を保証する方法の1つであると言えよう。そして、その根底にあるのは、社会における他者性とその複数性の尊重である。この他者性とは上述の複文化性

[注4] 欧州評議会の文化間教育の理論的支柱の一人であるByram（2008）は、「第三の社会化」という概念で、文化間で生きる能力を記した。その中で「（第三の社会化の）目的は、馴染みのあるものを新しいものに換えるものでも、異なる文化への同化（identify）を促すものでもない」（p. 31）と述べている。

に定義されるように，自己アイデンティティの内部にも見出されるものであり，自己内にあるアイデンティティの複数性（複文化性）を理解することは，自他間のアイデンティティにおける他者性に対する批判的認識に繋がるだろう。この「自分も自分に対して他者であり得る」という認識は，他者と「共に生きる」空間を形成する基盤となると考える。

7. 理念であり，かつ実践的な政策ツールとしての「異文化間教育」

　以上，欧州評議会の活動を通して，国民国家制度によらない，「共に生きる」空間を創出する教育の方法を見た。そこでは，「共に生きる」ことを志向する市民が，「ことば・文化・アイデンティティ」の固定化を避け，状況に応じ関係性を構成し続ける動態性の形成に同意し，それを保証する。そして，こういった市民を育成するシティズンシップ教育，言語教育，異文化間教育は，「認知」「情動・価値」「行動」といった多方面の能力育成を目的としている。

　今後，日本が「他者」を受け入れ，「共に生きる」空間を目指す場合，欧州評議会の教育実践は1つのモデルとなるだろう。ただ，日本においては，表1（p.26）で見た，シティズンシップの構造自体を意識化しにくいため，一層の困難があると思われる。なぜなら，日本では血統主義がとられるため，日本におけるマジョリティは国籍（Ⅰ）と共同体意識（Ⅲ）に意識的な差がなく，無意識的に「日本人であること（Ⅰ 国籍＝Ⅲ 民族）によってⅡ 諸権利が生じる」という感覚を持つからである。つまり，日本で生活する「市民」の要件として，日本人，日本語，日本文化という要素が無自覚的に入ってくるのである。「共に生きる」空間創出にあたっては，「ことば・文化・アイデンティティ」の概念を，市民性の観点からも検討する必要があるが，この認知的操作は，アイデンティティの変容を強いることから，日本においては，政治的にも大きな抵抗にあうだろう。

　ただし，日本がすでに「他者」と「共に生きる」社会であることは事実である。今後も従来の国民国家的モデルを継続するとしても，共に社会を形成する「他者」との議論を得て，合意を得る必要がある。そのためには，「異文化間教育」を，「共に生きる」社会を理念であると共に，実践的な方略として，認知し，普及していく必要があるだろう。

参考文献

岡野八代（2009）.『シティズンシップの政治学——国民・国家主義批判［増補版］』白澤社.
オスラー, オードリー・スターキー, ヒュー（2009）.『シティズンシップと教育——変容する世界と市民性』（清田夏代・関芽（訳））　勁草書房．［Osler, A., & Starkey, H.（2005）. *Changing citizenship: Democracy and inclusion in education.* Maidenhead: Open University Press.］
福島青史（2011）.「「共に生きる」社会のための言語教育——欧州評議会の活動を例として」『リテラシーズ』8, 1-9.
福島青史（2014）.「「グローバル市民」の「ことば」の教育とは——接続可能な社会と媒体としての個人」西山教行・平畑奈美（編著）『「グローバル人材」再考——言語と教育から日本の国際化を考える』（pp. 138-168.）　くろしお出版.
宮島喬（2004）.『ヨーロッパ市民の誕生——開かれたシティズンシップへ』岩波書店.
Audigier, F.（2000）. *Basic concepts and core com-concepts and core com-oncepts and core competencies for education for democratic citizenship.* Strasbourg: Council of Europe.
Beacco, J. C., & Byram, M.（2007）. *Guide for the development of language education policies in Europe: Main version*（Revised ed.）. Strasbourg: Council of Europe.
Beacco, J. C., Byram, M., Cavalli, M., Coste, D., Egli Cuenat, M., Goullier, F., & Panthier, J.（2010）. *Guide for the development and implementation of curricula for plurilingual and intercultural education.* Strasbourg: Council of Europe.
Beacco, J. C.（2011）. *The cultural and intercultural dimensions of language teaching: Current practice and prospects.* Strasbourg: Council of Europe.
Byram, M.（2003）. Introduction. In M. Byram（Ed.）, *Intercultultural competence*（pp. 5-13）. Strasbourg: Council of Europe.
Byram, M.（2008）. *From foreign language education to education for intercultural citizenship: Essay and reflection.* Clevedon: Multilingual Matters.
Coste, D.（2007）. *Contextualising uses of the common European framework of reference for languages.* In Common European framework of reference for languages and the development of language policies: Challenges and responsibilities（pp. 40-49）. Strasbourg: Council of Europe.
Council of Europe（2001）. *Common European framework of reference for languages: Learning, teaching, assessment.* Cambridge: Cambridge.
Council of Europe（2008）. *White paper on intercultural dialogue "Living together as equals in dignity"* Strasbourg: Council of Europe.
Council of Europe（2009）. *Autobiography of intercultural encounters: Context, concepts and theories.*
O'shea, K.（2003）. *A glossary of terms for education for democratic citizenship.* Strasbourg: Council of Europe.
Starkey, H.（2002）. *Democratic citizenship, languages, diversity and human rights.* Strasbourg: Council of Europe.
Zarate, G.（2003）. *Identities and plurilingualism: Preconditions for the recognition of intercultural competences.* In M. Byram（Ed.）, Intercultural competence（pp. 84-117）. Strasbourg: Council of Europe.

第3章

ことば・文化・アイデンティティをつなぐ言語教育実践

細川 英雄

1. はじめに

　本章は，本書のテーマである「異文化間教育の可能性——インターカルチャーとは何か」という観点から，「ことば」・「文化」・「アイデンティティ」の三者をつなぐ言語教育実践について考察することを目的とする。

　「異文化間教育」におけるこの三つの概念は，いずれもきわめて重要な概念であるにもかかわらず，それぞれの関係については，これまでほとんど議論されていない。ここでは，「ことば」・「文化」・「アイデンティティ」のそれぞれの概念が複数であること，また，その境界も一つではないという立場に立ちつつ，複雑に絡み合ったことば・文化・アイデンティティの課題の整理を行うと同時に，そこから見えてくる言語教育実践のあり方を浮き彫りにしたいと考える。

2. ことばと文化の境界をめぐる問題からアイデンティティへ

2.1　複言語主義とは何か

　この地球上に，言語はおよそ6000から8000あるとされるが，この数字は世界中の民族の数とほぼ符合している。だから，私たちがことばについて考えるとき，地球上の言語・民族を広く視野に入れていこうという提案がしばしばなされるのであろう。

　しかし，人の日常にもっと即してみると，個人は，両親のことばを家族の中で受け継ぎ，育つ地域のことばを享受し，国家のことばを学習する。そして，他者とことばを共有し，地理的に離れた地域・社会のことばを学び，それらを総合して，自分のことばを形成していく。

　このように，個人の中の複数の言語的要素の存在を考えると，一人の人間の

中での，母語・第2言語・外国語の包括的統合の問題を無視できなくなる。この課題は，一つの社会における多言語多文化という考え方（多言語多文化主義）から，一人の人間の中の複数の言語・文化という発想（複言語複文化主義）への転換を示唆している。このことはさらに，ことばは，言語学で区切られた6000～8000の境界だけではなく，地球上の個人の数だけ，すなわち60億のことばがあると考える可能性に広がっていく。

さらに，言語の境界が人の数だけあるということになると，むしろ世界の言語はすべて複言語であり，単言語というものは存在しないという論理が成り立つだろう。たとえば，日本語というのは，一つの言語ではなく，無数の個人語が集まって，たまたま日本語という言語があるということになる。もちろん，そこには，一定の法則的なもの，緩やかな枠組みのようなものは存在し，その範囲内であれば，相手の言っていることが比較的容易に理解できるというようなことだ。

単言語が存在しないとなると，複言語主義の定義も大きく変わってくるにちがいない。複言語主義とは，言語学上で分類された言語を複数持つこと，あるいは，そのことを改めて主張することではなく，本来，人間とは複言語的存在なのだということを提案する立場こそ複言語主義だということになる。

このように考えると，文化に対する考え方も大きく変容するにちがいない。

2.2 「文化」の境界とは何か

日本語でいう「異文化間」とは，interculturalの訳語であると想定される。しかし，interに「異」の意味はない。ここでのinterの意味は，むしろ「間」に担われているといえるだろう。

では，interculturalの訳語として，なぜ「異」が用いられたのか。

それは，「文化」が「異」と「同」の関係で捉えられたためではなかろうか。つまり，「文化」の概念を論じるとき，「異」か「同」か，という前提がまず存在した。そのときの対象は，こちら側の同じ集団，あちら側の異なる集団という二項対立的な認識で捉えられた。そして，その集団とは，国家・民族としての集団がその代表的なものとして想定された。さらに，自らの所属する国家・民族を基準として，「異なる」国家・民族との比較によって，この所属意識が

強調され，たとえば，日英，日米，日中，日韓，日仏，日独のように，二項対立的かつ集団類型的な思考に陥ることになった。

　この場合，「文化」の概念は常に集団とともに存在することになる。これまでの「文化」解説の多くが集団という前提付きでこの概念を定義していることは明らかだ。さらに，従来の集団「文化」の多くは，ある集団的事象を個人のイメージや解釈によって判断したものであるにもかかわらず，あたかも実体をともなった確固とした存在であるかのように説明される例が散見する。

　しかし，たとえば，「相互文化的対話（intercultural dialogue）」について，欧州評議会の次のような説明を見てみよう。

> The term 'intercultural dialogue' itself refers to an open and respectful exchange of views between individuals and groups from different ethnic, cultural, religious and linguistic backgrounds and heritage.
> Autobiography of Intercultural Encounters Context, concepts and theories.

　ここでは，必ずしも集団を単位とせずに，個人間にも文化的な差異のあることが指摘されている。「異なる民族的，文化的，宗教的，言語的背景と伝統を持った個人やグループ」という表現が並列的に挙げられている。これらを私は「文化論」（文化について解釈したもの）と呼び，「文化」そのものと区別して扱うべきものという提案をしたことがある（細川, 1999, 2002）。また，上記の個人間の相違については，人それぞれの価値観や考え方，立場等が異なるところから，「個の文化」と呼んだものである。

　個人はそれぞれ異なる価値観や考え方を持ち，それを形成しているものは，たしかに集団の影響が十分考えられるが，それらは取り出して論じることができるほど自明なものではなく，むしろ「個の文化」を説明するために後から付け加えられた，さまざまな「解釈」（文化論）に過ぎないということなのである。

　また，集団的事象（社会の習慣や慣習）にしても，その集団に属するすべての人が共有するものであるかどうかは，きわめてあいまいであり，それらをもって集団の文化とするには大きな問題があること，そして，いわゆるステレオタイプの問題がこの集団類型化に起因することは，すでに論述した（細川,

2002〈細川, 2012b 所収〉）。

　そうした，いわば文化本質主義ともいえる立場は，学術的な観点からはすでに否定されて久しいはずだが，現実世界においては，むしろ隆盛を極めているといえよう。たとえば，多くの留学生は，そうした文化本質主義的な日本文化観を背負って留学し，日本の教室において頑なステレオタイプを背負わされて帰国する例が数多く存在する。

　また，日本文化を日本人の行動様式や思考方法と安易に結び付け，そのような行動・思考パターンを知ることが「文化を学ぶこと」とする学習・教育論が横行している。このように，集団「文化」を実体化させ，そこに意味を見出そうとする徳目的教育の現状を指摘しなければならない。

　もちろん，「個の文化」を，個人の価値観・考え方・立場というように考えたとき，その範囲内だけで，文化を捉え，他者との協働によるさまざまな関係性の構築や社会的公共性に対して目を閉ざしてしまうことは意味のないことである。

　むしろ，個人それぞれが異なる文化を持つ（同じ文化の個人は存在しない）という前提のもと，自らのイメージ・解釈としての「文化」に気づき，同時に，さまざまな「文化論」の罠を乗り越えつつ，自己と他者が協働して関係性を構築し，新しい創造的な社会を築いていくというプロセスこそ重要である。この自己・他者・社会のかかわりこそが intercultural（相互文化的）という形容にふさわしい関係であり，そのような言語活動の場を形成することが相互文化教育（intercultural education）なのである。それは自己・他者・社会の三者の相互的かつ複雑に交差しあう関係のあり方そのものを問う教育であり，人が生きる上で不可避の課題としての言語文化教育と呼ぶべきものであることを示唆している。

2.3　ことば・文化からアイデンティティへ

　さて，ことばと文化が密接なかかわりのあることは，すでに多くの人がさまざまなところで述べていることである。この場合のことばとは，すでに指摘したように，言語の形式や用法を指すのではなく，思考と表現の循環のプロセスそのものを指すものであるといって差し支えない。そのようなとき，文化と

は，国籍や民族といった境界を越え，個人一人一人が有している価値観や考え方，あるいは立場のようなものを指すと考えることができる。つまり，社会という枠組みで文化を規定するのではなく，さまざまな社会の影響を受けつつ個人の中に醸成されたものを文化と捉えるのである。そうすると，○○人の文化とか，○○社会の文化という発想はきわめて希薄になり，自己の文化，他者の文化という捉え方のほうがずっと自然なものとして理解できるようになる。

このように考えると，そうしたことば・文化を統合する個人において，自己と他者のかかわりの中で何が重要かということが議論の焦点となってくる。それがおそらくアイデンティティというものだろう。なぜなら，ことばを学ぶことは，文化を学ぶことであると同時に，一人一人の個の世界の再構築であり，変容をともなう自己の認識・意識の更新でもあるからである。これがことばの活動とアイデンティティの不可分の関係であるといえる。

ここでいうアイデンティティとは個人がさまざまに有している，複数の自己の姿であり，それらの自己が必要とする「居場所」感覚のことであると定義することもできるだろう。

では，そうした内在する複数の自己の形成・更新にとって，言語教育は，どのような意味を持ち，どのような役割を果たすのだろうか。

このことを考えるための，具体的なエピソードを一つ紹介しよう。

2007年10月から2008年6月にかけて，私は，フランス・パリ郊外のセルジ・ポントワーズ大学でミュリエル・モリニエ（現パリ第3大学教授）の担当するフランス語のクラスに参加し参与観察を行った。このクラスの活動は，参加者それぞれがフランス語で「自分誌」を作成するというもので，ヨーロッパ言語共通参照枠（以下，CEFR）の基準でいうとB1のクラス，ちょうど中級前半レベルに当たり，当初7名の登録者があった。

この学生たちの中に，エラスムス交流協定の奨学金でポルトガルから来た，若い女子学生がいた。クラスの初めごろはほとんど発言をしない，おとなしい学生で，フランス語があまりできないので自信がない，間違いを訂正されると怖いので，なるべくしゃべらないようにしていると後になって本人から直接聞いた。

クラスの目的である自分誌を書くという活動から，参加者はそれぞれ「フラ

ンス語と私」「文学と私」「留学と私」といった，各々のテーマについて話しはじめていた。

　何回目かに彼女の順番が回ってきて，自分はポルトガルから留学してきたけれども，親戚がフランスに移民をしている，そして自分がフランスに移民するかどうか迷っているというような話をした。テーマとしては，あまりにもまとまりがなく，ただ自分の不安を訴えているような発表だった。

　その後も，女子学生はとても自信がなさそうで，クラスの後，一人で残って，しばしば担当者に質問をしていた。私も何となくその学生の相談に乗ることがあったが，なかなかテーマが決めきれず不安に思っている様子は，私の「考えるための日本語」（細川・NPO法人「言語文化教育研究所」スタッフ，2004参照）に出ている日本の学部生の状況とよく似ていると感じた。

　また番が回ってきたとき，彼女は，すでに移民をしている親戚の人たちにインタビューをして，どんな苦労があったのか，どんな辛い思いがあったのか，どんなうれしいことがあったのかというようなことを聞いてみたいと語った。一方で，どうやってしたらいいかわからないとも言っていて，とても不安そうだった。これに対して，担当者からは，とにかく相手の話をよく聞くこと，相手に語らせることが大事だというアドバイスがあった。

　その次に順番が回ってきたときは，インタビューの内容が紹介され，話がずいぶん具体的になってきていた。移民博物館に行って移民に関する講演を聴いたことがきっかけになったようだ。このプロセスの中で，彼女はずいぶん自分の話をするようになり，文章もメモ書きからかなりまとまったものに変化してきた。タイトルもようやく「移民と私」と決まり，自分の目標へ到達する様子をイラストに描いた発

図1　私の目標（Muriel Molinié 提供）

表は，クラス・メイトからもわかりやすいという評価を得て，だんだん自信がついてきたようだった（図1参照）。

参与観察者として，またクラス参加者として活動をともにしながら，このときに私が感じたのは，彼女が何を考え何に悩み何を喜んでいるかということに，自分は直接関与できないけれども，私自身がその場に立ち会っているという思いだった。

ポルトガルの女子学生であった彼女自身にとっても，移民という概念が最初から出てきたわけではなかった。それはクラスというコミュニティでのディスカッションの中から出てきたものである。クラスのメンバー各々がディスカッションの中で，それぞれのテーマを出し，議論ができた。その中から，彼女は自らのテーマを自分で発見し，それを展開させるということができた。このプロセスに立ち会うことで，これこそ居場所としてのアイデンティティ生成の問題と関係しているのだと私は確信するに至るのである。

2.4　言語教育の目的とは何か──「よく生きる」という課題へ

このように考えてくると，ことば・文化・アイデンティティを軸とした言語教育の最終目的は，もはや言語習得ではないことが明らかとなるだろう。すばらしい，一つの方法で学習すれば，必ずその言語が使えるようになるという保障のどこにもないことは，この200年の近代史の中で明らかだ。つまり，ことばを習得するための，万人にとっての魔法の杖など，どこにも存在しないのである。

だからこそ，ことばを習得する場合に，このようにして学ばなければならないという決まりなど，どこにもないということになる。個人一人一人にとって，自分の表現したいことをことばによって表そうとするとき，さまざまなアプローチがあるということになるのだろう。教授方法の開発や語彙の選別・分類，あるいは文法構造の解釈・説明等は，ことばを使って何かをするということの，ほんの一部にしか過ぎない。

しかし，いずれにしても，具体的に何かをするためには，ことばが必要なのだから，その習得は大切な課題ではあるが，それは決して目的ではない。

ことばを学ぶ意味は，ことばの習得を超えたところ，その向こう側にあると

いうことになろうか。これが言語教育の本来的な目的ではないのか。

では、「ことばの習得を超えたところ」に言語教育の本来の目的があるのだとすれば、それは何か。この問いによって初めて、言語教育の目的論が立ち現れてくる。それは、「言語教育とは何か」という問いと関連している。言語教育という分野・領域は、何を目的とし、何をめざした活動なのかという問題と不可分だからである。私たちは、「ことばを教える」という分野・領域で仕事をしながら、それはなぜなのかと考えていくうちに、「なぜことばを教えなければならないのか」という問いに突き当たり、その答えを求める過程で、ことばとは何か、ことばは何のためにあるのかということを考えざるを得なくなる。その結果として立ち現れてくるのが、人間とことばの関係、生きることとことばの関係についてであろう。

それは、ともに生きる社会において、私たち一人一人が充実した言語活動主体として、社会とかかわりをもつにはどうしたらいいのかという課題でもある。この問いは、「最も尊重せねばならぬのは、生くることにあらず、よく生くることなり」というソクラテスの名言とも重なる。個人一人一人が、ことばによる活動を軸に、他者を受け止め、テーマのある議論を展開できるような場（共同体）を形成すること、あるいはそのような意識を持つことこそ、この社会において必要なことであろう。そして、このことは、行為者一人一人が、一個の言語活動主体として、それぞれの社会において「よく生きる」という課題を担うことであり、同時に、その社会をどのように構成できるのかという市民としての自覚化の課題と向き合うことでもある。

3. 目的を具体化するための言語教育実践とは何か
3.1　自律的な市民性を具体化する

では、こうした「市民としての自覚化」のための具体的な言語教育実践として、どのようなことが考えられるだろうか。1998 年に早稲田大学日本語研究教育センター（当時）で開始された総合活動型日本語教育もこの一つに数えられると思われるが（細川, 1999；細川・NPO 法人「言語文化教育研究所」スタッフ, 2004；細川編著, 2007 など参照）、ここでは、もう少し大きな文脈で、こうした市民性形成とその自覚化を対象としている言語教育実践を具体例として考え

てみよう。

　それは，欧州評議会の言語政策部門が2008年に発表した「Autobiography of Intercultural Encounters（相互文化的出会いの自分誌，以下AIE）」である。これはIntercultural Communicative Competence（ICC）（相互文化的コミュニケーション能力）を養成することを目的として，Micheal Byram, Martyn Barrettらの監修によって2008年に開発されたプログラムで，小学生程度までの若年層を対象としたものと，成人を対象としたものの二種がある。小山（2014）が紹介するように，異なる文化との自分自身の出会いについて，その具体的内容やかかわった人々，自分の感情の動きなど，さまざまな観点から振り返り，異なる文化およびそうした文化背景を持つ人に対する自らの体験や態度をクリティカルに記述していく作業をプログラム化した小冊子だ。この作業を通して，他者との相互文化経験を自分のものとして主体的に捉えなおし，それを今後の学習の姿勢に反映させ，最終的には，自律した市民として自らを自覚できるような，さまざまな仕掛けが施されている。このプログラムは，新しい言語教育のあり方を示唆する，たいへん興味深い内容であると同時に，これからの社会のあり方と人々の幸福を考えるための重要な羅針盤となりうる可能性を有しているといえよう。

　幸い，小山（2014）に，この冊子の全文試訳が付されているので，以下，**3.2**として引用し，その紹介と参照の便を図りたい（紙幅の関係から改行等は適宜変更した）。

3.2　相互文化的出会いの自分誌（AIE）

Autobiography of Intercultural Encounters（小山, 2014による試訳）

> まず自分にとって重要な経験を選ぶ（びっくりしたり，楽しかったり，難しいと思ったりしたこと）
> それに題名を付ける　例：南アフリカ人が我が家を訪問；ブラジル人とのアルバイト；研究室のフランス人；中国人のクラスメート　etc.
>
> 0.　私は誰？
> 自分をどう定義しますか？自分のことを自分で考える時，あるいは他の人た

ちに自分を見てもらう時に特に重要な事はどんなことでしょう？

1. 出会い
1-1　題名を付ける：
1-2　この人（人々）に出会った時に何が起こったか
1-3　いつ起こったか
1-4　どこで起こったか（そこで自分はなにをしていたか）
1-5　それは　a.勉強　b.レジャー　c.休日　d.仕事　e.学校　f.その他
1-6　|重要|　なぜこの経験を選んだのか？
自由記述

理由は　a.それまで考えなかったことを考えさせられたから
　　　　b.このような経験は初めてだったから
　　　　c.こういう経験として一番最近の経験だったから

a.驚いた　b.がっかりした　c.うれしくなった　d.腹が立った　e.変わった
他に自分の反応があれば，それについて，また理由について書くこと。

2. 他の（相手の）人々
2-1　どんな人が関係していたか？
名前を知っていたら書きなさい。
2-2　その人（達）について最初に気がついたことは？見かけはどう？どんな衣服を着ていたか？
2-3　女性でしたか，男性？年寄り or 若い？彼らは別の国の人たち？宗教は？その他彼らについて重要だと思われることは？

3. あなたの感じたこと
3-1　次の文章を完成させて，その時感じたことを書いてください。
　　　「私がその時感じたことは…
3 2　「その時考えたことは…
3-3　「そのとき私がしたことは…

4. 相手の人（達）が感じたこと
自分が相手の人の立場だったとしたら…
4-1　相手の人はその時どう感じたと思いますか？これは難しいかもしれませんが，その時相手がどう感じたか努力して想像してみましょう。ハッピーだったか，悲しかったか，それとも？どうしてそう思いますか？

4-2　このことが起きた時，相手の人（達）は何を考えていたと思いますか？彼らはこれが変だと思ったか，興味深いと思ったか，あるいは何と思ったでしょう？一つ選ぶか自分の答えを書いてください。選んだ場合は理由を書いてください。
a. 彼らにとっては日常的な出来事　b. 普通でない出来事　c. ショックな出来事
理由は：

4-3　1つ以上選んで文章を完成させるか，自分の考えを加えて下さい。
この経験に巻き込まれていた相手の人たちは次のようなことを感じていたように見える。
a. 驚き　　b. ショック　　c. 喜び　　d. 特に何も感じない
4-4　私がこのこと（4-3）に気がついたのは相手がやったこと（言ったこと）あるいは彼らの外観からです。例えば彼らは…
4-5　彼らは感じたことを隠していたのでよくわからない…

5. 同じことと違うこと
5-1　その時，何か（相手の人たちとの）類似性に気がつきましたか？それは何でしたか？
5-2　その時，何か（相手の人たちとの）相違点に気がつきましたか？それは何でしたか？
5-3　今，何か他の類似性に気がつきますか？それは何ですか？
5-4　今，何か他の相違点に気がつきますか？それは何ですか？
5-5　自分の考えや感じたこと，とった行動をどう思いますか？
まず考える
それから選ぶ
1つ以上選んで文章を完成させるか，自分の考えを加えて下さい。
a. この経験で私の行動の仕方は適切だった，というのも私がしたことは…
b. 私は違う行動の仕方があった，たとえば次のように…
c. 私のリアクション（反応）で一番良かったとすれば次のようなこと…
d. 私のリアクションは良かった，その理由は…
e. 私は次のようにして自分の感情を隠した…

6. お互いに話すこと
6-1　自分の相手の人への話し方を考えたとき，話し方や何を話すかということで，調整をしたことを覚えていますか？

例えば
私は自分の言語で話していて，私を理解してもらうために調節をする必要があることに気がついた，たとえば…
私は自分の言語で話していなかったので，自分を理解してもらえるように，単純にしたり，ジェスチャーで説明したり，言葉の説明をしたりして，調節をした。
私は相手の話し方について気がついたこと，単純化したり，ジェスチャーを使ったり，もっとゆっくり話したり，…

6-2　よりうまくコミュニケートできるような，何らかの予備知識や以前の体験があったか？

さらに，たとえば
私はすでに相手の人たちがどうコミュニケートするか，他のグループ内での振舞いかたをすでに知っていた。これが私がこの経験を理解し，よりよくコミュニケートすることに役立った。私はたとえば次のようなことを知っている…

私はこの経験をしている相手の人たちの考え方，行動の仕方が，子供のころ学んだことが原因で，違っていると知っていた。たとえば…

7.　さらに気が付いたこと
7-1　この経験の中に，自分を当惑させて，何か（答えを）見出そうとするようなことが，あったかもしれません。もしそうなら，それは何でしたか？

7-2　もし7-1のことに，答えを見つけたとしたら，それをどうしましたか？
例えば：私には理解できないことがあったので，質問をして／インターネットで調べて／本を読んで etc.　わかろうとした。
使った方法：
新しい情報を得た時，私は，次のような自分の社会との類似性・相違点に気が付いた：
それでも次のようなことはまだ私を当惑させる：

8.　理解するために比較をする。
人はよく，他のグループや文化の物事を自分の知っている類似した物事と比較します。
あなたはこういう比較をしましたか？それは出来事を理解するのに役立ちましたか？／自分の文化と異なることもあったでしょう。それは？

> 9. 振り返ってみて，そしてこれからは…
> その経験を振り返って，それについて何らかの結論を出すとすれば，それは何でしょう。
> 9-1　私はこの経験が好きだった（好ましいものだった）なぜなら…
> 9-2　この経験はあまり好きでなかった（好ましくなかった）なぜなら…
> 9-3　私が良いと思う（肯定できる）ことがあった，理由は…
> 9-4　私が良いと思わないことがあった，理由は…
> 9-5　自分のよく知っている人（兄弟や友人）にこのことを話しているところを想像してください。彼らはあなたと同じ意見を持つと思いますか？彼らはあなたと同じ理由で，肯定したり，しなかったりすると思いますか？
>
> どうしてそう思うのか，理由を書いてください。
>
> この経験はあなたを変えましたか？どのように？
>
> この経験の結果，何かをしようと決意しましたか？何をしたのですか？
>
> このAutobiographyをやったことで，何かをしようと思いますか？もしそうなら，それは何ですか？

3.3　テーマと「私」の関係から市民性形成へ

　この「相互文化的出会いの自分誌」（AIE）では，intercultural citizenship（相互文化的市民性）の育成がその大きな目的の一つとして掲げられているほか，「万人の自由と幸福」（Council of Europe, 2008b, p. 13）という生涯教育的価値も示されている。

　なお，ここでは，Autobiography に自分誌という訳を当てている。ふつうは「自分史」のように，歴史の史を使うことが多いが，自分をめぐるいろいろなさまざまな出来事とか現象を記述するという意味で「自分誌」ということばをあえて使用している。というのは，生徒・学習者に「あなたの興味・関心は何ですか」と聞くことは，結局はその人にとっての自分とテーマの関係を問うことになるからである。それは，その自分をめぐる何かテーマがあるということだろう。そのテーマについて何か語ってもらい，それがなぜ自分のテーマなのかということについても語ってもらう，というような活動だからである。こうしたことは，私自身，総合活動型日本語教育の活動として行ってきたが，この

「相互文化的出会いの自分誌」の示すところは，総合活動型日本語教育の具体的な中身と符合している。

この「相互文化的出会いの自分誌」の扱いは，日本ではそれほどよく知られているわけではなく，異文化間能力育成の評価ツールや教材として紹介されることもあるようだが，実際問題として，3.2 の項目を順番に学習したからといって，intercultural competence（相互文化的能力）が育成されるというものでないことは明らかだ。

むしろ，ことば・文化・アイデンティティの諸課題を踏まえつつ，ホリスティックな教育としてどのような活動が必要なのかという観点から，それぞれの現場に強く引き付けて実施することが肝要だろう。その結果として，この自分誌によって市民としての自覚へ至る道筋を生徒・学習者とともに考えていく姿勢が担当者には求められるであろう。

たとえば，総合活動型教育では，「私はなぜ○○に興味・関心を持つのか」という問いから始まることになる。そして，それは，次のような段階を経て，市民としての自覚に至ると考えることができよう。

・対象へのさまざまな興味・関心を思いとして言語表現化する（他者に伝える──1次テーマ）
・他者との協働において，その対象への興味・関心の奥にあるテーマを発見する（2次テーマ）
・そのテーマが，自分の過去・現在・未来をどのように結んでいるかを考える
・自分が生涯にわたって取り組んでいくべきテーマとして発見する
・このことにより，この社会において自分はどのような個人であるのか，また他者とどのようにかかわり，どのような社会を形成していくかを意識化する──市民としての自覚

以上のように，ことばによる活動は，「私」とテーマとの関係に向き合うことからすべては始まると考えることができる。そして，その成果は，たゆまぬ実践研究を通してしか生まれないだろう。

ここでいう実践研究とは、私見によれば、実践＝研究の思想である（細川，2005〈細川，2012b 所収〉）。つまり、実践することは研究することであり、研究することは実践であるという考え方であるといっていい。この場合、必ずしも、実践とは教室活動に限定されない。むしろ社会活動における実践も含みつつ、人が考え行動することそのものが実践であると解釈することになる。それは、実践研究の本来の起源であるアクション・リサーチそれ自体の持つ社会変革の思想であるといえる。

　今、重要なのは、この混迷する社会の中で、価値観の異なる多様な他者との関係において、ことばによって自己を表現するとともに、その他者を理解し、ともに住みよい社会をつくっていくこととそのための意識改革であろう。それは、私たち一人一人が社会とかかわりをもつにはどうしたらいいかという課題でもある。

　このことは、行為者一人一人が、一個の言語活動主体として、それぞれの社会をどのように構成できるのか、つまり社会における市民としてどのような言語活動の姿勢が求められるのかという課題と向き合うことである。この市民性形成こそが、言語教育の重要使命であり最終的な目的なのである。

4. 市民性形成をめざす言語教育——個の言語活動主体としての充実へ

　異文化間教育の可能性という大きなテーマのもと、「言語教育」と「異文化間教育」という二つの教育概念を、ことば・文化・アイデンティティというタームで結び、その教育実践の課題を明らかにした。

　Interculturality（相互文化性）とは、複数のアイデンティティを保持しつつ行われる、他者との相互関係性そのものを指し、「言語教育」とは、この地球上の、さまざまな人々と、ともに生きていくための社会を形成するための、基盤的な、ことばによる教育を指す。したがって、ここでいう「言語教育」とは、言語を教えることを目的化しない、しかし、言語による活動の場を保障し形成する教育のことである。

　つまり、個人の価値観、考え方のありようを深く追究することによって複数の社会が織りなす社会的実態を描き出し、人が生きる上での幸せの展望を見出そうとすることが、ことば・文化・アイデンティティをつなぐ教育として志向

されなければならないのである。

　その意味で，本書のタイトルの「異文化間教育（intercultural education）」とは，国家・民族間に限定した集団類型の特徴や傾向を学ぶことでは決してなく，むしろそうした集団類型を超えて，どのように人と人が理解しあえるか／しあえないかを考える場を形成することでもあろう。

　今，改めて「ことば・文化・アイデンティティをつなぐ言語教育実践」という標題に帰れば，次のように言うことができるだろう。

- 言語活動によってさまざまな思考と表現のあり方を学ぶこと
- 他者の存在を受け止め，個々の文化の多様性と複雑性を理解すること
- 複数コミュニティのありようの中で自己のアイデンティティを確認すること

　ここでは，教師・学生・学習者という行為者の活動を結ぶものとしての教育実践が問われることになるだろう。それは，それぞれのアイデンティティを問う意味でもある。

　言語教育として考えたとき，言語習得を目的としない言語活動とその活性化が一つの意味を持つことになる。それは，ともに生きる社会において，一人一人が充実した言語活動主体として，個人と社会を結ぶにはどうしたらいいかという課題でもある。

　たとえば，CEFR の Guide 第5章に「教育活動のありかたは，教育状況や話者によって可変的であると同時に共通方針の表明と見なされるもの」(5.1.2) とあるように，具体的な方法は，各人それぞれであってよい。いわば100人いれば100通りの方法が可能である。

　しかし，「同一の原理に応えるもの」として，「構想」されるものは，個人一人一人が，自分の問題関心から問題意識へという方向性を持ち，ことばによる活動を軸に，他者を受け止め，テーマのある議論を展開できるような場の形成，すなわち市民性形成の場ではあるまいか。

　それは，母語話者・非母語話者という区別を超える活動，つまり統合的な学習／教育をめざすことであり，日本国内の文脈で言えば，国語と日本語という

境界の解体を意味するにちがいない。そして，このことは，行為者一人一人が，一個の言語活動主体として，それぞれの社会をどのように構成できるのかという市民としての課題に向き合うことなのである。

5. おわりに――市民性教育としての言語教育の意味

「市民性形成」は，きわめて重要な教育概念であるにもかかわらず，これまで言語教育の分野ではほとんど議論されてこなかった。たとえば，欧州評議会の言語教育理念は，複言語主義・言語の多様性・相互理解・民主的市民性・社会的結束の5つであるが，この5つの概念を統合する社会的結束のための，最終的な目的として民主的な社会形成のための市民性（citizenship）教育が主張され，その教育方法の一つとして，CEFRでは，CAN-DOリストやポートフォリオによる評価システムが例示された。

言語教育と市民性教育に関する，数少ない先行研究の中で，Byram（2008）は，市民性教育とは相互文化教育（intercultural education）であると主張する。個人から地球規模までの諸文脈における，複数のアイデンティティを含有する，他者との相互関係性そのものがインターカルチャーであるとすれば，その教育は，地球上の，さまざまな人々とともに生きていくための社会構築をめざした，ことばによる基盤的な活動の場の形成だということになる。このように考えるとき，ことばの教育とは，「ことばを教える」ことではなく，「ことばによって活動する」場をつくることになるだろう。

たとえば，個人一人一人が，自分の興味・関心から問題意識へという方向性を持ち，ことばによる活動を軸に，他者を受け止め，テーマのある議論を展開できるような場の形成を，言語教育として構想するとき，過去・現在・未来を結ぶものとしての自己のテーマ発見は，「私は〇〇人である」という帰属感ではなく，この社会において「私としてここにいる」という自らの居場所感を改めて認識させることになるだろう。それぞれのアイデンティティを問いつつ，各々のテーマについてゆっくり静かに語れる環境が存在するとき，言語習得だけを目的としない言語活動とその活性化が大切な意味を持つことになるにちがいない。この活動環境の中で人は「ことばの市民」（細川，2012b）としての責任を担う。

このような市民性をめざした外国語教育（日本語を含む）こそ，これからの世界を支える青少年たちへの教育として，最重要課題ではなかろうか。また，そうした理念が現行の教育評価および教師養成・研修の制度とどのようにかかわるのか。この探求こそ，言語教育が今，全力を挙げて取り組むべき課題だろう。

参考文献

小山由紀江（2014）.「Autobiography of Intercultural Encounters——言語教育における self-reflective learning の意義」『クリティカル・シンキングと大学英語教育Ⅲ』3, 10-34.
牲川波都季・細川英雄（2004）.『わたしを語ることばを求めて——表現することへの希望』三省堂.
細川英雄（1999）.『日本語教育と日本事情——異文化を超えて』明石書店.
細川英雄（2002）.『日本語教育は何をめざすか——言語文化活動の理論と実践』明石書店.
細川英雄（2005）.「実践研究とは何か——「私はどのような教室をめざすのか」という問い」『日本語教育』7, 69-81.（細川, 2012b 所収）
細川英雄（2010）.「実践研究は日本語教育に何をもたらすか」『早稲田大学日本語教育学』7, 69-81.（細川, 2012b 所収）
細川英雄（2012a）.『研究活動デザイン——出会いと対話は何を変えるか』東京図書.
細川英雄（2012b）.『「ことばの市民」になる——言語文化教育学の思想と実践』ココ出版.
細川英雄（2014）.「教育実践における言語活動主体のあり方再検討——日本語教育と日本研究を結ぶために」第9回国際日本語教育・日本研究シンポジウム大会論文集編集会（編）『日本語教育と日本研究における双方向性アプローチの実践と可能性』(pp.3-20.) ココ出版.
細川英雄・NPO 法人「言語文化教育研究所」スタッフ（2004）.『考えるための日本語——問題を発見・解決する総合活動型日本語教育のすすめ』明石書店.
細川英雄（編者），牛窪隆太・武一美・津村奈央・橋本弘美・星野百合子（著）(2007).『考えるための日本語【実践編】——総合活動型コミュニケーション能力育成のために』明石書店.
細川英雄・三代純平（編）(2014).『実践研究は何をめざすか——日本語教育における実践研究の意味と可能性』ココ出版.
Byram, M. S.（2008）. *From foreign language education to education for intercultural citizenship: Essays and reflections*. Bristol: Multilingual Matters.
Council of Europe（2007）. *Guide pour l'élaboration des politiques linguistiques éducatives en Europe*. Strasbourg : Council of Europe. <https://www.coe.int/t/dg4/linguistic/Guide_niveau3_FR.asp>
Council of Europe（2008a）. *Autobiography of intercultural encounters: Context, concepts and theories*. Strasbourg: Council of Europe. <http://www.coe.int/t/dg4/autobiography/Source/AIE_en/AIE_context_concepts_and_theories_en.pdf>
Council of Europe（2008b）. *White paper on intercultural dialogue "Living together as equals in dignity"*:

Launched by the council of Europe ministers of foreign affairs at their 118th ministerial session. Strasbourg: Council of Europe. <http://www.coe.int/t/dg4/intercultural/Source/Pub_White_Paper/White%20Paper_final_revised_en.pdf>

第 2 部

言語教育から異文化間(インターカルチャー)へ

［序］異文化間教育はどのように生まれたか ...... 西山 教行

複数文化と異文化間能力 ...... ダニエル・コスト
複言語能力の養成 ...... ダニエル・モーア
間を見つける力 ...... 姫田 麻利子

[序]

異文化間教育はどのように生まれたか

西山 教行

はじめに

　ある学問分野の価値はその成立の場と切り離すことはできない。どのような社会的要請のもとに，何を目的としてその分野が形成されたのか，さらにどのような言語によってその言説が構築されたのかといった，知の構築の文脈を明らかにすることは，それを理解する上で無視することはできない。

　このような知の文脈への関心は，本書を理解する上でとりわけ有効である。本書の主題である「異文化間教育」は，その形成された文脈を理解しなければ，問題の所在を把握することは困難である。

　そこで異文化間教育の理論と実践を論じる第2部の序論にあたり，「異文化間」の成立の経緯をアメリカ，日本，フランス，そして『ヨーロッパ言語共通参照枠』の中での位置づけの順番に概観し，ヨーロッパの研究成果を踏まえる本書の論考の理解を図りたい。

アメリカに生まれた異文化コミュニケーション研究

　アメリカにおける異文化をめぐる研究は第二次世界大戦後にさかのぼる（石井他, 1997）。戦勝国アメリカは世界各地に外交官や公務員を派遣するため，国務省付属外国語研究所において異文化訓練を組織化した。これはアメリカ人が派遣先の言語や文化を学び，占領政策を円滑に行うことを目的としていた。これと平行して，政府は文化人類学者などに異文化研究を委託し，新たな文化との出会いを準備した。日本研究の古典として有名なルース・ベネディクトのあらわした『菊と刀』（1946年刊）もそのひとつである。

　その後，文化人類学者のエドワード・ホール（1914-2009）が1960年代に「異文化コミュニケーション」という用語を使用して以降，異文化との関わり

は研究分野として成立する。さらに，この分野の誕生は，アメリカ政府が開発途上国に若者を派遣するためのボランティア組織「平和部隊」を1961年に創設したことと深い関連がある。派遣国へ向けた準備や，現地社会への適応，さらには帰国後のアメリカ社会への再統合など，このプログラムの参加者は異文化とのコミュニケーションに多くの課題を抱えることになったからである。

　平和部隊を通じた異文化との接触に加えて，アメリカ国内では異民族間の摩擦や，移民や留学生のアメリカ社会への適応，また国外でビジネスに関わるアメリカ人にとっての異文化経営や交渉などの課題も発生した。アメリカでは文化的背景の異なる人々が共生するために，コミュニケーションの食い違いなどが問題となる。そこで，その問題の解決へ向けて異文化コミュニケーション研究が編成されたのである。しかし，アメリカ人は英語によるコミュニケーションを前提としているため，多くの場合，異言語話者間のコミュニケーションはあまり主題化されない（ケリー，2011）。これは，日本やヨーロッパとは著しく異なる社会文化的背景であり，アメリカでの研究を参照する場合には，この背景に留意する必要がある。

日本における異文化研究の誕生

　日本における異文化研究は主に英語教育の研究者によって推進されたことから，アメリカの研究手法の影響を強く受けている（石井他，1997）。1972年に国際基督教大学で異文化コミュニケーション研究会が開かれたことを皮切りに，1974年には福島県で日米異文化コミュニケーション・ワークショップが開催され，日本における異文化コミュニケーション研究が本格化した。その胎動期においては，日本人とアメリカ人とのコミュニケーション・ギャップのような個別的で特殊な課題が研究の中心であったが，1980年代以降，次第に異文化コミュニケーションに関する一般理論の構築が進められていった。その頃から日本社会は国際化の波に巻き込まれるようになったため，学校教育の中で国際理解や異文化理解が教育目標として掲げられるようになったのである。

　それまでアメリカからの直輸入であった異文化コミュニケーション研究を，より日本社会や文化に最適化しようとの動きも1980年代後半以降に認められるようになり，日本での具体的課題に根ざした研究も進められるようになった。

フランスにおける異文化教育から異文化間教育への展開

　フランスにおける「異文化」の変遷を把握するには，フランスの学校制度や社会統合の原理を理解する必要がある。そこで，フランスの学校制度を歴史的社会的に確認し，その上で，「異文化」にどのように取り組んだのか，そしてこの「異文化」が外国人へ向けたフランス語教育に向けてどのように再編され，その後，とりわけ『ヨーロッパ言語共通参照枠』以降，異文化が異文化間能力へと展開していったのか，その過程をたどりたい。

　第 2 次世界大戦後のフランスは戦後の復興と経済成長に対応するため，旧植民地を中心とする地域から大量の人々を受け入れた。単純労働者の移入は 1973 年まで続くが，オイルショックとそれに伴う経済不況のため，政府は 1974 年 7 月に単純労働者の受け入れを停止した。これ以降，単純労働者の流入は制約されたが，その代わりに移民の家族が家族呼び寄せ政策により次々とフランスに到来し，移民の子どもたちは大量にフランスの学校に通うようになり，「異文化」の問題が発生する。それまでは外国人の子どもに対しても，フランス人の子どもに対する教育と同一の教育を実施し，文化的言語的差異を特別に考慮に入れることはなかった。

　ところが，移民の子どもたちの学校への統合は容易ではなかった。そこで，子どもの統合や学習を進めるために，従来のフランス語による同化主義ではなく，出身の言語文化の保持が重要ではないか，また教育目的についても従来のような共和国市民の創出は同化主義の再生産になるのではないか，といった疑問が出された。当時，移民は一時的な滞在者であり，近い将来に帰国すると考えられており，そのために出身国の言語や文化の学習は有効であり，またそれらはフランス語の学習にも役立つと考えられていた。

　このような反省を受けて，1973 年から「出身言語・文化教育」が導入され，移民の子どもの帰国準備やその促進が制度化された。「出身言語・文化教育」は，ポルトガル（1973），イタリア（1974），チュニジア（1974），スペイン（1975），モロッコ（1975），ユーゴスラビア（1977），トルコ（1978），アルジェリア（1982）とフランス政府の間でそれぞれ協定が締結され，出身国政府が教員を派遣し，その費用を負担し，出身国の言語文化の教育が移民の子どもたちに実施された。

　ところが，フランス語という単一言語文化に支配された学校に多様な文化を

導入するにあたり，限られた生徒だけを対象とした教育の実施は平等の原則に反するのではないかとの疑問が発生した。そこで生まれた措置が「異文化」であり，この文言は1978年7月25日付の「移民の子どもの就学に関わる通達」78-238に初めて現れる（Ministère de l'Education nationale, 1978）。そこでは，「外国人教員が各国の国語教育を行い，<u>すべての児童に向けた異文化活動の実施に関与する</u>」（下線筆者）と明記されている。

　ここで提唱された「異文化活動」とは国際交流などの実践であり，小学校では移民の出身国の文化紹介，物産品の展示，学校間集団文通などとして実施された。しかしこれらの文化紹介はステレオタイプの強化につながり，文化本質主義に陥る恐れがある。そこで，次第にフランスにおける移民の流入の歴史や移民集団の記憶，移民出身作家の証言などの学習へと発展していった（Boulot et Boyzon-Fradet, 1992）。その後，1981年に社会党への政権交代が起こり，それを受けて教育の場で平等が強調されるようになる。また移民は帰国することなく，その定住が本格化し，共生が現実の課題となってきたことから，異文化は移民だけに関わる特別な問題ではなく，すべてのフランス人に関わる課題へと一般化していった。ここでの「異文化」とは多文化社会の中にあって複数の文化の存立を意味することではない。interという接頭辞の示すように，「異文化」interculturelとは複数の文化間の交流や相互作用を含意しており，少数派の移民がホスト国の文化を学ぶだけではなく，ホスト国の子どもたちも移民の出身国の文化に関心を持ち学びあうよう，異文化教育は双方向に展開していったのである。

　「異文化教育」は80年代になるとフランスの学校教育にとどまることなく，コミュニカティブ・アプローチの発展と共に1986年以降，「外国語としてのフランス語教育」にも影響を与えるようになる（Abdallah-Pretceille, 1999）。それまでの外国人へ向けたフランス語教育では，文学や芸術に代表される高級文化やフランスの社会制度を「文明」の名のもとに教授していた。しかし移民の到来によって生まれた「異文化教育」は，フランス社会における文化の複数性を否応なく明らかにするもので，そのため言語教育は高度で模範とすべき「文明」から，多様で多元的な「文化」へとその対象を発展させたのである。そしてこのパラダイムの変化は，教育内容の見直しにつながり，高級文化の学習から文

化の関係性へと学習は再編成された。

　社会とは複数の文化から構築され，それらの文化の価値は平等であること，その中で教育とは文化の複数性への目覚めを促し，複数文化の中での相互関係性を生み出すこと，これらは「異文化間教育」を構成する要因である（Porcher (dir.), 1986; Porcher, 1995）。言語教育が異文化間教育を含むのであれば，言語教育はもはや言語知識を習得し，コミュニケーションの実践にとどまらない。言語はコミュニケーションの道具であると共に文化でもあれば，言語学習とは文化の学習をも意味する。ここで学ぶ文化は本質主義的な意味での文化を指すだけではなく，複数文化をも意味する。そして複数の文化とは，移民の文化のように外部から持ち込まれたものばかりではない。性差による文化，世代や職業，地域，宗教などの生み出す文化も文化の複数性によって構築されるものである。ところが，このような視座はひとたび外国語としてのフランス語教育の現場に持ち込まれると，学習者の出身文化とフランス文化の対比に還元されてしまい，それぞれの文化に対する文化本質主義にとどまることが多い。

　異文化間教育は学習者のアイデンティティに注目し，学習者が外国語学習を通じた出身文化への目覚めから出発する。とはいえ「異文化間教育」は，学習者が自己の文化や価値観を捨てることなく，他者の価値観や文化を知ることを求める。文化を学ぶとは，異なる社会の異なる構造を知ることでもあり，そのためには，他者を分析するまなざしを学ばなければならない。自分が他者に対してどのようなステレオタイプやイメージを抱いているのか，また他者は自分に対してどのようなステレオタイプやイメージを抱いているのかなどをも見つめる必要がある（Abdallah-Pretceille, 1999）。そしてその出身文化の目に潜む見えない規範や原理の自覚を通じて，対象となる異なる文化の目に見えない構成原理を意識するようになるのである。つまり学習者は自己のまなざしの相対性を学び，時には異なる文化との出会いによって引き起こされる不安にも耐え，他者に対するステレオタイプに陥らないことを学ぶのである（De Carlo, 1998）。

　このように検討すると，異文化間教育と「異文化理解」とは必ずしも同一ではないことがわかるだろう。異文化理解において，異文化とは理解の可能な対象として外部に存在するが，これに対して，異文化間教育とは異なる他者を必ずしも理解可能な対象として措定するものではない。認知能力による理解を超

える場合もあり，むしろそのような場合にあたっての態度をも学ぶのである。その意味でも，異文化間教育は対象となる異なる文化それ自体にもまして，異文化という他者との関係性，すなわち態度に着目する。

『ヨーロッパ言語共通参照枠』に見る異文化間教育

　異文化間教育は 21 世紀に入ると，複言語主義の登場と共に，さらに新たな展開を迎えている。2001 年に欧州評議会は『ヨーロッパ言語共通参照枠』（以下，『参照枠』）を刊行し，複言語主義を中心とする新たな言語教育のパラダイムを提出した。『参照枠』は異文化間教育について，共通参照レベルのような評価基準を提供していないが，全体を通じて断片的に論及している。そして，萌芽的ではあるものの，異文化間教育を言語教育の中心課題と位置づけている。

　　異文化間アプローチから見ると，言語教育の主要な目標は，言語文化面での他者性という豊かな経験に対応して，学習者の人格やそのアイデンティティをバランスよく発展させることである。教師や学習者には，多様な要素から出発して，健全でバランスのとれた人格を構築することが求められており，多様な要素こそがそのような人格を形成する。
　　　　　　　　　　　　　　　　　　　　（Conseil de l'Europe, 2001, p. 9, 1.1）

　異文化間教育の主要な目標は人格に関わる全人教育であり，単なるスキルの養成ではない。そして，そのために複数の言語文化の学習が求められている。
　異文化間教育は複数言語の学習に関わり，複数言語の学習を通じて発展する。複数の言語文化の学習はそれ以前の知識を活用し，またそれを補正するものである。つまり学習で得た知は個別的に分離されることではなく，学習者の中で統合し，一体化している。これが複言語能力の構造であり，複言語能力と異文化間性は不可分の関係にある。ところで異文化間性の学習とは新たな情報や知を学ぶことではなく，むしろ主体の意識の目覚めに関わる。『参照枠』は「異文化間性の意識化」という項目でこれを分析している。

「自分の出身世界」と「目標となる共同体という世界」の関係は明らかに類似している場合もあれば，相違している場合もある。だが，それを認識し，意識し，理解することが，異文化間性の意識に目覚める上で重要である。異文化間性の意識とは，2つの世界の持つ地域や社会の多様性の意識を含む。この意識は，学習者の第1言語や第2言語の伝達する文化よりもさらに大きな文化の領域があると意識することにより，豊かになる。異文化間性の意識により，2つの文化をそれぞれの文脈に位置づけることができる。異文化間性の意識とは，客観的な知識に加えて，それぞれの共同体が他の共同体を見るときに向けるまなざし（これはその国の生み出したステレオタイプという形を取ることが多い）の意識をも含むのである。

(Conseil de l'Europe, 2001, p. 83, 5.1.1.3)

異文化間教育とは，知識の教育ではなく，このように自己が他者を見るまなざしにも，また態度の育成にも関わる。『参照枠』は異文化間の態度や技法を次のように分類している。

　異文化間の態度や技能は次の項目を含んでいる。(1)出身文化と異なる文化との間の関係を作る能力，(2)文化の概念への感受性を高め，異なる文化の人々と接触するときに，さまざまな方略を見分け，それを使用する能力，(3)自分に固有の文化と外国の文化との間の文化的仲介者の役割を担い，誤解や文化に起因するいさかいの状況を効果的に切り抜ける能力，(4)ステレオタイプに基づく表面的な関係を乗り越えて進む能力。

(Conseil de l'Europe, 2001, p. 84, 5.1.2.2)

異文化間能力は知識に関わるという以上に，このように話者の態度に関わるもので，異なる文化的背景を持つ人々の間でのコミュニケーションにつながることから，アメリカに発達した異文化コミュニケーション研究とも親和性を持つだろう。

　『参照枠』は，異文化間教育を言語教育の枠組みにとどめることなく，全人教育に拓かれた教育に位置づける。このような位置づけは，現代社会が多様

文化から構成された多文化社会であること，学校教育が多文化社会の現実を教育実践の中で考慮する必要のあること，さらに相互交流が重要であるとの3点から出発している（Barthélémy, Groux, et Porcher, 2011）。

言語教育はこれまでコミュニケーション・ツールの獲得という視点から語られており，これは否定できない事実であるが，他者性を十分に考慮しない場合，このような視座は機能主義や道具主義に陥ってしまう。そこで，文化を通じた他者性の発見や交流こそが，言語教育を全人教育へと拓くのだ，と『参照枠』は示唆している。とはいえ，『参照枠』は異文化間教育についてこれ以上，具体的な方策を示すものではない。これ以降の異文化間教育の展開については，欧州評議会の言語教育政策を参照する必要がある。

異文化間教育の理論から実践へ

異文化間性をめぐる『参照枠』の考察を受けて，ここで第2部の論考の位置づけを試みたい。

第4章のコストは『ヨーロッパ言語共通参照枠』の著者の一人であることから国際社会に著名な研究者で，1970年代より欧州評議会の進める言語教育政策に参画し，『参照枠』の前身とも言うべき Threshold Level フランス語版の著者の一人でもある。『参照枠』作成の中で，モーアとともに複言語・複文化能力を構想し，この新たな言語教育思想の普及に努めている。

コストの論文はフランス社会の中での異文化間性の変遷を言語教育学に即して対象化している。外国人へ向けたフランス語教育は1950年代から制度化され，フランスの高級文化だけではなく，日常文化をも教育の対象としていった。この時期はコストの指摘する第1段階に相当するもので，この段階において外国人にとってのフランス文化はすっかり外部に存在するものだった。外国人とフランス人の間に境界は厳然と存在していたのである。

その後，欧州統合の深化や国際化の流れの中で，外国語教育は目標言語の使われている国への留学を選択肢として提供するようになる。外国へ行き，学ぶことがもはや特権ではなくなり，大衆化されたのである。これがコストの主張する第2段階にあたり，「他者へ赴く」時代が到来したのである。

第3段階では，フランス社会の中での移民という異文化へと視点は向けられ

る。フランスの学校は，移民の子どもを単なる同化の対象として見なすことができなくなり，異なる他者として認識する時代がやってきた。フランスは多文化社会の現実を受け入れるのである。そして，現代社会はこの段階にあると同時に，異文化間能力への目覚めを通じて「他者は私の中にいる」といった第4段階にも入りつつある。内なる他者の発見と承認はアイデンティティがひとつではなく，多元的であることを提唱するものだ。

現実の社会経験を抽象するコストの論考と対照的に，2番目のモーアの論文は教育言語の実践からアイデンティティの多元性と複層性を具体的に明らかにする。大学教育の中での複数言語話者の学習活動に焦点を絞り，複数言語の間をさまざまに移りゆく学習者を具体的に分析するのである。

第5章のモーアはフランス出身の研究者だが，カナダの英語圏にあるバンクーバーの大学に着任し，英語による大学教育に従事している。モーアは，コストが所長を務めていたフランス語教育普及センター（クレディフ）の研究員をかつて務めており，モーアの博士論文の指導教員の一人はコストだった。このような学界のネットワークの中から複言語・複文化能力は構想されたのである。モーアはカナダの留学生の複言語使用をもとに複言語リテラシーの実践にも着眼し，デジタルツールの活用により複数言語の間を移動し，越境する学習者の歩みを分析している。彼らは言語の移行による自己のアイデンティティの変化をも自覚しており，複数言語話者のアイデンティティが複層的なものであることの見事な例証となっている。

第6章の姫田は日本のフランス語教育の文脈をもとに異文化間性を論じる。姫田は複数文化の「間（あいだ）」に注目し，その間をめぐる教員や学習者をインタビューや言語ポートフォリオを通じた内省により明らかにする。外国語教育の教室は言語や文化の知識だけを伝達する空間ではなく，複数文化の間を経験する場でもある。

しかし，この経験を従来の評価方法によって指標化することは容易ではない。そこでポートフォリオや「言語ポートレート（自画像）」を通じた内省を深める作業が，このような学習の正統性を支えるものとなる。

このように第2部は理論から実践へと異文化間教育をめぐる思索を展開している。

結論に代えて

　この序論では，アメリカ，日本，フランス，そして『ヨーロッパ言語共通参照枠』それぞれにおいて「異文化」をめぐる思索がどのように育まれ，発展してきたのかを概観し，本書の論考を読むための文脈化を試みた。「異文化」をめぐる議論は現実社会との関係を無視できないことから，議論の文脈によりその位置づけは異なる。だがこれは，それらの議論に優劣をつけるためではなく，各国の社会や学術文化の伝統を反映したものである。

　アメリカとフランスは移民受け入れ国であることから，異文化研究が移民の受け入れに触発され，この難問の解決へ向けた方策のひとつとして異文化研究が誕生してきた。ところが，単純労働者の受け入れを公式には認めていない日本において，たとえグローバル化の進展が外国人住民の人口を増やし続けるとはいえ，日本人と移民の間の実際の接触はまだ限られている。そのためだろうか，このような文脈の中で語られてきた異文化研究には，何か隔靴掻痒の感がある。たとえば，日本の英語教育学研究者は異文化理解を次のように語る。

> 異なる文化を持つ人々の価値観や認知・情意・行動のパターンを知り，その上で，その違いを認め，さらには適切なコミュニケーション行動を取ることが可能となって初めて異文化コミュニケーションでいう「理解」のレベルに達する。　　　　　　　　　　　　　　　（塩澤・吉川・石川編, 2010, p. 27）

　この定義に誤りはなかろう。それでもこのような言説に違和感を隠しきれないのは，おそらくこの言説が移民との日常の出会いに基づくのではなく，自らが望んだ，いわば幸福感にあふれる異文化との出会いが根底にあるのではないかとの思いが断ちきれないからだ。異文化との出会いがすべて幸福感に満ちたものであれば，異文化理解に問題はない。ところが，むしろ陶酔感とはおよそ縁遠い異文化との強烈な出会いこそが，異文化間性を考える上での課題となるのではないだろうか。理解という認知行動ではとても対抗できないような存在に対峙したときにこそ，私たちの異文化性は試されていくのではないか。

　2015年の初めに世界はテロの恐怖をあらためて実感した。このときに私たち日本人が感じた違和感や恐れ，不信感こそが異文化間教育を考える上で重要

なテキストになるのではないか。

　私たちは，ようやく異文化の世界の入り口にさしかかったのではないだろうか。

参考文献

ベネディクト，ルース（2008）.『菊と刀』（角田安正（訳））　光文社．［Benedict, R. (1946). *The chrysanthemum and the sword: Patterns of Japanese culture.* Chicago: Houghton Mifflin］

石井敏・遠山淳・松本茂・久米昭元・平井一弘・御堂岡潔（1997）.『異文化コミュニケーション・ハンドブック――基礎知識から応用・実践まで』有斐閣．

ケリー，マイケル（2011）.「ヨーロッパにおける異文化コミュニケーション研究――政策との関係」（齊藤美野(訳)）鳥飼玖美子・野田研一・平賀正子・小山亘(編著)『異文化コミュニケーション学への招待』(pp. 101-120.)　みすず書房．

塩澤正・吉川寛・石川有香(編)(2010).『英語教育と文化――異文化間コミュニケーション能力の養成（英語教育学大系第 3 巻）』大修館書店．

Abdallah-Pretceille, M. (1999). *L'éducation interculturelle.* Paris : Presses Universitaires de France.

Barthélémy, F., Groux, D., et Porcher, L. (2011). *Le français langue étrangère.* Paris : L'Harmattan.

Boulot, S., et Boyzon-Fradet D. (1992). La pédagogie interculturelle : Point de vue historique et enjeux. *Le Français Aujourd'hui, 100,* 94-100.

Conseil de l'Europe (2001). *Un cadre européen commun de référence pour les langues : Apprendre, enseigner, évaluer.* Paris : Didier.（本文中の引用はフランス語版からの拙訳による）

Coste, D. et al. (1976). *Un Niveau-seuil : Systèmes d'apprentissage des langues vivantes par les adultes.* Paris : Hatier.

De Carlo, M. (1998). *L'interculturel.* Paris : Cle International.

Ministère de l'Education nationale (1978). *Circulaire nº 78-238 du 25 juillet 1978 : Scolarisation des enfants immigrés.* B. O. nº 31 du 7 Septembre 1978. <http://www.francaislangueseconde.fr/wp-content/uploads/2012/11/textes-et-rapports-officiels-concernant-les-eleves-allophones-arrivants-novembre-20121.pdf>（2015 年 9 月 1 日）

Porcher, L. (dir.) (1986). *La civilisation.* Paris : Cle International.

Porcher, L. (1995). *Le français langue étrangère : Émergence et enseignement d'une discipline.* Paris : CNDP Hachette-Education.

第4章

複数文化と異文化間能力

ダニエル・コスト

倉舘 健一（訳）

1. はじめに
1.1 異文化間能力の構成要素の記述を目指して

　複言語能力に関するこの論集では，一見したところ能力としては補足的とも思われる，異文化間能力と呼ばれるものが問題となっている。本書の出発点となった研究集会[注1]での趣旨説明にもあるように，ここではこの異文化間能力は大学教育での文脈との関連で扱われ，またこの外国語教育の掲げるさまざまな目的との関連において議論が展開されている。さまざまなヒトやモノの関係がますますグローバル化する中で，外国人と相互作用を生み出す能力の養成は，現在，各国で国民的課題となってきている。これは，単に1つや2つの異言語の知識に限った能力ではなく，複数の異文化社会のさまざまな社会的行為者とのコンタクト，すなわち留学や商業・科学・芸術といった分野での交流などに熟達することを前提としている。そこで，このような異文化間能力の構成要素の特徴を明確化する必要が生じる。この分野では，マイケル・バイラム（Michel Byram）とジュヌヴィエーヴ・ザラト（Geneviève Zarate）が1997年に，知識（saviors）・スキル（savoir-faire）・態度（savoir-être）・姿勢（attitudes）・準備（dispositions）[注2]などの用語でその特徴を捉え，それ以来，他の研究者も，バイラムとザラト自身も，この課題に取り組んでいる[注3]。

[注1] 本書「はじめに」（p. v）参照。
[注2] この用語は，« savoir à s'engager »（社会参加スキル）として命名された概念を表現する際に « orientations »（見当識：自己と時間的・空間的・対人的な関係の認識）とともに使用されることがある。
[注3] 次の欧州評議会の刊行資料（いずれも以下のWebサイトから閲覧可能）などを参照されたい。
　　Conseil de l'Europe <http://www.coe.int/t/dg4/linguistic/publications_FR.asp>

1.2　議論を迂回する3つの理由

しかしながら，本章は必ずしもこの方向に向かうものではない。それは次に述べる以下の3つの理由による。

(a)　言語教育学での「文化」の位置と他者性との関係

まず，文化能力の概念を検討するには，言語教育学において「文化」という用語によって理解されるものをあらかじめ位置づけることが必要となる。また，そこで捉えられる異なる文化，より一般的に言えば他者性との関係についても精査する必要があるだろう。このような分析をしてはじめて，異文化間能力に関する種々のアプローチやヴァリエーションを捕捉し，特定できる。

(b)　ローカルとグローバルの関係と社会的行為者

次に，ローカルとグローバルの関係において，グローバル化の影響を，例えば大学生に準備を促すような国外留学などの領域のみに限って捉えてしまうと，視野が狭められてしまう危険性がある。というのも実は，グローバル化の影響はローカルな場でも感じとられるもので，社会的行為者としての個々人はごく幼少の頃よりグローバル化の影響を受けているからである。最もローカルな文脈でさえも，それに関わる評価基準が変化することに応じて，ある程度は再構造化されるのだ。「グローカル」という形容詞（「グローバル」と「ローカル」からの造語）が産まれたのは，単なる言葉遊びからではない。

(c)　異文化間能力の特性と外国語教育

つまり異文化間能力とは，どのような定義が行われるにせよ，中等教育以降

Council of Europe <http://www.coe.int/t/dg4/linguistic/publications_EN.asp>
- *La compétence socioculturelle dans l'apprentissage et l'enseignement des langues vivantes*（*Sociocultural competence in language learning and teaching*; 言語学習／教育における社会文化能力）, 1997.
- *Les jeunes confrontés à la différence*（*Young people facing difference*; 差異に対峙する若者たち）, 1995.
- *Compétence interculturelle*（*Intercultural Competence*; 異文化間能力）, 2003.
- *Compétence plurilingue et pluriculturelle*（*Plurilingual and pluricultural competence*; 複言語複文化能力）, 2009.
- Geneviève Zarate, Danielle Levy, Claire Kramsch（sous la diréction de）, *Précis du plurilinguisme et du pluriculturalisme*（*Handbook of Multilingualism and Multiculturalism*）, 2008, Editions Archives contemporaines.

に行われる，1つあるいは複数の外国語学習のみによって発展される能力ではない。それは異なる文化に対する共感や批判などの立場を選ぶ能力でもあって，これらは幼少の頃より多少なりとも認められるものである。このように異文化の間を移動し，異文化を評価する方略は，外国語学習を始める前から何らかの形で認められるものであって，活用されているのだ。

1.3 言語教育における「文化」とその逆説

このような考察をふまえて，言語教育が文化を考察する際の手法に話を戻そう。というのも，このような観点からこそ，異文化間能力の概念についての多様な解釈が可能となるからである。

ここには逆説が存在する。すなわち，文化という問題は，教授法上の概念としては実り豊かとは言いがたいものとみなされており，言語的なものは特権化され，文化的なものは周辺化されてきた（この動向はCEFRに至るまで変わらない）。その一方で，この同じ文化面からの言語教育学関連の出版物は巷に溢れ，多様になっている。ここで改めて挙げるまでもないことだが，さまざまある中でも，外国語としてのフランス語教育（FLE）が参考文献としているものだけを取り上げても，ルイ・ポルシェ（Louis Porcher）（共著 1986），ジュヌヴィエーヴ・ザラト（1993, 共編著 2004, 共編著 2008），マルチーヌ・アブダラ－プレッツェル（Martine Abdallah-Pretceille）（共著 1996, 1999, 2010），マイケル・バイラム（1997），ジャン－クロード・ベアコ（Jean-Claude Beacco）（2000），ロベール・ガリソン（Robert Galisson）（2000），あるいは最近ではフィリップ・ブランシェ（Philippe Blanchet）（共編 2010）やフレッド・デルヴァン（Fred Dervin）（2011）などの論考がある。本章の最後でこの文化をめぐる逆説に立ち戻るが，これらの研究者たちが示した，極めて多様な視座に対して，私は，個人的な立場を明らかにするものではない。全体にわたる分析の枠組みを提起し，独自性を主張するものでもなく，むしろ異文化間能力の概念に関するいくつかのヴァリエーションを論じてみたいと思う。

1.4 言語教育学における文化概念の四段階

さて，言語教育学の発展の中で，異なる文化との関係は，私見によれば，四

段階に分類でき，それぞれ以下のような文言で表現されうる。以下の論考では順を追って解明していこう。

 第一段階——〈他者は他所(よそ)にいる〉L'autre est ailleurs.
 第二段階——〈他者へと赴く〉Aller vers et chez l'autre.
 第三段階——〈他者はここにいる〉Les autres sont ici.
 第四段階——〈他者は私の中にいる〉Les autres sont en moi.

この四段階はおよそ時系列で捉えられるが，とはいえ，1つの段階が進んでも，その前の段階がなくなる訳ではない。むしろそれらは重層化していたり，複合的な状態で観察されたりする。そのために情況は混乱しており，精査，あるいは少なくとも解明の試みが必要なのである。

2. 第一段階——〈他者は他所(よそ)にいる〉
2.1 外部に属する者としての他者

 これは最も一般的なケースである。第一段階では，他者性が境界の反対側に必ず存在すると考える。外国人や，外国の言語，外国の文化は，行政や地理上，定められ，承認された境界の向こう側にある。すなわち，「彼は彼の国におり，私は私の国にいる。このように事態は明確だ」。ある領土には内と外とが存在し，他者とは，自分と同じ言語を話さず，自分と同じような振る舞いをしない存在であり，まさに外部に属している。人はみなそれぞれ自分の国におり，それぞれに自分の文化がある。

2.2 均質性と対等性と国民国家のイデオロギー

 このように自己と他者が対峙する体制においては，言説はおしなべて均質性を前提としている。例えば，フランス文化と日本文化はそれぞれ本質として存在し，対等なものとして存在する。それぞれの文化は独自のまとまり，永続的な形態を備えたものと考えられており，またそれぞれの文化は対等な尊厳を備えていると考えられる。また言語と文化の間は相同性が強いと考えられ，それぞれ固有なものとして互いを補完すると捉えられる。つまり言語は文化に張り

付いていると考えられているのだ。そして言語や文化はそれぞれ均質と見做される。一民族には一言語があり，一文化があると考えられている。少なくともヨーロッパに関しては，これが19世紀以来の世界観であり，国民国家の概念に繋がるイデオロギーである。フランス語版のウィキペディア[注4]によれば，「国民国家とは，文化的境界と政治的境界とが混同される領土を指す。国民国家の理想とは，国家が民族的文化的基盤を同じくする人々を統合することである」。

2.3 表象とステレオタイプ

　これは，異なる文化や民族に関わる，多少なりともステレオタイプ化された表象を定着し，それを維持することに適した考え方である。このステレオタイプはいずれも根強いものなのだが，必ずしも1つにまとまるものではない。フランスの中でドイツのステレオタイプ化されたイメージとは，統一性があるとはいえ，複雑なものであり，「ドイツ人はこんな感じだけれど，でもこんな感じだし，さらにこうなんだ…」といった様相を呈している。歴史や地理的に距離があればあるほど，表象は全体を包摂するものとなり，単純化され簡素化されたものとなる。フランスから見れば，ある国に限ってのことではなく，アジアの空間全体がステレオタイプ的な解釈の原因となる。また逆に，日本から見れば（もちろんフランス語の専門家はこのように判断しないだろうが），ヨーロッパ，あるいは「西欧世界」といった用語は，物事を全体として均質に判断しやすい。政治家の言説には実のところこのような極度の一般化が多いのだが，それが一般に受け容れられている。ニコラ・サルコジ大統領（当時）はセネガルの首都ダカールでの演説の中で，「アフリカの悲劇，それはアフリカ人が歴史に十分に登場しなかったことである」[注5]と表明したが，さすがに，このような発言はステレオタイプの許容限度を超えるもので，人種差別になるとの論評が

[注4]　フランス語版ウィキペディア・プロジェクトは，国内の出版において一般に行われる検閲から独立した自律的運営媒体であることがその大きな特徴の1つとなっている。他の言語でのプロジェクトと比較して高い信頼性を得ている状況にあるが，ここでは内容に鑑みて引用する。

[注5]　2007年7月26日，就任後初となるサハラ以南のアフリカへの訪問の際，シェイク・アンタ・ジョップ大学において，学生や教職員，政治関係者を前に行われた演説。全文は次のWebサイトで閲覧可能。<http://www.afrik.com/article12199.html>（2015年9月1日）

数多く見られた。

2.4　言語教育学と「文化間対話」と異文化間能力

　言語教育学はそこまで極端ではなく，二国間関係においては婉曲で快適な解釈をするに留まっている。つまりこの第一段階で課題となるのは「文化間対話」であり，いわば「育ちの良い国」の文化の間での対話なのである。そしてこのような観点から異文化間能力の概念を考えると，その特徴とは，相互の好意や他者への好奇心であり，他者から学ぼうとする意向であり，他者の個別性への敬意と寛容の精神などである。

　教科書や言語教授法が文化に触れる場合，かつてのような歴史的建造物や教養文化，歴史地理に関する知識等々の記述は確かに減り，民族誌学（エスノグラフィー）や社会学にもとづくアプローチが増えているが，とはいえ，これは入門や初級レベルの授業において必ずしも当てはまるものではない。だがむしろ，このより「エスノ（民族）的」なものの見方を通じてこそ，文化間対話というほのぼのとした概念を乗り越えることができるのである。それは，誤解や対立，ステレオタイプ，均質化をもたらす一般化を解明するツールやアプローチによってもたらされる。つまり異文化間能力とは，さまざまな分析や批判的要素や観察のツールを構築することで，さらに充実するのである。この能力は，異なる文化への同意や積極的な参加，さらには「対話」を意味するものではない。異文化間能力は内省を含むことから，文化を単純化し，本質主義的に考えるヴィジョンを脱するものであり，他者性を複雑に読み解き，差異化し，対立する解釈を調整し，必要とあらば，仲介の方略を発達させるのである。異文化間能力は，とりわけ，自分自身に立ち戻らせるもので，自己の有り様や映り方，また振る舞いを問いただすのである。

3.　第二段階―〈他者へと赴く〉
3.1　イマージョン型学習と目標としての「完全なバイカルチャー」

　言語教育学の歴史の中で，この第二段階では，境界を越えて他者へと向かう。ここでの観点は，道具的動機づけではなく，統合的動機づけにもとづいている。このように他者へと向かうのは，そこにどっぷりと浸かることによって

「他者の文化」を習得するためであり，まさにイマージョン型の学習である。とはいえ，ここにも依然として，二項対立の図式がある。問題は文化 A と文化 B との関係であり，この 2 つの文化は似たような地位や価値を持つと考えられている。だがこの段階では，その文化に浸かることにより，異なる文化を獲得し，自分のものとすることが目標なのである。しかし当初は，異なる文化が何らかの点で均質であることを暗黙の前提としている。このような文化の習得の営みとは，もはや異文化間対話ではなく，1 つの文化からもう 1 つの文化に向かう軌道であり，そこでの究極の目標，また神話的とも言うべき目標は，「完全なバイカルチャー」の人物になることだろう。これは，イメージの幻想として存在するに過ぎない「完全なバイリンガル」と変わらない。また，この軌道は直線的なものでは全くなく，中間段階を経由する行程に比較できるもので，言語習得理論はこれを<u>中間言語</u>の発達のためと考えている。

3.2 中間言語・中間文化

　言語習得論に由来する概念を支持する人々は，学習者の言語能力と，学習者が置かれている立場や移動によって与えられる言語との関係を考えるにあたり，言語の解釈や産出に関わるミクロシステムが，中間言語によって作り出され，試行されると主張する。このようなミクロシステムは不安定で，この段階でのミクロシステムは（そのプロセスの究極の目標が完全な均質状態にあるシステムを作り出すことであるにせよ），不均質な全体を構成している。これらの構成要素は，ある時点で，あるいはかなり長期にわたってその状態で固定化しているように見えるかもしれない。しかしながら，その間もそのほかの構成要素は複雑になり，少なくとも変化し続けているのである。

　他者の文化を能動的に習得する関係に対してこのようなモデルを採用することは，異なる文化へと向かう動きの中に，またその内部へと向かう動きの中に，ある種の<u>中間文化</u>が形成されると考えることに繋がる。そしてこの中間文化は，解釈や産出のための種々のミクロシステムを産出することにより変容を遂げる。このミクロシステムは，多くのローカルな仮定からできており，異なる文化の中でも通用性があると考えられている動きについては，試してみなければわからない。これは，文化に関するさまざまな部分的で暫定的な文法の一

種であり，対立する状況や誤り・誤解・ショックに遭うごとに調整されたり，あるいは中間言語のように，化石化し固定化されたりするのである。

3.3　二次的文化適応

　この概念は二次的文化適応とも名付けられる。これは，言語習得論に関連する理論モデルから類推されるもので，1970-1980 年代に展開されたフランス語圏での研究の中に傾聴すべき重要な議論がある。これらの二項対立的な習得論モデルでは，多少なりとも意識化できる方略の存在について，すなわち主体が行いうるようなメタ認知活動の存在について事前に判断を下すことはできない。そもそもこれらの研究は，バイリンガル能力の概念に論及していない。連続する近似値を通じて異文化を習得する現象[注6]との比較が成立する限り，この状況は変わってくるように思われる。実際，振る舞いや行動の規範，社会的表象などが関わっている異文化間の出会いの経験が問題になっているのであり，それが，意識化や内省，さらには言語化や説明を生み出すと考えられる。であるならば，こうした経験抜きに観察や分析の能力だけで構成される異文化間能力の形成を前提としてはならないだろう。またこの異文化間能力は，本章が指摘した第一段階において異文化間対話に結びつけてきた要素，すなわち共感や尊敬や寛容のみに結びつくものでもない。イマージョンの文脈にあるときに，異文化間能力はまた，予期しない事態への調整能力であり，危機管理能力であり，そしてコミュニケーションで不利な立場に置かれたときに自己を肯定する能力であり，カルチャーショックを意識したり，これまで別の状況で機能していた実際のルーチン作業を新たな状況に移行したりする能力であり，またこれらの移行作業が失敗しうることを把握する能力でもある。

3.4　日本人学生にとっての日本の大学，およびフランスの大学や町での体験

　ここで，この第一段階と第二段階についてコメントしておきたい。というのもこの最初の二段階を考えることにより，大学外国語教育の目的論の周辺へと立ち戻ることができるからである。第一段階とは，距離の離れた間での異文化

[注6]　二項対立的な「言語」の習得モデルを，「文化」の習得に応用する上で見られる現象を指す。

間対話や，あるいはより民族誌学的な傾向を示す分析を用いた異文化間対話である。基礎教育が行われている国，例えば日本人学生にとっては日本の大学教育において広く行われている実践がこれに相当する。それに対し，第二段階とは，他者へ向かう段階であり，直接的なイマージョン教育の段階である。例えばフランスの大学や町における日本人学生の体験がそれに相当する。この第二段階は異文化間能力について，全く異なる定義付けを必要としている。既に述べたように，第一段階に成功した場合，自分自身や自身に固有の価値，考え方や生き方を「知的に」振り返ることとなる。第二段階は，より自己との関わりが深くなり，情動的な次元，存在論的な次元，アイデンティティに関わる次元に展開する。また，第一段階においては文化が本質主義的に捉えられ，この段階で生じる表象はいずれも均質に捉えられがちであるのに対し，第二段階では必ずしも同じようには展開しない。それにもかかわらず，このように境界を越え，異なる文化に浸かり，統合を企てる際に，異なる文化自体を一貫し，統合したものと考える。これは，異なる言語が1つであり，その規則によって規範化されていると考えるのと全く同じさまである。つまり，さまざまな文化現象（と実際の言語実践）を多様な形で，また分裂したものとして知覚しているということであり，これは他者へと，また他者の内部へと赴くことにより獲得されたものである。

4. 第三段階 ──〈他者はここにいる〉
4.1 多文化性の現実とその承認

　第三のレベル，第三段階は，現代社会の多文化性の現実とその承認に関わる。自国に居ながらにして自分と接している他者性である。他者性，むしろこれからは複数形での他者と呼ばれるべきだが，彼らはこれより私の境界の内側に，私の側にいるが，彼らの言語や文化的実践は私のそれとは異なっている。では，多様なものとみなされる声や暮らしは，融合したり，統合したり，あるいはただ並置されているだけなのか。あるいはまた新たな境界は幻想なのか，確実に存在するのか。また領土としての認知は定められたのか。よく知られているように，このような接触や隣接の状況は，その境界が明らかにされておらず，また公的に定められていない場合，しばしば無知やお互いの無理解のみな

らず，緊張や対立をも巻き起こす場になることもある。このレベルは「多数の」« multi- » のレベルであって，もはや「2つの」« bi- » のレベルではない。

4.2　言語文化の景観や形態の変化──非対称性と不均衡

　言語政策や言語教育学，またおそらく習得論のモデルから見ても，言語文化の風景はこれ以降，異なる景観や形態を見せ始める。社会に存在するさまざまな共同体の間にはもはや対等な関係は存在せず，そこにはむしろ非対称性や不均衡の関係が存在する。地域のマイノリティやエスニック・マイノリティ，宗教マイノリティや移民は，多数派の住民たちとの文化間対話にしたがうことはないし，また文化間の対話が行われるにせよ，それは極めてわずかである。多数派の住民たちは，あまりに多様に映る他者を信用しないことがよくある。そこで彼らを無視したり，他の住民から切り離したりするのである。

4.3　言語文化の多元性と学校の役割

　さらに，第一段階とは反対に，それまで同一であると考えられてきた異なる言語や文化は，もはや互いに対応一致することはない。ステレオタイプはさまざまなマイノリティとの関係において強く作用するもので，統合計画は多くの場合，一方向に働く。さまざまなマイノリティの文化は統合を求められ，複雑化し，解消するよう求められているのだ。多数派の文化は均質であると捉えられており，マイノリティの文化をよりよく迎え入れ，統合するよう自ら変容することは求められていない。片方の権利ともう片方の権利が常に同じになることはない。

　とはいえ，この多数派住民と多様なマイノリティとの間の，交流というよりも接触の場面を出発点として，言語教育学は，異文化間教育や異文化間教授法，異文化間アプローチなどに関する考察や実践を発達させてきたのである。これは実に明白なことである。というのも言語文化の多元性を考慮に入れる上で，学校が主要な役割を担ってきたと思われるからだ。そして，人的な介入が行われなければ好ましい状態にならない文脈において，学校は社会的包摂や結束性を高めることに役立つのである。

4.4 多文化性の現実と異文化間能力論の不在

我々は今日では，もはや伝統的な衣装や踊り，料理などといったフォークロアやツーリズムによって文化的多様性を承認することはない。その意図がどれだけよいものであれ，その土地に住む多数派の住民は，このような文化を通じて移民やマイノリティの住民を特殊や異質なものとみなして，他者に向けられる視線のステレオタイプ化を強化してしまう。興味深いことに，ここでは異文化間能力の概念がほとんど論じられない。それは以下の理由からだ。多数派の住民の一人，例えば「平均的な」フランス人にとって，異文化間能力がその意味を持ってくるのは，中国旅行に赴く準備段階であり，自分の住む街から少し離れた通りに暮らすマグレブからの移民たちをよく理解するためではない。逆に，社会への統合に日々苦労している移民労働者にとっては，異文化間能力が重要なものとなる。そして，移民労働者がホスト文化へ適応できるかどうか，また十分な異文化間能力を持っているかどうか，その証拠を求めるのは行政なのである。

4.5 移民労働者やマイノリティと異文化間能力

これについては，複言語状況に関する報告書の中でしばしば言及されるような事実を思い起こし，これを複文化性や異文化間能力に一般化していくべきかもしれない。これは，極めてマージナルなある言語の母語話者が，ほとんど移動をしないにもかかわらず，複言語話者にならざるを得ない事情に通じるものだ。それに対して，英語母語話者は，英語が超中心的な言語であり，魔法の言葉としてどこでも機能するために，それだけで事足りてしまう。同じようにマイノリティ文化や被支配文化のメンバーこそ，堅固で熟達した異文化間能力のリソースを最も必要としている人間なのかもしれない。

4.6 多文化社会内部での文化の多様性と不平等性

本章での第三段階の特徴とは，多文化社会内部での文化の多様性と不平等性であり，これらの文化の境界がしばしば区切られていることだ。これは，多数派住民がマイノリティ住民との混住を拒否したり，少なくともマイノリティ住民の居住を厳格に制限しようとすると，たち現れる。同様の態度はマイノリ

ティ住民やマイノリティ集団が強固なアイデンティティを保持しようとする際にも生じるものであり，また周囲を多数派に取り囲まれている場合でも起こりうる。そしてこのような集団の区切りが存在する限り，さまざまな共同体の表象は，それぞれの共同体にとっても本質主義化し，固定化されることが予想される。これはある種の逆説と言わざるを得ない。

5. 第四段階──〈他者は私の中にいる〉

この第四段階で，論をさらに展開するにあたり，いくつかの要点を確認しておきたい。

5.1 異文化間性の二項対立からの進化

1点目に，言語による相互作用（インタラクション）の概念は，言語教育学においては，対称的で，覆い隠すもののないやりとりとして長い間考えられてきた。これと同じように，異文化間性の概念が，「文化間対話」や「カルチャーショック」などの用語や社会的な開放や調和の観点から，また逆に境界で区切られた中での差異化，あるいは緊張などの観点から考えられてきたとはいえ，その概念は固定化し，包括的な実態として，すなわち「わたしたち」と「彼ら」の間での二項対立的な接触として受け取られることが多い。しかしながら，このようなものの見方は進化を遂げてきた。それはとりわけ，異文化間能力の概念や，この能力を備えた社会的行為者の果たす仲介という役割が考察されたためである。

5.2 多元性の承認と文化の不平等な関係

2点目に，現代の大多数の社会は多文化状態として現出し，またそのようなものとして表象されているが，これは移動や移住，国内のマイノリティや種々の地域性を承認することによって生じたものである。多元性が一般的なのであって，単一性や二項対立は一般的ではない。グローバルとローカルの関係，単一に向かうある種のグローバル化とローカルな文化的実践を維持することとの関係，またヴァーチャルなテクノロジーがもたらした無数の文化リソースの利用，国境を越え，言語の混じり合う社会ネットワークの発達など，さまざま

な要因によって，現代社会は多文化的なものとして構築され，国境を越えた文化の影響に絶えずさらされている。文化の越境現象が不平等な関係に支配されたものであることは言うまでもない。なぜなら，支配文化と被支配文化の間での文化の移動は，対称的でもなければ，バランスのとれたものでもないからである。

5.3 さまざまな実践共同体への参加と社会化のプロセス

第3点は，前述の第2点と密接に関わるが，さまざまな実践共同体への参加と社会化のプロセスである。すなわち，家族や近隣の環境，仲間のグループや彼らのネットワーク，所属コミュニティ（アソシエーション・スポーツクラブ・宗教団体等），各種メディア，移動性（現実あるいはヴァーチャルを問わず，出張や移住等）などであり，そして言うまでもなく，学校がある。これらは，機能や規範，特別な価値観，固有の入会条件，ある程度きちんとした言葉遣いなどの特徴を示している。この意味において，これらはさまざまな実践共同体であると同時に，それぞれ独自のルールを持ち，識別されるさまざまな文化世界（極小の文化世界）であると考えることができる。若者はこれらさまざまな組織に参加し，その組織を差別化していくと同時に，自己の発達やキャリアに取り入れ，その制約やリソースを管理し，またこれにより自律した行為者として自己の位置を確立することとなる。

言い方を換えるならば，社会的行為者としての発達や子どもの社会化とは，「国民的」でありかつ多文化的である帰属社会の内部に存在する言語的多元性や文化的多様性に自己を拓き，参与した結果なのである。

ところで，さまざまな実践共同体（言語的コミュニティであると同時に文化的コミュニティでもある）への参加を通じた発達や社会化のプロセスの成功は，はっきり区別されると同時に緊密に連関している2つの能力全体を形成できるか否かに関わっている。1つは，一言語であると同時に複数でもある言語能力である。この言語能力により，複数もしくは一言語に属する言語リソースを活用することができる。しかし，この言語リソースは変化という原則を特徴とし，その原則には，体系的なものであれ，文脈に即したものであれ，さまざまな言語規範が関わってくる。もう1つは「複文化能力」，あるいは「異文化間

能力」である。これは複数文化，ある1つの文化からできあがるものだが，この能力により子どもや若者はさまざまな社会化のための組織間を移動し，その使い方を発見する。またこの能力によって，識別されるものの，厳密に区分けされてはいないさまざまな空間の間を往来したり，関係を作ったり，仲介などを行うことができる（一例を挙げるならば，メディアや学校なども，家庭に何らかの場を占めている）。

しかしこのことは同時に，これらの同じ空間の間にも，これらのさまざまな実践共同体の間にも，言語の使い方や文化の基準をめぐって，それなりに強い緊張のあることを示している。社会的行為者としての個人から見ると，それらの多様な言語文化の間，すなわち子どもが成長過程で発見する帰属共同体の内部で通用している言語文化変種と，そして帰属共同体の中に暮らす他者に固有の言語文化変種との間には，何らかの連続性があったり，またそのしきり壁にはいくつも穴があき，自由に往来ができたり，部分的に重なり合ったりしていることもあるのだ。

5.4　学校教育と二重の制度

学校とは社会化と教育のための組織であり，実践共同体として固有の言語文化に関わるルールを持って機能している。学校文化，さらには教育文化がしばしば語られるが，これは個々の伝統に固有のものである。とはいえ，これらのルールはいつも明示されている訳ではない。そして若者は，学校外や所属する他の実践共同体の中でその言語文化レパートリーを発達させる。彼らが学校言語，すなわち学校教育に使用される言語の変種や，また学校が機能する上での文化的暗黙事項との間に強い違和感を覚えるのは珍しいことではない。

とはいえ，学校という世界をより仔細に観察してみると，教科や専門科目の学習は複文化性に関与している。例えば物理や地理といった教科の知識やスキルの習得にしても，わずかであれ，多様な実践共同体への導入となるものであり，現実のあり方やその捉え方の導入とも，さらには該当分野の文化への導入ともなるのである。1つの教科には独自の規範があり，さまざまな言語形式や記号論的な手段を活用しており，少なくともその一部は教科に固有である。したがって，これらの教科が機能する上での言語的文化的課題が教科内容の進展

と同時に，またその進展に合わせて取り扱われる限りにおいてこそ，教科の知識を築き上げることは可能となるのだ。子どもたちにとって異文化間能力とは，経験によって生まれ，暗黙のうちに作り出されたものであることが多いが，子どもたちは学校に入る時点で既にそれを所持しており，異文化間能力は学校生活を通じて，また学外でも発展し続ける。そしてこの能力は，学校教育のプロセスを通じて複雑になる。学校教育が「通常の」機能に加えて，さまざまな教科の言語・文化的制約を求められるという二重の制度のもとに展開しているためである。

5.5　個人の多元的アイデンティティの構築

この第四段階は，言語教育学における文化，すなわち複文化や内在化した文化の概念に関わるもので，個人の多元的アイデンティティの構築を示している。他者は私の内にあり，私の一部となり，私を構築している。このような個人の内面の複数性はさまざまに解釈することができるもので，またさまざまな方法によって意識化をしたり，あるいは否認や，拒否など，いわば管理のできるものなのだ。この段階で，文化を隔てる壁は内面化され，心の中の境界では往来や移動が行われ，またこの心的境界が崩壊することもある。

6. 論を閉じるためではなく，議論を進めるための 9 つの考察

6.1　文化概念の拡大への危惧について

文化概念のこのような拡大や分裂に意味はあるのだろうか。これは，文化の意味を薄めてしまい，本来の妥当性を失わせないだろうか。もとより通常の用法においても，文化の概念は多様に定義され参照されている。しかしここでは，複雑な社会全体の中で個人を社会的行為者として捉え，単にさまざまな能力（実行力や行動方法など）を備えたものとして捉えるのではない。むしろ，複数の文化（存在のあり方や世界全体の表象など）に社会的に関与している存在として個人を捉えることが重要なのである。

6.2　文化概念の妥当性

そこで，これまで辿ってきたこの順序にしたがって，4 つのレベル，4 つの

時期を区別してみよう。この区分は確かにカリカチュアとも言えるが，社会制度から個人へと至る道のりであり，複数民族の居住する国，さまざまなコミュニティ，社会的行為者や主体に関わるものである。文化の概念の妥当性を検討していく際，用語を濫用したり，比喩に頼ったりするべきではなく，分析された段階を横断し，それらの相互依存性が相対的であることを強調すべきではなかろうか。ただし，これはあるレベルから別のレベルへと移行するときに発生する他者性とアイデンティティ（とりわけ，国家や民族，宗教，共同体や個人に関わるアイデンティティ）の間での相互作用に過ぎないのかもしれない。

6.3　異文化間能力と大学教育

　ここで冒頭に指摘した点，すなわち，本章が大学教育のレベルに焦点化されなかったことに触れたいと思う。複文化能力や異文化間能力の養成とはそもそも，大学での外国語学習によってのみ行われるものではない。この視点を受け容れるならば，本章での議論が迂回してきた理由も理解いただけるものと思う。異文化間能力とは，大学教育よりももっと早い段階から介入してくるのだ。現代社会は多文化化しており，我々一人ひとりは所属する社会や第一言語を通じて，早い段階から複文化的な社会的行為者となり，言語的多元性にも親和性を持つのである。

6.4　異文化間能力と学校教育の役割

　しかしながら，このような複言語・複文化能力は，モリエールの『町人貴族』の主人公ジュルダン氏を思わせる。ジュルダン氏は，自分が散文調で話していることにかなりあとになってからようやく気づくが，このことを知るためには，哲学教師を必要としたのである。「こいつはあきれた！わしは四十年も散文をしゃべってきて，ちっとも気がつかなかったとは。こんな結構なことを教えていただいて，ほんとにご恩にきますぜ」[注7]。別の言い方をすれば，学校教育の役割の1つは，経験を通じて発達してきた異文化間能力が意識化され，

[注7]　鈴木力衛(訳)(1973)『モリエール全集』第三巻（中央公論社），「町人貴族」第二幕第四景からの引用（p.219）。

内省されること，さらには学校教育によっていっそう豊かになることである。ある種の異文化間能力は既に存在しているのであり，この能力の成果を明らかにし，また，経験への振り返りや経験の言語化という作業を通じて，それを強化すればよいのである。批判的考察や分析などは早い段階から取り入れても構わない。そして，採用された教育方針にしたがい，異文化間能力は，その社会的次元や社会言語学的次元，民族誌学的次元，アイデンティティと他者性の次元についても教育現場での開発が進められていくのである。

6.5　四段階とその相互依存関係

　繰り返しになるが，ここに分類した四段階は連続するものの，1つの段階が進んでも，その前の段階がなくなる訳ではない。むしろそこには共存があり，それらの間には相互依存性がある。そのことは，ここで取り上げられた順序を逆にすればわかるだろう。異文化間能力を，多文化社会において実施される社会化の第一過程に組み込まれたものとして捉えてみると，それはステレオタイプを相対化したり，「文化間対話」という牧歌的とも言える考えを批判したり，またカルチャーショックへの最善の準備ともなるものであり，さらには文化的マイノリティへのいっそうの配慮を促すきっかけともなるのである。

6.6　欧州評議会言語政策部門でのプロセス

　これら四段階のプロセスは，欧州評議会言語政策部門で行われてきたこれまでの研究の中にも見出すことができる。なかでも，文化の概念を学校での教科へと拡張したことについては，マイケル・バイラムとヘルムート・フォルマー（Helmut Vollmer）[注8]といった研究者の研究に負うところが大きい。

6.7　実践共同体の概念と言語と文化の繋がり

　「実践共同体」のような概念（この概念を主張する研究者は学習との関係を重視する）が理論的にも関心を惹くのは，それが言語と文化とを緊密に結びつけるためである。近年，言語と文化の繋がりはしばしば断絶されるが，言語教育

[注8]　現オスナブリュック大学（ドイツ）教授（英語学・応用言語学）。

学の観点から見て，この概念の提起する課題は重要である。言語と文化の繋がりはそれぞれの体系で作用するものではなく（もはやサピア＝ウォーフ[注9]やフンボルト[注10]を思い起こすことはない），実践やコミュニティのレベルで作用するのである。

6.8　実践共同体と文化的多元性

もう1つの理論的関心——これもまた教育学的である——は，実践共同体と文化的多様性，言語的変種の間の関係に関わる。これは，社会化や教育，知識の構築，学校とそれを取り巻く環境の間の関係といった概念について一般的な共通枠を提供するものである。とはいえ，これはそれらの間の差異を消失させるものではない。「共同体」という用語から思い浮かべるところに反して，障壁を設けて閉じ込めるといったコミュノタリズム（共同体主義）の罠に陥るものでもない。コミュノタリズムは政治的言説において多文化主義へ結びつけられることが多いが，むしろ「実践共同体」という概念は，文化的多元性を異なるあり方で考える方法を与えるものなのだ。

6.9　教育の核心にある異文化間能力

この研究集会の趣意説明では，ローカルとグローバル，グローバル化とコ

[注9] アメリカの言語学者エドワード・サピア（Edward Sapir, 1884-1939）とベンジャミン・リー・ウォーフ（Benjamin Lee Whorf, 1897-1941）の言語相対論を指す。「サピア＝ウォーフの仮説」とも呼ばれる。各言語が文化を離れては存在しないと考えた。言語と文化は起源的には密接な関係にあり，現実世界はまた，社会の言語習慣にもとづいて無意識的に作り上げられている。それぞれの社会は独自の言語を持っており，社会が異なれば世界認識も異なる。ある言語に存在を指し示す言葉がなければ，それはその言語の話し手の思考や世界観の一部にはなりえず，ある意味では知覚されない。「ヒトの言語の構造は，本質を理解する方法，またその方法に関した習性に影響を与える（"the structure of a human being's language influences the manner in which he understands reality and behaviors with respect to it"（Whorf, B. L.(1956) *Language, thought, and reality* (p. 23). New York: John Wiley & Sons, and The Technology Press of M.I.T.））」。

[注10] ドイツの言語学者カール・ヴィルヘルム・フォン・フンボルト（Karl Wilhelm von Humboldt, 1767-1835）の比較言語学的研究にもとづく言語哲学によれば，現実は非形態的で，それぞれの言語がおのおの違った形でそれを取り入れる。「言語そのものは，出来上がった作品（エルゴン）ではなくて，活動性（エネルゲイア）である」（フンボルト(1984)『言語と精神』(p. 73) 法政大学出版局）。

ミュニケーション,複言語・異文化間教育について議論することが提案されていた。複言語・異文化間教育の推進するものとはグローバルとローカルの意識化であり,またそれはコミュニケーションに関する問題を,評価の視点からではなく,グローバル化の結果に発生している他者性との関係から考えることに他ならない。異文化間能力とは,このような課題と関連するものだが,この能力については,その概念がまだ錯綜している。そのため,この異文化間能力とは,教育に追加されるものの1つに過ぎないのではなく,教育の核心を占めるものとして捉えられる必要があるだろう。

参考文献

Abdallah-Pretceille, M.（1999）. *L'éducation interculturelle*. Paris : Presses Universitaires de France.

Abdallah-Pretceille, M.（2010）. La pédagogie interculturelle : Entre multiculturalisme et universalisme. In D. Alaoui（dir.）, *Education et formation interculturelles : Regards critiques, recherches en éducation n°9, novembre 2010*.

Abdallah-Pretceille, M. et Porcher, L.（1996）. *Education et communication interculturelle*. Paris : Presses universitaires de France.

Beacco, J. C.（2000）. *Les dimensions culturelles de l'enseignement de langue : Des mots aux discours*. Paris : Hachette.

Blanchet, P. et Coste, D.（dir.）（2010）. *Regards critiques sur la notion d'« interculturalité ». Pour une didactique de la pluralité linguistique et culturelle*. Paris : L'Harmattan.

Byram, M.（1997）. *Teaching and assessing intercultural communicative competence*. Clevedon: Multilingual Matters.

Byram, M. et Zarate, G.（1997）. Définitions, objectifs et évaluation de la compétence socioculturelle. In M. Byram, G. Zarate et G. Neuner（dir.）, *La compétence socioculturelle dans l'apprentissage et l'enseignement des langues*. Strasbourg : Conseil de l'Europe.

Dervin, F.（2011）. *Impostures interculturelles*. Paris : L'Harmattan.

Galisson, R.（2000）. La pragmatique lexiculturelle pour accéder autrement à une autre culture par un autre lexique. *Mélanges CRAPEL n°25*, 47-73.

Porcher, L., Abdallah-Pretceille, M., Beacco, J. C., Knox, E., et Pugibet, V.（1986）. *La civilisation*. Paris : Clé international.

Zarate, G.（1993）. *Représentations de l'étranger et didactique des langues*. Paris : Didier.

Zarate, G. et Gohard-Radenkovic, A.（éd.）（2004）. *La reconnaissance des compétences interculturelles : De la grille à la carte*. Sèvres : Les Cahiers du CIEP.

Zarate, G., Lévy, D., et Kramsch, C.（dir.）（2008）. *Précis du plurilinguisme et du pluriculturalisme*. Paris : Editions des Archives contemporaines.

第5章

複言語能力の養成
―― 大学の国際化の挑戦と課題

ダニエル・モーア

大山 万容（訳）

1. はじめに

　国際化は高等教育政策における戦略的な要素であり、グローバル化の進む中で、大学の言語環境に大きな変化をもたらしている。異言語を話す学生をどのように大学や社会に統合するのか。これについての研究は、とりわけ留学や移住に関連しており、多くの研究が、高等教育への準備や言語や教授法のニーズ分析、アカデミック・ディスコースと学術能力の養成に焦点を当てている（例えば Bouchard et Kadi(éds.), 2012; Parpette et Magiante(éds.), 2010; Vigner, 2012 を参照）。しかし、学生が複数言語間でたどる経路については、ほとんど検討されてきていない。留学や移住にあたり、外国語を使用するときには新たな社会化[注1]が課題となるが、これは新しいメディアや様式の拡大と結びつくものである。それは、大学での新たな能力開発とどのように連動しているのだろうか。とりわけ複言語能力の育成や、アカデミック・ライティングの獲得とどのように結びついているのだろうか。残念ながら、このような課題を解明した研究は多くない。

　そこで本章は、カナダの大学の1・2年目に在籍する留学生を対象に行われた最近の実践研究を紹介する（Marshall et Laghzaoui, 2012; Marshall & Moore, 2013）。この研究は、留学生の割合が非常に多く、フランス語が少数派で、英

[注1] 社会化（socialisation）とは、ある社会に新しく参入した人が、その社会の価値と規範を身につけていくことである。社会化は、社会の側からの制約であるのと同時に、その個人が環境との相互作用を通して主体的に学び、内在化させ、それによってアイデンティティを構築させていくプロセスでもある。

語が使用言語である大学で行われたもので，複言語についての捉え方や実践に関わるものである。複言語は，大学でのライティング能力を発達させるリソースとして捉えられる。

　本章は，この研究での事例をもとに，「複言語・複文化能力」（Coste, Moore, et Zarate, 1997 et 2009）や，近年研究が進められている「複合リテラシー能力」（Moore & Molinié (éds.), 2012）といった概念を再検討し，複言語使用の多様性やその多様化，さらには，ある文脈の中で複言語能力がどのように用いられているかを考察する。まず，これらの概念の発展とその特徴について概観し，それを受けて，これらの能力が言語教育学の中で教育実践を変化させ，変容させるためのツールやリソースとなる可能性を論じる。

2. 大学生のたどる複言語使用の経路

　カナダにおいても，留学は大学教育の戦略的な課題である。学業を継続するためにカナダに来る留学生のうち，ブリティッシュ・コロンビア州（以下，BC 州）は28%の留学生を受け入れており，この大部分はアジア，中東，そして欧州からの留学生である。留学は，これから国外に出発する学生，留学準備をする学生，および BC 州にやって来る留学生全てに関わるが，本章では BC 州にやって来る留学生に絞って論じる。大学の中で留学生数は急増している。4年間で21%の増加が記録されており（British Columbia's International Education Strategy, 2012, p. 12），大学教育に備えて中等教育段階からカナダに移住する若者の数も増え続けている。中等教育を BC 州で終える留学生の10人中4人が，その翌年に BC 州の大学に登録している（同書，p. 13）。

　BC 州の教育の国際化に関する戦略調書によれば，大学は留学生教育による経済的な利益を重視している[注2]。しかし本章ではむしろ，アジア太平洋地域から留学生が大量に訪れることによって，BC 州にもたらされる社会的・文化的利益に焦点を当てたい。サイモン・フレイザー大学（以下，SFU）では，新しい標語を「世界を生きる "Engaging the world"」とした。国際交流部の副部長

[注2] British Columbia's International Education Strategy（2012, p. 8）によれば，留学生は2010年度に，学費と滞在費として1800万ドルを費やしている。これにより政府税収は7000ドルの税収を得ることになり，これは BC 州内の22000人の雇用に匹敵する。

によれば，この戦略的な視点は，研究や知識の普及，「国際・異文化間能力」を発展させる意欲（SFU International, 2013, p. 5），そして構成員が積極的なグローバル市民になることを強調するものである。

> SFU は，国際社会に関する知識や理解，国際社会への関与に価値を認めるものであり，学生や教師，事務職員を積極的なグローバル市民に育てること，そして SFU が国際的な舞台における積極的なパートナーかつ貢献者であることを目指します。　　　　　　　　　　　　　　　　　　　　　　　(p. 3)

　留学や移住により，BC 州と SFU をめぐる言語景観や文化景観は変容してきた。SFU International（2013）によれば，2012-2013 年度の初めの時点で SFU の留学生のうち，学部生の 80％以上がアジア出身だった。そして全ての留学生のうち，学部生の 65％，大学院生の 25％が中国出身である（p. 13）。また，学部生と大学院生を合わせた中国からの留学生は，2007 年には 942 人であったが，2012 年には 2,837 人になっている（p. 21）。このため，大学にとって中国は優先的な戦略的地域とみなされている。
　これを見ると，受け入れ学生のプロフィールに多様性が少ないように見えるかもしれないが（SFU International, 2013），それは見かけに過ぎない。実際，留学生の出自や，留学の経路や経験，話し言葉や書き言葉，リアルとバーチャルの両方を含む国内外でのやりとりや，複言語能力の捉え方やその実践，英語やフランス語でのアカデミック・ライティング，ライティングやコミュニケーションの新たなテクノロジーへの関係などは，多様である。また，それらは，留学生の持つ言語レパートリーの中でも，特に英語による新しい社会化に影響を受けており，留学や移住の経験や，社会化の新しい様式やメディアとの極めて多様な関係の影響も受けている（Gardner & Martin-Jones（eds.）, 2012）。Alao, Derivry-Plard, Suzuki, et Yun-Roger（dirs.）（2012）も次のように指摘する。

> 21 世紀の現在，多くの言語学習者の持つ言語プロフィールは，多様性を特徴としており，それは言語的背景においても，言語能力においても，言語学習の文脈や経験においても認められる。（中略）大学などの言語教育

の専門家はこの点をますます意識するようになっているが，大学の言語教育で行われているモデルや教育法は，この学習者のプロフィールの抜本的な変化にまだ介入していない。(p. 2)

3. 複言語能力と複合リテラシーの使用──指針

　複言語・複文化能力は一般に次のように定義される。すなわち，社会的行為者が，自分の習得した言語とその変種を，さまざまな程度で，さまざまな文脈において，自分の持つ潜在的な能力とリソースとを加えながら働かせる能力である（Coste, Moore, et Zarate, 1997 et 2009；Moore, 2011）。この概念の本質的な特長は，それが，話者の言語的・文化的なリソース全体を考慮に入れようとしている点であり，またそのリソースが話者に固有の，固定的ではなく，発展性を持つレパートリーを構築すると捉えている点である。その言語レパートリーの中で，話者は，状況にあわせてダイナミックに，また自分自身の歴史や経験に応じて，状況や話者，ニーズ，制約，イメージを描き出す。そのために複言語・複文化能力は，同時に「複合的かつ部分的であり，全体的かつ未完成であり，方略的かつ不均衡で，それぞれの話者にとって全体かつ唯一」なものとして捉えられるのである（Coste, de Pietro, et Moore, 2012, pp. 117-118）。Coste（2001, p. 198）はまた，話者自身が，複数の言語を「軸足，支え，参照の役割」を担うものとしてさまざまに働かせ，「社会的行為者として，内省的に，またある程度は自らの意思によって使用可能な一連の言語レパートリー」を構築し，再構築し，実践し，変形させる点を強調する（Coste, 2001, p. 196；Moore & Gajo (éds.), 2009；Castellotti et Moore, 2011）。このような観点にしたがえば，複言語・複文化能力は話者とその行動，話者の言語使用に焦点を当てていることが分かる。Castellotti（2012）は，こうした話者の行動や言語使用が，言語の実践とイメージとに密接に関わると主張している。ここから，次の考察が導かれる。

　「言語技術論」（Robillard, 2008）の信奉者は，あたかも言語がもともと固定的で分離された対象であるかのように想定し，集合的であると同時に個別的でもある言語の歴史的，社会的な刻印を切り離して，外側から全てを「記述」できるかのように「言語について」研究する。このような姿勢を

取らないことが重要である。むしろ（言語についての新しい）見方は，「人間を通じて」研究を行い，人間を通じて何らかの関係を作ること，言語文化の使用法や，人間と言語文化という現象との関係を解釈するように導いているのである。　　　　　　　　　　　　　　　　　（Castellotti, 2012, p. 35）

　この「全体的」能力は，複数言語の読み書きに関連する能力を含む。本章では，これを「複合リテラシー」として論じたい（Moore, 2006, p. 118）。複合リテラシーの実践は，ライティングにおいて，またライティングをめぐって，2言語以上で行われるコミュニケーションの全体に関わる。これは，読み書きという行為を取り巻く，社会的文化的実践に結びつくリソースや能力を解明するものである。そしてこのような行為を，さまざまな文脈と家庭や学校，社会の発展の条件をつなぐものとして意味づける。また，これは文字やイラストなどのさまざまな形態をとり，学習の初期段階から最も洗練された言語実践の段階にまでかかわるものであり，一言語あるいは複数の言語や言語変種の間で，視覚的媒体やデジタル媒体を含むさまざまなメディアを通じて行われる（Moore et Molinié（éds.）, 2012）。またこれらの言語実践は，それが作られた環境の規範と密接に関連しており，個々人や社会的集団によって多様に解釈されるもので，その場の物理的，社会的条件によって異なる。複合リテラシーという用語は，言語とリテラシー形態は相互に発展するものであること，またそれが作られた文脈との関わりを通じて発展したこと，さらに，それらは学習の切り札であり，学習のリソースを構築するとの考え方を踏まえたものである（Hornberger, 2007; Martin-Jones & Jones（éds.）, 2000）。したがって，話者の複合リテラシーのレパートリーとは，固定的なものではなく（Blommaert, 2010），可変的で，常に変化するものであり，リソースによって構築され，話者や聞き手の与える価値に沿って作り上げられると共に，脱構築されるのである。

　複言語のレパートリーや複言語能力，複合リテラシーという概念は，これからの言語教育学を考える上で中心的役割を担う。というのも，それらはさまざまな言語間や書記体系，ディスコースの構築が連動していることを強調するからである。新たな言語教育学は，ライティングやそれを取り巻くやりとりの，文字として書き残された特徴やテキスト性に関心を寄せるだけでなく，学校や

大学での実践と，教育現場以外の日常の実践における，言語間の関係や仲介の形式に関心を向ける。これらは，学習者のこれまでの経験や多様な教育制度が複合リテラシーやその価値を構成する上で，とりわけ学習を考察する上で決定的な役割を担っている（Chiss, 2008 を参照）。

　以上から，次の結論が導かれる。複言語状態とは，いまや社会や教育現場での現実であり，大学での教育・学習状況は他の場所と同じように複雑である。そして物理的あるいはバーチャルな次元での留学や移住は，新しい時間の尺度を導入するとともに，空間の類型や境界を再構成するものであり，他者性の経験を複雑にするものである（Murphy-Lejeune, 2002）。したがって，これらの複雑な要因を理解し，管理するためのツールを開発することが必要なのだ。

4. 実験参加者，実験の方法，コーパス

　1. で簡単に触れたように，本章では次のような研究を取り上げる。大学の授業を，社会言語学や民族誌学（Blanchet et Chardenet(éds.), 2011; Gardner & Martin-Jones(éds.), 2012; Heller, 2012）の視点から検討するものである。研究の実験参加者は全て複言語話者の大学生で，教育言語のうちの少なくとも1つは彼らにとっての第二言語である。本研究はライティングに関して，大学での言語使用だけでなく，日常での言語使用や，それに関するディスコースにも焦点を当てる。データはさまざまな方法で収集された。大学生や大学の教師，事務職員に対し，複言語能力のイメージと学業の国際化という問題について包括的インタビュー（Kaufmann, 2004）を行い，大学でのアカデミック・リテラシーの授業と，さらに専門科目の授業について観察が行われた。ここでのアカデミック・リテラシーの授業とは，学生が大学において期待される特殊なライティングをよりよく特定し，習得するためのものである。さらに学生のリテラシー実践をよりよく理解するために，大学での課題や授業で作成したレポートといった学業だけでなく，Eメールやテキストメッセージのやりとり，ブログやフェイスブックといった日常生活での言語活動をも含めた学生の言語履歴の収集も試みた。学生たちが学習の知識とスキルとを発達させる上で行う，ライティングの複合的な用法をよりよく理解するために，以下では，複数の言語やライティング，あるいは記号を含む実践に焦点を当てて考察する。

5. 複合リテラシー——いくつかの事例

　筆者はかつて，学習を行っている実験参加者が複言語能力との関係をどのように構築するのか，またそれを社会的なものとみなすのか，または学習とみなすのかについて分析を試みたことがある（Marshall & Moore, 2013）。その研究では，実験参加者に，自分の保持する言語を日常生活や大学生活，その他の状況でどのように使うかをたずねた。対象となった若者は，自分の言語や複言語能力に対してどのような価値を認めているのだろうか。これについて，とりわけ英語とフランス語を用いる北米の大学での学習計画に関連させて，考察を試みた。その結果，実験参加者の大多数が自分を複言語話者であると感じているものの，多くが自分の言語レパートリーに含まれる言語の，言語市場や大学における価値を認めることにためらいを感じていることが判明した。つまり，複言語能力を，それを得るためのコストやこれによって得られる利益へと矮小化し，複言語能力の生み出すアイデンティティに関する側面を無視したり，またそれを過小評価したりしており，複言語能力が学習の踏み台として有効だとはほとんど評価していないのである。例えば，大多数の学生が，自分の保持する全ての言語を同じようなレベルまで習得していない，あるいは限られたスキルしか身につけていないと感じており，またドイツ語やフランス語のようなヨーロッパ言語を知っているなら，「より良い」あるいは「本物の」複言語話者になれただろう，と感じていた。

　例えば台湾出身のH. は，英語と中国語と日本語を話すと報告したが，自分の言語の１つとして第一番目に来るはずの台湾語を報告しなかった。彼女は大学で心理学とフランス語を勉強しており，そこに日本語を加えたいと望んでいる。大学やソーシャル・ネットワークの中では友達と英語しか使わないのだが，自分の持つ最も上手な言語は中国語だと報告している。彼女は中国語のライティングを，いわゆる「仏教寺院」で開催された講座で学習し，英語は台湾の小学校で少し学習し，日本語は中等教育の４年間で学習したと述懐した。それぞれの言語で書くときにどのような感情を持つかを探ってみてほしいとH. にたずねると，中国語は自分の家族や祖国，集団主義に強く結びついていると語り，それに対して英語は独立や個人主義に結びつくと述べている（インタビューからの抜粋1）。

抜粋 1
研究者1：英語で書くときには，どう感じますか？中国語で書くときは？どんな風に違う？
H.　　：うーん，中国語のときは，例えば…家族とか，国とか，集団主義とか…どう言っていいか分からないけど。
研究者2：今そう言ったんじゃない？集団主義って（笑）
H.　　：英語だともっと独立していて，自分だけに頼っているという感じです。

抜粋2～5は，J., Ch., Y. の3人に対して英語と日本語で行われた別の集団面接である。経済学専攻の学生であるJ.は，自分は広東語と英語と「わずかばかりの」日本語と「広東風の」中国語を話すと答えている。また心理学専攻のCh.は，広東語と英語と中国語を話すと報告し，次に示すように，ここで英語が，中国語よりも先に来る自分の第二の言語であることを強調している。

抜粋 2
Ch.：ええと，私は広東語と英語と中国語を話します。広東語が私の第一言語で，次に来るのが中国語，いや，むしろ英語で，3番目が中国語です。

この3人の友達グループでは，Y.（社会学の学生）だけが日本語風のファースト・ネームを持っていたが，興味深いことに，彼女に対してではなく，彼女の友人のJ.に対して日本語による質問が行われ，Y.は日本語を自分の保持する言語として報告しなかった。

抜粋 3（英語と日本語による面接：ゴシック体は日本語での発話）
研究者：なるほど。じゃあ，**いつ日本語を勉強しましたか？**
J.　　：少しだけ，たぶん1年か2年。
研究者：ああ，そうですか。
J.　　：はい，そうです。
研究者：**Y.さんは，日本人ですか？**

Y.：私は日本語を話しません。

　この3者とも，家族や電話，友達との会話にはもっぱら広東語を使うと報告した。Ch. は大学の授業中は英語しか使わないが，授業が終わると広東語に戻ると話した。Y. はこの報告に少し補足して，授業中も，特に授業の質問に答えるために議論を行うときなどには広東語で話すこと，授業の宿題に関してテキストメッセージを送るときなどは英語を使うと報告した。この面接に来た学生たち全員がインスタント・メッセージやソーシャル・ネットワークを非常によく利用している。そこで使用される言語は，メッセージの受け手や内容によってもちろん変わるが，それだけでなく書き手の気分によっても変わっていた。Ch. は，他の学生と同様，英語で書くのは「誰が読んでも分かるような」メッセージを共有するためであり，これに対して中国語はよりプライベートなやりとりのために使うと語っている。抜粋4に見るように，彼女にとって，広東語で書くことは悲しい気持ちと結びついており，逆に幸せなときには，全ての言語をライティングに用いることができるのである。

抜粋4
　　研究者：ではあなたは…？ある特定の言語で書こうとするとき，そこにはどういう理由がありますか？
　　Ch. ：私は，落ち込んでいるときに，広東語でも書きますね。
　　研究者：なるほど。じゃあ嬉しいときには？
　　Ch. ：嬉しいとき？2つの言語を一緒に使います。

　次の抜粋5を見ると，フランス語フランス文学を専攻し，韓国語と英語とフランス語を話すJ. もまた，日常生活と大学での言語をどのように使い分けているか，その経路がよく分かる。

抜粋5
　　J. ：私のライティングのスタイルは，英語以外では形式を重視します。というのもたぶん，オンラインのせいなんですけど，ネットワークとか，そ

ういうものを使う場合は英語を使います。でもフランス語は，学校できちんとしたフランス語の書き方を習ったので。これは韓国語も同じですが，韓国の学校では，家庭で話すとか，SNSで使うような韓国語ではなく，もっときちんとした言語を習いますから。

　ほとんどの場合，複言語を持つことのメリットとして多くの実験参加者が感じているのは，同じような留学の背景を共有する仲間のグループとコミュニケーションが取れるということである。留学をして新しい環境に適応していくときは困難を感じるものだが，このような仲間とのコミュニケーションによって，何らかの帰属感や安心感を強めることができるのだ。さらに，複言語を持つ学生は，仲間となら複雑な思考についてのコミュニケーションも取りやすいと考えている。留学生は大学で要求される十分な言語能力を持っていないとするスティグマがあるが，（少なくとも仲間とのこの特権的な領域の中では）留学生はそのようなスティグマからも逃れられるのだ（Ilieva & Waterstone, 2013; Marshall, Hayashi, & Yeung, 2012 も参照）。

　話す・書くなどの複言語の実践に加え，書くための道具やノート・テイキングも多様化している。次ページの写真は，SFUの同じ授業の中で撮影されたものであるが，大学でのノート・テイキングの形態や道具，行動の多様性が分かる（p. 105の写真6）。学生は，教育文化や学習文化に応じて，紙やペンを使う（写真1）だけでなく，パソコンを用いたり（写真2），iPadを用いたり（写真3），授業ノートや黒板の写真を撮ったり，本のページをスキャンするために携帯電話を使用している。姿勢や位置や行動様式もまた多様であり，異なる教育文化の間を移動するだけでなく，学習の途中でも言語や書記体系の間を移動している。パソコンやiPadといった情報ツールは，携帯電話のように，画像や音声を同時に挿入することができることから，学生の中には授業全体や一部を録音するためにこのような機能を使い，ノートを見直したり，授業後の復習を自分のペースで補ったり，より正確に理解しようとする学生もいる。ノートやルーズリーフだけを使用する学生も多少いるが，ほとんどの学生は，授業中でもオンラインで情報を得ることのできるパソコンやiPadを利用している。

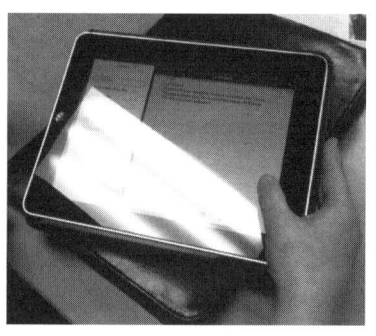

写真1　　　　　　写真2　　　　　　写真3

授業中のノート・テイキング

　大学構内はどこでもインターネットへのアクセスが可能であることから，授業中でも，授業外でも，必要があればすぐに辞書や類語辞典，ウィキペディアで情報を調べたり，オンラインで論文を調べたり，YouTubeでドキュメンタリーの一部を視聴したりすることもできるし，教師が共有プラットフォーム（Canvas）に置いた資料を調べにいったり，時にはメッセージをチェックしたり，友達とコミュニケーションを取ることもある。学生は，共有画面を用いてグループで使えるライティング・ソフトを利用しており，伝統的なパワーポイントやキーノートよりもダイナミックなプレゼンテーションのできるツールをコンピュータやiPad上で用いることもある。中でも，prezi[注3]のようにズーム効果を使って，テキストやオブジェクトや画像や動画の表示や位置や大きさによって遊びのあるものを使う。これらはみな，1つのリンクで簡単にグループ全体や教師と共有することができる。なかには，oodrive[注4]のように多言語プラットフォームを用いてファイルを共有する学生もいる。そこでは，オンラインで共有プラットフォームに接続するときに，選択した言語でファイルを読む

[注3]　prezi（プレジ）はプレゼンテーション作成ソフトで，ページを何枚も作るのではなく，ソフトプレゼン全体を一枚のカンバスとして捉え，その中をカメラが移動していくようなプレゼンができる。好きなタイミングで好きなところをズームアップすることができる。

[注4]　oodrive（オードライブ）は2000年にフランスで開発された企業向けクラウドソフトで，大量のデータを共有することができる。

ことができる（例えば oodrive のプラットフォームは英語，フランス語，簡体中国語，日本語を含む 11 言語から選択ができる）。

　このように，大学生が複合リテラシーを実践するときの特徴には，ネットワーキング（Canagarajah(ed.), 2013）が挙げられる。次ページの抜粋 6 を見ると，中国からの短期交換留学生で，博士論文をフランス語で執筆しているヤンが，携帯電話でフランス語や英語を書くときに，なぜ中国語表記（sinogramme）を好むのかが分かる。ヤンは，右の親指で携帯電話のタッチスクリーン上に手書きで中国語表記を書き，画面の右側にあるリストから画像の形態（キー）と，手書きでスケッチした画数と書き順（左から右へ，上から下へ）に一致する漢字を選択している（写真 4）。漢字の総数（中国語，日本語，韓国語で数千）はラテン文字の総数（音声区分を入れなければ 26）とは比べるべくもないが，フランス語のライティングのときでも，ヤンは中国語を経由することによって，直接ラテン文字入力やピンイン入力をする場合よりも，早く入力することができる。つまり音韻体系を利用して，漢字でラテン文字を書き出すことができるのである（写真 5）。一語あたりにタイプする必要のある文字数が多ければ多いほど，携帯電話の小さなタッチ画面では打ち間違いが多くなってしまう。そこでヤンは，携帯電話の漢字のグラフィック認識を使うことによって，フランス語のメッセージをより早く打ち込んでいるのだ[注5]。

| 写真 4 | 写真 5 |

携帯電話のキーボードでの複言語・複合書記の実例

[注5] 写真では中国語を入力しているように見えるが，ここでは，フランス語や英語を入力するために，直接アルファベットで入力するのでなくて，まず同じ音の漢字を入力して，その音をアルファベットで表示して，入力しているわけである。

抜粋6

> ヤン：僕は漢字で単語を書いて，それに対応するものを（右側に出てくる，類似した中国語入力のリストの中から）選択するんです。手書きに似た，他の選択肢も出てくるんですが，その，まったく同じじゃないので，ほら，一番上に出たのが僕が書いたやつで，だから一番上のが正しいと選択するんです。(中略) 他の3つはよく似てますが，別の意味なので，全然違う単語だし，意味も音も違うんで（中略）時々，携帯が手書きを認識してくれないことがあるんです。それは手書きだからで（携帯電話のタッチパネルの上で右の親指を使って入力しているために），機械に入力するわけじゃないからです。
> 　この2つの単語を違うやり方で入力してみますね（アルファベットのキーボードを出す）。ほらここにピンインが出てきたので，最初の単語は ling と発音するので L, I, N, G と打って，あ，すいません（タイプミスをする），だからほら，僕が手書きシステムの方が好きというのが分かりますよね。ピンインのシステムで LING と入れようとすると，あまり慣れてないから LIMG と打っちゃったんです。というのも N と M がすごく近いところにあるからなんですが（キーボードで N と M が隣り合っているところを見せる）。だから中国語入力の方が好きですね。LING（再びタイプする）と，ほら，ここでこの LING の音からくる選択肢が出るでしょう。でも声調が違っているので，どれも違う単語なんです。同じ1つの声調でも，違う中国語入力があるんですよ。

この例から分かるように，言語と書記体系は関連づけられているだけでなく，リテラシーに対する考え方と，ライティングに使われるプロセスは体系として連続しているのである。これこそが，複数言語による複合的な書記方法であり，複言語と複合リテラシーを結びつけるものである。

次ページの写真（写真6）は，iPad を使った授業ノートの1ページを示したもので，学生は，ここでさまざまな記号や文字，ライティングに関連したさまざまなリソースを用いて情報を関連づけ，情報を取り扱っている。同じ画面ページ（ここには学校のノートのようにグリッド線が入っており，コンピュータ

画面と紙との興味深い混合が見られる）にはカギとなる概念が列挙され，タイプされた後，下線や，iPadのカラーリングツールを用いて手書きによる黄や赤や緑のハイライトで目立つように加工がほどこされている。これによりブックマークをつけたり，強調したり，注釈をつけた部分に早く戻すことができる。さらに，さまざまな色や矢印記号を用いた手書きの注釈システムも見られる。

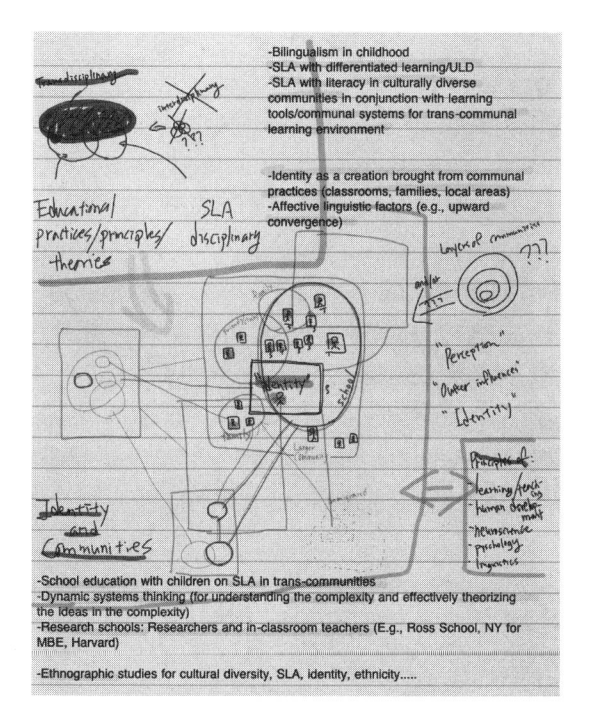

写真6　日本人留学生コウイチのiPad上の授業ノート

これらの例を見ると，学術言語とソーシャル・ネットワーク上のテキストを作りだす間には複雑な流れがあり，これはまた同じ教室の空間で，さまざまな目的や話し手に応じて，同時に産み出されることが分かる。また，さまざまな言語やビジュアル媒体（ラテン文字や中国語表記，顔文字，書体の縮約，タイプしたテキスト，手書きテキスト，上線や下線，色の使用，丸や矢印といったものを含む）が使用されており，教室で行われるライティングの中に複雑な流れがあ

ることを示している。大学や日常生活での実践は非常に複雑なもので，学生はそこにさまざまな言語やライティングを混ぜ合わせ，象徴的なデザインを織り込み，自分たちの感情を投入し，書いたものをより情感豊かに，また魅力的に見せようとする。さらにスクリーンショットを取り入れたり，研究集会などの動画の抜粋，さらにドキュメント（最も多いのは英語によるもの）を入れこみ，別の言語を使って，場合によっては別の書記形式にしたがって，注釈やコメントを加えることもある（Ehlert & Moore, 2014）。ここでは，学習のためにマルチモードの複合リテラシーが使われている。そして，大学の言語（英語またはフランス語）が，相互に学ばれており（コメントの中には例えばつづりや語彙の間違いを"wrong word"として指摘するものもある），これと同時に専門科目の内容が学ばれているのである。

　実際，学生は教室でのライティングの実践にあたり，特に電子辞書を多用し，板書をノートするときには中国語の注釈を加えることなどを通じて，自分の言語レパートリー全体を活性化させている。これはライティングの課題を共同で作業する場合の会話にも見られる。学生は，翻訳や，単語や表現についての「正確な」意味を探したり，考えを共有することもあれば，テキスト産出にあたって論述の構造やタイプを調整したり，全体構成や論理構成，パラグラフ構成について議論したり，句読点の打ち方を議論し，さまざまな学習文化の間での論証の方法を比較することもある。そこでの議論は，さまざまな種類の学術論文や学生による研究成果（博士論文，書評，専門の学術論文，研究ノート，修士論文）に関する理解や解釈についてのこともあれば，ディスコースやテキスト，語彙や形態統語論[注6]の領域に関するものもあり，また教師の指導法や期待，教室で用いる教材の使い方に関するものまで多々ある。学生はまた，英語で書かれた内容を理解し，ライティングの課題の準備をするために，学術書を中国語で読むこともある。さらに，よりよくアイディアを共有し，あるいは学習目的を明確にするために，ソーシャル・ネットワークを使って英語による研究集会の動画や資料を共有している。このように，複言語・複合リテラシーの実践はそれぞれ結びついており，コミュニケーションや学習のために，移動

[注6] 単語の構造と，単語同士のつながりに関すること。

可能で複合的なリソースが使われているのである。

　次に Marshall & Moore（2013, pp. 490-492）からの例を紹介する。これは，学生が授業の中で，複言語の世界へと「窓」が開かれている様子を示している。このフィールドノート（次ページの写真7）は，アカデミック・リテラシーのクラスで4つのテーブルについた4つの学習者グループ間のやりとりを示している。学生たち（I. と Y.）は英語によるアカデミック・ライティングの練習から始めて，語彙や文法形態，意味について，中国語と英語を交替させながら話し合っている（抜粋7）。イタリック体で示した部分は，学生が教科書（Marshall, 2012の本）を読んでいる部分であり，翻訳はカッコ内に示している。この例では，学生は，OHPフィルムを用いてクラスの前で発表するテキストを協働で作成している。ノートを見ると，3人の中国人学生から構成されたグループ1（写真7の左上）は，中国語と韓国語を交互に使い，中国語と韓国語，英語を組み合わせてメモを取っている。別の中国人学生3人からなるグループ2（写真7の左下）は，中国語と英語を使い，韓国語と中国語と英語を組み合わせてメモを取っている。右側のグループ3とグループ4は，逆に，課題を完成させるため英語のみを用いている。グループ3とグループ4の韓国人学生はここでは韓国語を使っていないが，授業の録音と観察記録を見ると，他の作業グループでは韓国語を用いている。こうしたことから，学生たちは，この英語によるアカデミック・リテラシーの授業の中で，非常に多言語的な共同体に帰属していることが示される。

抜粋7（ゴシック体が翻訳）

I. : 说那个（つまり）repeating writing 完了之后，然后把那句子改变就行了，对不对？（**繰り返しライティングをした後は，文だけが変わればよいってことね？**）*The fact is academic writing is.. so.. for university students, Academic Writing is not always easy.*

I. : 第二个是那个。simple words 吧？（**2番目のは，単純な単語，だね？**）

Y. : Humm, 对。呵，不是。是 *simple sentence structure*（**うん，そう。あ，違う違う，そうじゃなくて，単純な文構造ってこと**）。

I. : 这个吗？噢 ...*a simple structure*, 这个不是重复性地写得特别多，是那种意

思嘛。就是这句话。这个里头，是 simple words 嘛。还是 ... ?（これのこと言ってる？ああ，単純な構造。これってそういう意味なのかな。これまでに何度も言ってない，これ？見て，この文では，単純な単語って書いてある。それとも…）

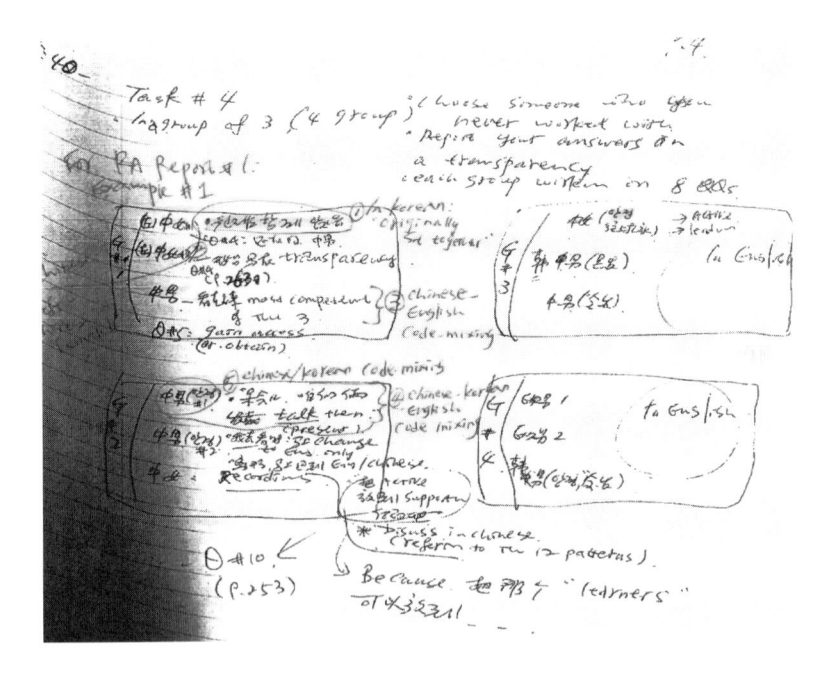

写真7　英語でのアカデミック・リテラシー授業観察のフィールドノート

　実際の言語使用はグループの構成によっても異なるとはいえ，それは実験参加者のアカデミックな英語能力だけでなく，学習言語の価値や規範をどのように受け取っているかによっても異なる。グループの中で少し年長のある女子学生は，授業中に自分の言語レパートリーの1つでもある中国語を使うことは間違っていると考え，それに反対していた。彼女によれば，学生は英語を練習し，大学の言語である英語のライティング能力を発達させるために大学に来ているのである。この学生は，その後の面接のときに，次のように語った。大学の授業では英語のみを話すべきであり，言語は厳密に区別して，目標言語を学

習するために自分がこれまでに保持している言語レパートリーに頼らないことが重要であること，1つの言語でのイマージョン状態こそが最良の言語学習法であり，ある言語をよく「マスター」するにはネイティブ並みに能力を発達させなくてはならないこと。これらは，第二言語学習における単一言語主義の理念と原則に関する議論（Cummins, 2007）を想起させる。しかしながら，こうした理解は，教室に認められる現実の実践をほとんど反映するものではない。というのも，現実に行われているのは，複言語状態にあり，複合リテラシーが使用され，複数の記号が用いられ，さらに複合的な様式（マルチモード）での実践だからである。次の例はそれをよく示している。

　メイランは韓国系中国人で，中国語，韓国語，日本語，英語を話すことができる。彼女は授業観察のノート・テイキングにおいても（写真8），付箋紙のようなデジタル・ラベル（コメントしたい部分についているラベルをクリックすると画面の一番前に出てくる注釈機能）を使って，複数の言語を使用している。そして，これからこのページを見るかもしれない未来の読者に向けて，文脈に即した注になるようなマルチモードのライティングを行っている。

写真8　授業観察におけるメイランのノートの抜粋

このような事例を見ると，英語によるアカデミック・リテラシーの授業にお

いても，中国語と韓国語が交互に使用されていることが分かる。このフィールドノートは，複言語状態にあり言語交替が記録されていることから，これ自体が分析の対象となりうる。授業中の言語交替についての研究は新しいものではないが，多言語状態にある成人向けの授業における複言語・複合リテラシーの使用についての研究や，マルチモードでのリソース構成についての研究はほとんど存在しない。このような研究を行うためには，研究者が関連する言語の能力を持つだけでなく，コミュニケーションの新しいテクノロジーについても精通しており，また分析や解釈を行う上で，複雑で複記号的なやりとりを記録する技術を開発しなければならない。とりわけ研究者チームが同じ言語レパートリーを共有していない場合には，このような課題が発生する。このような分析は，リソースがますます自由に移動できるようになり，言語境界や言語規範が絶えず問い直されるときに，学習者や教師がどのようにリソースを取り扱うかを理解するために重要である。本章で取り上げた学習プロジェクトに関連して，教室でのマルチモードによる相互作用（インタラクション）の研究を見ると，いくつかの注目すべき課題がある。以下では，ごく簡単にそれらに言及したい。

　教室での複言語の実践は，当然のことながら，教師自身が持つ複言語主義や言語規範についての考え方や，学術言語の使用者であり，学術的価値を保証する者としての役割意識に関わっている。また，異なる学術的な言語や文化を持つ学生の知識に基づいて，あえて別の言語で説明し，比較するために教師自身がたどる経路について持っているイメージに大きく関わっている（Lee & Marshall, 2012）。さらに，教師自身の新しいテクノロジーの使用や，学習者に奨励する新しいテクノロジーについての理解にも，たいへん深く結びついている。言語規範へのこだわりが非常に強い教師の場合，その教師の授業を観察すると，学生の複言語使用は周辺的で，また個人的なものにとどまっていることが分かる。すなわち，学生は出身言語を使って，パーティーの約束をしたり，授業についての何かコメントをして笑ったり，出身国についてのニュースをオンラインで読んだり，インターネットや携帯電話で個人的なメッセージをやりとりしているが，学生の言語レパートリーに含まれる言語は学習のためにはほとんど使われることがなく，複合リテラシーを実践するとき，学生は授業や教

師の求めていることを行っていないのである。教師が，実験参加者に自分の言語やこれまでに得た知識を再活用するよう積極的に励まし，学生が言語とその用法を関連づけるよう励まし，また学生のこれまでの経験の長所を引き出し，これまでのさまざまな学習を相互に結びつけるよう奨励する，言い換えればリソースと能力の全体的なアプローチを薦める場合には，複言語・複合リテラシー実践はより本来的な意味での学習を目的とすることができる。学習の本質はより豊かに，多様に，創造的に，また複雑になり，このような実践を目指すと，学習者は，学習の課題をやめたり，避けたりするのではなく，協働学習を行おうとする。つまり，ここには2つのやり方がある。第一のケースは，ある言語を公用語に定め，それ以外の言語を非公式で私的な使用に定めるものである。第二のケースは，学習者の日常の言語使用をより詳細に考察するため，この分類を問い直すものである。日常の言語活動とは授業中だけでなく，休み時間や授業外の言語活動をも含むもので，現実的なものであれ，バーチャルなものであれ，さまざまな時空間に関わっているのだ。実際，この時空間は，学習者の「越境するアイデンティティ」(Hornberger, 2007) を活性化するものである。

6. 複言語能力を価値づけ，複合リテラシー能力を発達させるために――大学の責任とは何か

　現在，我々が直面している複合リテラシーやコミュニケーション，またライティングのさまざまな方法は，新しいテクノロジーのツールによって生まれた新しい形態である。これらを使用することにより，大学における読み方や書き方，そして学びにはどのような影響があるのだろうか。そして大学のカリキュラムや教育活動の中で，こうした複合的リテラシーなどが学習のチャンスを排除するのではなく，むしろ学習を支えるようにするためには，それらをどのように位置づければよいのだろうか。

　大学生は今日ますます多様化している。しかし，多くの教師はいまだに，多様な出自の学生や留学生にいっそう開かれた教師という立場を採ると，社会的モデルとしての教師の役割に失敗するのではないかと怖れているようだ。

多元的アプローチ注7 に基づくさまざまな実践が積み重ねられてきてはいるが（Candelier *et al.*, 2012），大学においてはいまだ周辺的な位置にとどまっている（Marquilló Larruy, 2012; Bemporad, 2013; Mathis, 2013 を参照）。それでも，大学では，国境を越えてきた学習者が増加し，グローバル化や複言語状態から生じる課題が発生していること，そして新たなコミュニケーションやデジタル・ツールが発展していることを踏まえると，リテラシーの形態や学習に関連する用語そのものを見直さなければならないだろう（Develotte, 2010）。ここでは，学習におけるさまざまな記号が複層化してきているために，経験や知識が常に再生産され，再構築されているのである（Rabatel（dir.）, 2010）。

　大学とは，さまざまな領域の知を保存し，発展をもたらす組織であり，「リソースの産出と普及の場」を構築している（Heller, 2012, p. 27）。このような意味で，大学は倫理的責任を担うため，Ilieva & Waterstone（2013）が告発するような意味での大学中心主義を避けなくてはならない（Beacco（dir.）, 2013）。留学生は多様な経験や複言語能力を持ち，また複合的で状況に最適化した能力を持つ参与者なのだが，このような意味での留学生の能力を活用しない場合，大学中心主義に陥ることになる。本章の研究の実験参加者は留学の経験者で，非常に能力が高く，また新しいテクノロジーの使用者であるが，自分自身を複言語話者であるとはあまり認識していなかった。というのも，自分たちの複言語能力が統合的であり，混成的で，不均質で，不均衡な性質を持つことから，それが正当なもので価値があり，まったく合法的なものであると認識していないのである。この能力は仲介活動に結びつくもので，複言語習得能力（Castellotti et Moore, 2011; Castellotti, 2013）や留学資本（Murphy-Lejeune, 2002）を支え，またそれらを形成するものである。このようなリソースや評価能力は，学生によっても，また教師によっても，教室で明確に分かるような形ではほとんど使用されていない。教師の所持している職業文化は，複言語能力を学習の資源として活用することがない。むしろ単一言語主義とリメディアル教育注8 というイデ

注7　多元的アプローチ（approches plurielles）とは，学習者の複言語能力を価値づけ，発達させるための言語教育法で，複数の言語を同時に用いるという特徴がある。言語への目覚め活動や，同族言語間の相互理解教育，統合的教授法，異文化間アプローチが含まれる。

注8　リメディアル教育とは，大学教育を受けるための基礎学力が十分でない学習者のために行われ

オロギーに深く基づいているのだ（Cicurel, 2013）。そして，教師の持つこのような教育文化が，これまでに行われてきた教育経験や教育活動の原動力となっているのである（Marshall, 2010）。しかしながら，大学教員や事務員とは「留学の共同行為者」であり，Gohard-Randekovic et Murphy-Lejeune（2008, p. 129）によれば，次のような役割を担っているのである。

> 留学の行為者には，留学の場におかれた個人やグループに関わる人々も含まれる。例えば，教育や職業教育，受け入れや事務，国際交流といった言語に関わる仕事に就く者（教師や通訳，養成者など），その他の職務を通じて介入する者（アシスタント，通訳者，仲介者，カウンセラーなど）が含まれる。

　このように，言語教育学をめぐる考察は，2つの角度から行う必要がある。1つは，行為者自身および，その言語を使用し習得する文脈から出発して，大学での複言語能力に基づき，同時に，その能力を発達させることのできるようなカリキュラムを作成することである。この方法でこそ，複言語・複文化能力を，その人に固有の全体的な能力であり，ダイナミックで，移動が可能であるとともに常に変容する能力として捉えることができるのだ。この複言語・複文化能力こそが言語教育学を改革へと導く概念であり（Alao, Derivry-Plard, Suzuki, et Yun-Roger（dirs.）, 2012; Castellotti et Moore, 2008; Coste, 2010），またアカデミック・ライティングや教室での相互行為（インタラクション）を多元的に捉えることを可能にする。もう1つの角度とは，複言語話者である学習者を，その言語の運用能力から理解するのではなく，学習者の経験から理解することである（Godard, Havard, et Rollinat-Levasseur（dirs.）, 2011）。本章を閉じるにあたり，筆者が数年前に別稿にて論じた考察をもう一度確認することによって，結びのことばとしたい。

　（複言語・複文化能力に関わる）このような考察は，言語習得について抜本

る補修教育を指す。

的に新しい概念を生み出す。それは，固定的で均質で，唯一かつ完璧な成果を目指すのではない。むしろ非固定的で，近似的で，部分的かつ非均質的な方法で作り上げられる，その場にふさわしいプロセスへと関心を向けさせるもので，既存の経験やそこから生まれた二次的経験を内省し，意味づけるのである。 (Castellotti et Moore, 2011, p. 249)

参考文献

Alao, G., Derivry-Plard, M., Suzuki, E., et Yun-Roger, S. (dirs.) (2012). *Didactique plurilingue et pluriculturelle : L'acteur en contexte mondialisé*. Paris : Éditions des Archives contemporaines.

Beacco, J. C. (dir.) (2013). *Éthique et politique en didactique des langues : Autour de la notion de responsabilité*. Paris : Didier.

Bemporad, C. (2013). *Lectures littéraires d'étudiant.e.s plurilingues et appropriations langagières*. (Thèse de Doctorat ès Lettres) Université de Lausanne, Suisse.

Bemporad, C. et Moore, D. (2013). Identités plurilingues, pratiques (pluri) littératiées et apprentissages. *Bulletin Suisse de Linguistique Appliquée, Numéro Spécial 2-13,* 29-45.

Blanchet, Ph. et Chardenet, P. (éds.) (2011). *Guide pour la recherche en didactique des langues et cultures : Approches contextualisées*. Paris : Éditions des archives contemporaines.

Blommaert, J. (2010). *The sociolinguistics of globalisation*. Cambridge : Cambridge University Press.

Bouchard, R. et Kadi, L. (éds.) (2012). *Didactique de l'écrit et nouvelles pratiques d'écriture, Recherches et applications, le Français dans le Monde, 51* (numéro entier).

British Columbia's International Education Strategy (2012). BC Government Document. <http://www.aved.gov.bc.ca/internationaleducation/forms/InternationalEducationStrategy_WEB.PDF>

Canagarajah, S. (ed.) (2013). *Literacy as translingual practice : Between communities and classrooms*. New York et Oxon : Routledge.

Candelier, M., Camilleri-Grima, A., Castellotti, V., de Pietro, J.-F., Lörincz, I., Meissner, F.-J., Noguerol, A. et Shröder-Sura, A. [avec M. Molinié] (2012). CARAP/FREPA. *Un Cadre de Référence pour les Approches Plurielles, Compétences et ressources*. Graz : Council of Europe Publishing/Centre européen pour l'enseignement des langues. <http://carap.ecml.at/CARAP/tabid/2332/language/fr-FR/Default.aspx>

Castellotti, V. (2012). Recherches qualitatives : Regards croisés et réflexion épistémologique. In Goï, C. (dir.). *Diversité, pluralité, hétérogénéité : Quelles recherches qualitatives en sciences humaines* (pp. 29-44). Paris : L'Harmattan.

Castellotti, V. (2013). L'articulation recherche-intervention en didactique des langues : Comment (ne pas) en sortir? In Beacco, J. C. (dir.) *Op. Cité*, 74-98.

Castellotti, V. et Moore, D. (2008). Contextualisation et universalisme : Quelle didactique des langues pour le 21è siècle? In P. Blanchet, D. Moore et S. Assalah Rahal (éds). *Perpectives pour une didactique des langues contextualisée* (pp. 183-203). Paris : Éditions des Archives Contemporaines et AUF.

Castellotti, V. et Moore, D. (2011). La compétence plurilingue et pluriculturelle : Genèses et évolutions. In Blanchet, Ph. et P. Chardenet (eds.). *Op. Cité*, 241-252.

Chiss J.-L. (2008). Littératie et didactique de la culture écrite. *Pratiques, 137/138*, 165-178.

Cicurel, F. (2013). Culture professorale et singularité : Une lecture de Bergson pour aborder la fabrique de l'action d'enseignement. In Beacco, J. C. (dir.). *Op. Cité*, 165-185.

Coste, D. (2001). De plus d'une langue à d'autres encore : Penser les compétences plurilingues ? In V. Castellotti (éd.). *D'une langue à d'autres : Pratiques et représentations* (pp. 191-202). Rouen : PUR.

Coste, D. (2010). Diversité des plurilinguismes et formes de l'éducation plurilingue et interculturelle. *Cahiers de l'Acedle, 7*, 141-165. <acedle.org/spip.php? rubrique40>

Coste, D., De Pietro, J.-f., et Moore, D. (2012). Hymes et le palimpseste de la compétence de communication : Tours, détours et retours en didactique des langues. *Langage et Société, 139*, 103-123.

Coste, D., Moore, D., et Zarate, G. (1997 et 2009). *La compétence plurilingue et pluriculturelle : Étude de référence, Division des Politiques linguistique*. Strasbourg : Conseil de l'Europe.

Cummins, J. (2007). Rethinking monolingual instructional strategies in multilingual classrooms. *Canadian Journal of Applied Linguistics, 10*(2), 221-240.

Develotte, Ch. (2010). Réflexions sur les changements induits par le numérique dans l'enseignement et l'apprentissage des langues. *Études de Linguistique Appliquée, 160*, 445-464.

Ehlert, M. & Moore, D. (2014). Navigating and reconfiguring the "multi" in languages and identities : Six ChaoXianZu [ethnic Korean Chinese] Teenagers in Beijing. *International Journal of Education for Diversities (IJE4D), 3*, 149-183.

Gardner, S. & Martin-Jones, M. (eds.) (2012). *Multilingualism, discourse and ethnography*. New York: Routledge.

Godard, A., Havard, A.-M., et Rollinat-Levasseur, E.-M. (dirs.) (2011). *L'expérience de lecture et ses médiations : Réflexions pour une didactique*. Paris : Riveneuve, coll. Actes académiques.

Gohard-Radenkovic, A. et Murphy-Lejeune, E. (2008). Introduction : Mobilités et parcours. In G. Zarate, D. Lévy et Cl. Kramsch (éds.). *Op. Cité*, 127-134.

Heller, M. (2012). Rethinking sociolinguistic ethnography: From community and identity to process and practice. In S. Gardner & M. Martin-Jones (éds.). *Op. Cité*, 24-33.

Hornberger, N. (2007). Biliteracy, transnationalism, multimodality, and identity: Trajectories across time and space. *Linguistics and Education, 8*(3-4), 325-334.

Ilieva, R. & Waterstone, B. (2013). Curriculum discourses within a TESOL program for international students: Affording possibilities for academic and professional identities. *Transnational Curriculum Inquiry, 10*(1), 16-37.

Lee, E. & Marshall, S. (2012). Multilingualism and English language usage in 'weird' and 'funny' times: A case study of transnational youth in Vancouver. *International Journal of Multilingualism, 9*(1), 65-82.

Kaufmann, J.-C. (2004). *L'entretien compréhensif.* Paris : Armand colin.

Kress, G. (2003). *Literacy in the new media age.* London and New York: Routledge.

Murphy-Lejeune, E. (2002). *Student mobility and narrative in Europe: The new strangers.* London and New York: Routledge.

Martin-Jones, M. & Jones, K. (éds.) (2000). *Multilingual literacies: Reading and writing different worlds.* Amsterdam: John Benjamins.

Marshall, S. (2010). Re-becoming ESL: Multilingual university students and a deficit identity. *Language and Identity, 24*(1), 41–56.

Marshall, S. (2012). *Academic writing: Making the transition.* Toronto: Pearson Education Canada.

Marshall, S., Hayashi, H., & Yeung, P. (2012). Negotiating the "multi" in multilingualism and multiliteracies: Undergraduate students in Vancouver, Canada. *Canadian Modern Language Review, 68,* 28–53.

Marshall, S. et Laghzaoui, G. (2012). Langues, identités et francophonie chez des étudiants universitaires issus de l'immersion française à Vancouver, Canada. *Recherches et Applications/Français dans le Monde, 51,* 76–90.

Marshall, S. et Moore, D. (2013). 2B or not 2B plurilingual? Navigating languages, literacies, and plurilingual competence in post-secondary education in Canada. *Tesol Quaterly, 47*(3), 472–499.

Marquilló Larruy, M. (2012). Littératie et multimodalité ici & là-bas... En réponse à Diane Dagenais. *Recherches en didactique des langues et des cultures : Les Cahiers de l'Acedle, 9*(2), Notions en Questions (NeQ) en didactique des langues : Les littératies, 47–84. <http://acedle.org/spip.php?rubrique 217>

Mathis, N. (2013). *Identités plurilingues et création textuelle en français langue étrangère : Une approche sociolinguistique d'ateliers d'écriture plurielle.* Thèse de Doctorat en cotutelle, Université Simon Fraser (Canada) et Université d'Avignon et des Pays du Vauclu se (France).

Moore, D. (2006). *Plurilinguismes et école.* Paris : Didier.

Moore, D. (2011). Plurilinguismes, territoires, trajectoires : Des compétences aux identités plurilingues. *Cahiers de l'ILOB, 2,* 19–34. <http://www.ccerbal.uottawa.ca/files/pdf/CAHIERS_Vol2_moore.pdf>

Moore, D. & Gajo, L. (éds) (2009). French voices on plurilingualism and pluriculturalism. Theory, significance and perspectives. *International Journal of Multilingualism, 6/2.* (numéro entier). <http://www.tandfonline.com/toc/rmjm20/6/2#.UwejTihSR2M>

Moore, D. et Molinié, M. (éds.) (2012). *Notions en Questions (NeQ) en didactique des langues : Les littératies. Recherches en didactique des langues et des cultures : Les Cahiers de l'Acedle, 9*(2) (numéro entier). <http://acedle.org/spip.php?rubrique217>

Murphy-Lejeune, E. (2002). *Student mobility and narrative in Europe : The new strangers.* London and New York : Routledge.

Parpette, C. et Magiante, J.-M. (éds.) (2010). *Faire des études supérieures en langue française : Recherches et applications, le Français dans le monde, 47* (numéro entier).

Rabatel, A. (dir.) (2010). *Les reformulations pluri-sémiotiques en contexte de formation*. Besançon : Presses de l'Université de Franche-Comté.

SFU International (2013). *International engagement strategy 2013-216*. Simon Fraser University: SFU International-External Relations. <http://www.sfu.ca/content/dam/sfu/international/documents/Int%20Engagement%20Strategy.pdf>

Vigner, G. (2012). Écrire en FLE : Quel enseignement pour quel apprentissage? *Recherches et applications, le Français dans le Monde, 51,* 16-33.

Zarate, G., Lévy, D., et Kramsch, C. (éds.) (2008). *Précis du plurilinguisme et du pluriculturalisme*. Paris : Éditions des archives contemporaines.

第 6 章

間を見つける力
―― 外国語教育と異文化間能力

姫田 麻利子

1. はじめに

　外国語教育は，言語文化間をつなぐ人の育成をねらうはずが，むしろ境界の強調を担い，間への気づきを個人の学びに任せてこなかったか。外国語教員がそこに関わるとして，何ができるか。

　本章では，まず 2001 年版 CEFR と，1996 年版 CEFR 改訂のための研究をふりかえり，複言語主義に基づく異文化間能力の態度・意識側面（savoir-être）と行動側面（savoir-faire）の定義を整理する。次に，日本のフランス語教員と学生に対する予備調査から，態度・意識側面（savoir-être）をあつかう方法論発展の必要性を確認する。そして，この問題意識のもと開発した学習日記の実験結果を報告し，態度・意識側面（savoir-être）の下位能力を探る。

2. 外国語教育と異文化間能力
2.1　CEFR における定義

　CEFR は，言語の学習と使用が異文化間能力に結びつくことにたびたび言及する。たとえば，次のようにある。

> 学習者は複言語使用者（plurilingue / plurilingual）となり，異文化間性（interculturalité / interculturality）を伸ばす。ある言語に関する言語・文化能力が別の言語の知識を通して更新され，それが異文化間の気づき，技能，スキルに役立つ。そうした能力によって，人はより豊かな，より複合的な個性を伸ばし，さらに別の言語を学ぶ力と，新しい文化体験に進む力を高める。
> 　　　　　　　　　　　　　　　　　　　　　　　　（4 章冒頭：拙訳）

しかし一方で CEFR は，異文化間に関わる能力の定義をほとんど保留している。言語使用に関わる能力は，一般的能力とコミュニケーション言語能力に分類されていて，異文化間に関わるものはいずれも一般的能力の方に見つかる。

  1. 一般的能力
    1.1 知識（savoir/declarative knowledge）
      1.1.1 世界に関する知識／ 1.1.2 社会文化的知識／ 1.1.3 <u>異文化間の気づき</u>
    1.2 技能とノウ・ハウ（savoir-faire/skills and know-how）
      1.2.1 実際的な技能とノウ・ハウ／ <u>1.2.2 異文化間技能とノウ・ハウ</u>
    1.3 態度・意識（savoir-être/ 'existential' competence）
    1.4 学習能力（savoir-apprendre/ability to learn）
      1.4.1 言語とコミュニケーションに関する意識／ 1.4.2 一般的な音声意識と技能／ 1.4.3 勉強技能／ 1.4.4 発見技能
  2. コミュニケーション言語能力
（以下，略）　　　　　　　　　　　　　　　（5 章目次；拙訳；下線筆者）

「異文化間の気づき」と「異文化間技能とノウ・ハウ」の他に，「1.3 態度・意識（savoir-être）」の中にも「異文化間的性格」という語は現れる。しかしそのうち，できることの例示的能力記述文があるのは「異文化間技能とノウ・ハウ」だけで，それも，CEFR の他の記述に比べると具体性に欠ける。

・自分の出身文化と外国の文化とをお互いに関係づけることができる力
・文化に対する高い感受性と，他文化の出身の人と接する時に使えるさまざまな方略を知っていること，また，実際に使える力
・自分自身の文化と外国文化との仲介役を務めることができること，また文化間の誤解や対立に対して効果的に調整できる力
・ステレオタイプに基づいた人間関係を乗り越えることができる力

(5.1.2.2)

120　第 2 部　言語教育から異文化間へ

　Zarate（2003）が，2001 年版 CEFR の中でとくに違和感を表明しているのがこの記述である（pp. 103-104）。二つ以上の文化を関係づける力とステレオタイプな関係を乗り越える力が，「異文化間の気づき」でなく，対立調整行動できる力と並列に「異文化間技能とノウ・ハウ（savoir-faire）」に分類されたことへの違和感である。さらに，「気づき」が「知識」項目に分類されていること，「気づき」では，出身文化と目標文化の対比が前提とされていて，その「間」への視野がないことが批判されている。Zarate は「気づき」は「態度・意識（savoir-être）」であると主張する。CEFR では「知識」項目とされた「異文化間の気づき」の記述は以下だった。

> 出身世界と目標共同体世界の関係性（類似や目立った相違）に関する知識，意識，理解から，異文化間の気づきが始まる。異文化間の気づきには，両世界内の地域的社会的多様性が含まれることも強調しておく。
> （中略）（本書の利用者は，必要に応じ次の点を考え，明示してください）
> （中略）適切な異文化間能力を発達させるために，学習者は，出身文化と目標文化の関係について，どのような意識を持っていなければならないか。　　　　　　　　　　　　　　　　　　　　　　　　　　(5.1.1.3)

　また CEFR の「態度・意識（savoir-être）」の中で，「態度（attitudes/attitudes）」は次のように記述されている。

- 新しい経験，他者，異なる考え，異なる民族，異なる文明に対する開かれた態度と関心
- 自分の視点や文化的価値観を相対化する意志
- 異なる文化に対する伝統的な態度に距離をおく意志と力　　　(5.1.3-1)

　この記述はたしかに，ステレオタイプから距離をとることと言い換えられるし，「異文化間技能とノウ・ハウ」記述との差異が明確でない。この記述の後で，態度（attitudes/attitudes）や意識（conscience/awareness）により「異文化間的性格（personnalité interculturelle/intercultural personality）」が形成されると言われ

るが，savoir-être interculturel という項目は設けられなかった。

　1996 年版 CEFR 刊行後，その改訂を目指し欧州評議会委託研究がいくつか発表された。Byram et Zarate（1997）はその一つである。外国語教育が担う異文化間教育の目標を，「社会文化能力」として定義している。そのうち «savoir-être» の分類に，「異なる人々，社会，文化に対する開かれた態度と関心」「自分の視点や文化的価値観を相対化する力」「出身文化と外国の文化の関係を記述するのに適した方法を知っていること」「文化的差異に対するありふれた関係，観光客的関係や学校の教科書に描かれた関係に距離をおく力」「所属文化と学習外国文化の間で，対立的な状況においても仲介役にとどまる力」をあげていた（p. 14）。«savoir-faire» は，状況に応じて savoirs, savoir-être, savoir-apprendre を統合できる力とされた（p. 20）。この分類提案は，上で見た通り，2001 年版 CEFR にそのままは採用されなかった。異文化間能力における「知識」「態度・意識」「行動」の分類，とくに「態度・意識」の定義について揺れている。

2.2　複言語・複文化能力

　外国語教育と異文化間教育は親和性が高いように見える。しかし，異文化間の視野は，外国語教育が長い間自明としてきた母語話者基準を問い直すものだ。

　1970 年代，コミュニケーション能力の概念が，言語の学習と，非言語や社会的手続きなど文化の学習を等価にした。そこでは未だ，母語話者（として一般化される人々）の言語能力，価値・信条を模範とする前提は疑われなかった。文法体系のような文化の体系化が模索されていた。やがて移民の子どもを受け入れる学校に異文化間教育の問題意識が導入され，80 年代後半，それが外国語教育にも及ぶ。学習者は母語話者と対等になった。すでに社会行為者である学習者は，固有のアイデンティティとそれに即したコミュニケーション戦略を持っているから，母語話者の模倣をもはや一方的に強制されなくていい。その目標社会イメージには，出身社会の帰属感や自己差異化が反映している。出身文化との関係において目標文化を観察する視線が，母語話者の文化定義に劣るものではない。母語話者が新しい経験をきっかけに所属社会の主観的現実を再

構築することがあるように，学習者もまた，新しい経験のたび，目標文化の主観的定義を再構築する。

　CEFR は，広範囲における受容が使命である。「欧州評議会現代語部門による 1971 年以来の研究成果」をうたうとしても，異文化間の概念は，広範囲の受容にはまだリスクの高い要素にちがいない。もっとも，CEFR も母語話者基準の問い直しに備えてはいる。「学習者」に代えて，母語話者との対等性を暗示する「言語使用者」「社会的行為者」を提案している。複言語主義の提案も，言語価値の対等性や言語内の能力不均衡の肯定的評価によって，広範囲における歓迎を推進する装置であると同時に，母語話者基準を問い直す装置である。実際，CEFR による複言語主義の解説に以下の記述も見られる。

　　もはや，究極には「理想的母語話者」を目指して，一つか二つ（三つでもいいが）の言語を単に別々に修得することは目的ではない。目的は，全ての言語能力がその中で役割を果たすことができるような言語レパートリー（目録）を増やすことである。　　　　　　　　　　　　　　　　　(1.3)

　CEFR 改訂のための研究の一つに Cost, Moore, et Zarate（1997 et 2009）による *Compétence plurilingue et pluriculturelle*（Plurilingual and pluricultural competence）がある。複言語主義と切り結ぶ地点で，コミュニケーション能力を再定義した論考である。これによれば「複言語・複文化能力」とは，母語を含む二つ以上の（母語話者基準からすれば部分的な）言語リソース，出身文化を含む二つ以上の文化リソースの寄せ集めから，個人のアイデンティティ戦略に照らして，相手しだい，状況しだいで一部を選び出し，コミュニケーション方法を調整する能力である。

　相手ごと，また状況ごとに，そこで正当とされる価値観は何か，勘を働かせ，自分の言語文化資本レパートリーから，その場の自己演出にとって利益となるものを選び出し，時に組み合わせ，行動することは，今日じつはありふれた経験ではないか。しかし学校では，母語話者基準では断片的な能力レパートリーの戦略的な使い方を教えてくれない。運用経験を重ねながら，勘の精度，自己演出の成功を，それとは自覚なしに独学している。

個人の多様なアイデンティティ戦略を認めることは，教育制度の伝統にはそぐわない。教育制度は，国家を形成する同じ価値観を持つ市民の育成のために出発している。一元的価値は，平等と社会適応の機会均等を約束するものでもある。伝統的学校教育の枠内で，外国語教育は，個人のアイデンティティ戦略に則した言語文化管理や，固有の言語文化アイデンティティの構築を奨励することはできなかった。Coste, Moore, et Zarate（1997 et 2009）は，学校教育に「複言語・複文化能力」を導入する壁についてこのように説明するが，変革への夢を広げるというより，既存の制度で手の届く方法として，卒業後の戦略につなげるポートフォリオの作成や「ランゲージアウェアネス（言語への気づき）」活動を含むカリキュラムの提案をした。CEFR は，「複言語・複文化能力」の定義については 6.1.3 で概略するにとどめ，カリキュラム例を 8.3 に採用した。

2.3　アイデンティティ戦略の savoir-être と savoir-faire

外国語教育があつかう異文化間能力とは，複数言語文化経験におけるコミュニケーション能力にちがいない。

さて，母語話者基準から自由な「複言語・複文化能力」の描写は，外国語教育があつかう異文化間能力の態度・意識側面（savoir-être）と行動側面（savoir-faire）を，端的に定義したものと言えないか。

複言語・複文化能力は，状況や相手ごとの価値観に照らした自分の言語文化資本レパートリーの価値とアイデンティティ戦略を見つめる内的次元と，選び出されたレパートリーで行動する次元に分かれる。行動は外から観察可能で，能力として認知されやすい。しかし，行動次元の発展を促すのは，前者の次元である。所与の状況，相手において正当とされる価値観の想定（たとえば目標文化イメージ），そこでの自分の言語文化資本レパートリーの価値の想定（たとえば目標言語能力の自己評価，目標文化におけるオートステレオタイプに関するイメージ，両文化の類似と相違に関するイメージ，文化的帰属感，差異化），そしてその条件で利益を生む自己演出戦略，これらは主観である。外からは観察不可能で，情報は自己報告に限られる。能力として認知されにくいが，経験により主観は更新され，同じ状況，相手でも戦略の種類や精度は変わる。発展する。アイデンティティに関わる個人的領域だから，A1 ～ C2 のようなスケール型

の発展はないとしても。

　複数言語文化経験におけるコミュニケーション能力は，自分の主観を意識化できること（savoir-être）と，それを手がかりに図るアイデンティティ戦略に沿って行動できること（savoir-faire）からなる。では，この定義を採用するとして，どのように育成と関わるか。

3. 日本のフランス語教育における証言
3.1　教員

　異文化間の視野を外国語教育の現場に導入する方法論は，1990年代にはなかなか進まなかった。学習者の主観と向き合うのは難しかった。理論の進展は，社会学や文化人類学に多くを借りたわけだが，それらの分野も社会的行為者の主観的世界とどのような関係を結ぶかによって諸派の分布を見せる。外国語教育における文化的側面の提案では，CEFRがそうだったように，アイデンティティが重視される一方で，文化間の関係があらかじめ規定されていることも多かった。目標文化のイメージ調査が，文化学習のニーズ分析あるいは効果測定のように利用されることもあった（Commission française pour l'Unesco (ed.), 1995）。

　複数言語文化経験における主観意識化の方法論は，2000年代半ばから提案がさかんになった。インタビュー分析が多いが，学習日記，手紙，描画も紹介されている（Zarate, Lévy, et Kramsch (dir.), 2008； Molinié (dir.), 2009）。

　Coste, Moore, et Zarate（1997 et 2009）の巻末資料に，複言語使用者5名のインタビュー要旨と解説が掲載されている。そのうち2名は外国語としてのフランス語の教員で，その目標文化との関係性が対照的に紹介されている。

　スロベニアで教えているマティアスは，私的なパリ滞在でも教科書に紹介されているものすべてを見ることが重要と考えている。一方，オーストリアのヴォルフガングは，「観光ガイド公認のイメージを意識した計画は立てない，気ままな散歩者」であると言う。解説は，マティアスに批判的である。

> 異なる文化文脈を探る時の彼の戦略は，自分の国で認められること優先である。（中略）自分の国で一般的なフランスのイメージや神話を個人的に

経験し，帰国後に仕事の中で，フランス文化は自分にとって身近なものだと言えるようになるための滞在である。

(Coste, Moore, et Zarate, 1997 et 2009, p. 53)

一方，ヴォルフガングについては以下のように解説される。

彼のアプローチは，未知の場所を自分のものとしていく時，その場所について自分の国で流布していることや，学校教育で伝統的に教えられるような特徴一覧とは関係のない親密さを築くことを重視するものだ。

(同書, p. 56)

外国語教員にとって，教室やその周りで望まれる目標文化イメージを体現することの義務感は，マティアスに限らず親しい経験かもしれない。伝統的教育観の母語話者基準を離れ，文化間に固有の関係を築くことが目標となった時，まず教員にそれが求められ，一方で方法論が未確立なら，ためらいや無気力を覚える教員もいるだろう[注1]。以下は，2002 年に行なった日本の大学のフランス語教員に対するインタビューの一部である[注2]。

[注1] 1990 年代後半，SJDF 日本フランス語教育学会，Journée pédaogique de Dokkyo 獨協大学フランス語教授法研究会，Rencontres Pédagogiques du Kansai 関西フランス語教育研究会では文化的側面に関する議論がさかんだった。文部省（当時）は 80 年代後半から「国際化」への対応として，外国語教育に関して「コミュニケーション能力」を奨励していた。「コミュニケーション能力」の検討から，文化的目標の検討に至るのは必然だが，その経路とは別に，85 年からの円高と日本企業の海外進出，在日外国人の増加が，「異文化一」を時代のキーワードとして社会に浸透させた。世界の日本理解のために，「日本文化」をあらためて切り出し，「異文化」との境界を引こうとした。日本で概念・機能シラバスに基づくフランス語教材が最初に作られたのは 87 年で，90 年代は文法訳読かコミュニカティブか熱心に議論されていた。「文化」は，そうした場で二者を止揚する高次の目標に見えて，実際は具体的な決定を先送りする便利な理念だっただろう。遍在する「異文化」概念が，その選択を励ました。91 年の大学設置基準の大綱化により，外国語カリキュラムの見直しが始まると，フランス語内の目標を統合するというより，初習言語としてのフランス語を存続させる理由を探す中で，「文化」戦略は拠り所だった。あらかじめ文化の境界を引くことを疑問視する潮流も余裕もない中での「文化」流行だった。

[注2] 2002 年 3 月に東京および近郊の大学で初習フランス語を担当する教員 9 名に対し，フランス語教育における文化的目標に関するインタビューを行なった。m, f は性別，40 なら年齢 40 代を示す。

やっぱり（文明）講義だったらきちんと話をできるんですけど…語学の授業で，ちょこちょこっとこう…はさむくらいしかできないかなという気はしますけどね（中略）何て言うかな，この根底から知ってるわけじゃないでしょ。表層的な理解だとどうしても思うんですよね…だから，もうネイティブの先生っていうのは，ある意味で，その人そのものが異文化なわけでしょ？存在そのものがね。　　　　　　　　　　　　　　　　（T1, m40）

私はこうだったっていうのを話すかな（中略）経験談を話す…その方が多いでしょうね…客観的に見て，フランス人はこういうものだからっていうのはあんまり。なんか抽象的になっちゃう気がして，実体験だけ…（中略）フランス人がどうかっていうのは，情報っていうのは，人によって全然違うじゃない？そういう点で，だから直に行って友達からとか，知るっていうのは重要だけど，一般的にステレオタイプだけ聞く分には，あまり役に立たないかなって。　　　　　　　　　　　　　　　　（T2, f30）

言語でせめるしかない，フランス語教師は…（中略）文化についての話はしませんよ，と最初に断る。そんなひまがあったら，言語っていう文化を多く伝えることが僕の役目だと思っている。メディアがいっぱいあるから，自分でしようと思ったらいくらでもできる。昔の我々なんかよりそういう意味では恵まれている。テレビ付けてれば自然に入ってくる。（中略）フランスのイメージを変えてやろうというか，しっかりしたイメージを持ってくれればいいなと思う。自分なりのフランスを。　　　（T3, m50）

　T1は，「ネイティブ」による「根底」理解と自分の「表層的な理解」を比べ，優劣をつけている。マティアスも固有の関係構築に取り組まなかったが，T1は主観的関係を語ることにタブーさえ感じている。T2は，教員の主観を主観として提示することで学生にも固有の関係を促しているが，その方法に確信が持てないように見える。T3は，固有の関係構築は学生に任せる以外，働き

インタビュー調査結果の詳細は，姫田（2008）参照。

かけようとしない。ためらいというより無気力に見える。

3.2　日本人大学生

　複数言語文化経験における主観の意識化を，能力と認知するとして，それは外から直接観察はできないから，自己報告によってのみ証明される。言語表現化が能力証明であり測定装置である。

　CEFR と合わせて提案された「言語ポートフォリオ」は，複言語主義と個人をつなぐ教材で，既得能力について公的な認知を受けるための履歴書として，同時に将来的な能力発展の道標として機能することを目指している。「言語ポートフォリオ」でも A1 〜 C2 の Can-do チェックリストに関心が集中しているが，複数言語文化経験の記録ページである「言語バイオグラフィ」は，能力としての主観の意識化の育成，証明にすぐれた場と言える。実際，工夫・開発はさかんで，「言語バイオグラフィ」ページの構成は「言語ポートフォリオ」の版ごとにさまざまである。

　主観の意識化は，そのための場がなければ，ほとんど言語表現化されない。だからこそ能力としての認知に向けて，言語バイオグラフィの工夫が行なわれているのだが，記録すれば自動的に主観の意識化をみちびくとは限らない。以下は，日本人大学生によるフランス短期留学中の日記の抜粋である[注3]。2 人の記述は対照的である。

　S1
　　・食後にチーズを食べないフランス人は今のところ見たことがない。それほどチーズは食事に必要不可欠なものなのだと感じた。(2/4)
　　・フランス人は自分に非があっても，すぐには謝らない。(2/6)

[注3]　学習ストラテジーに関する共同研究の一環で，日本の大学でフランス語を学ぶ 8 名に対し短期留学（2003 年 2 月 3 日〜 22 日）のための学習日記を配布した。1 日分 4 ページ構成で，初めの 3 ページでは設問に答える形式で授業活動等の記録をしてもらい，4 ページ目は白紙とし「書ききれなかったことや，フランス語・フランス文化を学びながら今日考えたこと・思い付いたことなどがもしあれば，自由に補足してください」の指示を付けた。この調査の報告は，Tokiwa et al. (2004), 姫田 (2007) を参照。引用括弧内の数字は日付。

- フランス人は家の修理をするのが好きだと思う。これは古いものを大切にするという心情からきているのだと思う。(2/7)
- 飲み物を注ぐのは常に男の仕事らしい。小さな子供でさえ，私にオレンジジュースを注いでくれようとした。(2/11)
- フランス人は日本人に比べてあまり人に気をつかわないと思う。(2/14)
- 一般的に，フランス人はしゃべり声が大きいと思う。(2/17)
- フランス人のバスの運転手は，知り合いが乗ってくると平気でおしゃべりすることに驚いた。フランス人の包装の仕方は結構がさつだ。多分不器用なのだと思う。(2/18)
- フランス人は「2分後にできる」と言っても，必ずそれ以上時間がかかることがわかった。レジでも要領が悪くかなり待たされる。ひき算がすぐできないらしい。(2/19)
- フランス人は，ユニークな服を自信をもって着こなしていると思う。(2/20)

S2

- フランスは自己主張の強い国，だとか冷たいといったイメージがあるようですが，私はここに来て，それはまちがっていると思いました。話し好きで，たまにおせっかいだけど親切なあたたかい人たちなんだと思います。(2/7)
- フランスなどの外国では自分から進んで自己主張をするべきだし周りもそれを認めてくれると思います。その自由さは時に解放的だし時には重いんだなと思います。それを感じるのは日本から来たからなんでしょうか。でも自己主張をしたところで例えば授業などでは，あまりいい印象をもたれません。それは多分周りが日本人だからなのでしょう。自分が日本的引っこみ思案な面とフランス的主張型の面を持ち合わせているのでよく分からなくなってしまいました。(2/8)
- 私たちはフランスに来て，フランス文化に溶け込もうとしたり，フランス文化を身につけたりしますが，それと同時に日本の文化を背負った（身に付けた）人間です。例えばレストランに入っても，電車に乗っ

ても外国人を見る（悪い意味ではなく）視線を感じます。私はフランスに来た当初，それが凄くイヤでした。日本といったらマンガ，テレビ，サムライ，スシといったイメージがあることも知っていましたし，日本人観光客といったらブランドを買いにくるだとか写真を片手に街を歩くだとかいったからかい半分のイメージがあることも知っていました。だから，寒い日にフードをかぶって歩いている時は気が楽でした。私は日本にいる時には何故かなじめない感じを覚えることがあります。"フランス語ができる""フランス旅行に行く"といった言葉に過剰に反応される時，また"ガイジン"だとか"どうせ日本の文化なんか分からないだろう"といった言葉を聞く時，私は日本を抜け出したくてたまらなくなります。私は確かに日本人ですが，日本の文化にこだわる必要はないと考えています。大切にするのとこだわり，固執，排他といったこととは別だと思います。ただ，こうしてフランスに来て日本人，あるいはアジア人といった目で見られて自分もそうした identity を感じたりします。今日，日本料理というか自分になじみのある料理を作った時，こうしておいしいと言ってもらえて，そこにあった何ともいえない壁がなくなった気がしました。私は一人の人間として日本とそれ以外の国の間に立つべきなんだ，と思いました。(2/14)

「フランス人」「日本人」を一般化しているところ，その間に本質的な境界を引き対比しているところは2人に共通である。それぞれのカテゴリーに対する性格づけが主観的価値観により選択されたものであることには気づいていないことも，共通である。カテゴリー化は即否定すべきものではない。コミュニケーション戦略を立てる際，状況や相手を判断する手がかりである。Zarate（1995）が目標文化イメージへの注目を提案した時，ブルデューから以下の引用をしたことを思い出しておきたい。

> 社会表象は，帰属グループとそれ以外のグループの境界をひき，「近接性と類縁性，隔たりと両立不可能性」を決定する。社会表象は世界を整頓してみせる。（中略）社会表象は，それ自体社会空間の力学的解釈であり，

力関係や，「階級化の闘争，統合したり分割したり等々，この社会的空間を切り分けるこれこれのやり方を押しつけようとする闘争」によって，また「種々の個人的戦略——行為者たちがそれにしたがって自らを分類し他者を分類する個人的戦略」によって，再検討される。

(p. 30；先二つの「」は Bourdieu, 1987, p. 93，三つ目は Bourdieu, 1979, p. 563)

　ステレオタイプイメージは，距離感の指標である。ここから出発し，経験を重ね世界の図式に変更を加えていく。

　S1 と S2 の大きな違いは，S1 に「私」がほとんど現れないことだ。オートステレオタイプ（「私」の帰属するカテゴリーのイメージ）も現れない。「フランス人」について自分が受け入れられない側面を並べているから，そこに帰属意識がないことは分かるが，S1 の記述には，カテゴリー化をアイデンティティ戦略の材料として活用する意図が見られない。S1 は，「フランス人」と自分の間に引いた本質的な境界を越えるつもりはない。

　一方，S2 はカテゴリー化の主観性には気づかないが，同じ事象の読み換えを試すことができる（自己主張の強い→話し好き）。S2 は，観察で自分が感じたことのふり返りを続けている。観察対象はむしろ自分である。Byram (1989) は学習者に，目標文化を観察するエスノグラファーとしての役割と，その観察結果をもたらした自分の視点についてインフォーマントして語る役割を提案していた (p. 143)。S2 はこの方法をひとりでに採用している。

　S2 は境界のどちら側に帰属するか，試行錯誤している。S2 のカテゴリー化は，コミュニケーション上のアイデンティティ戦略の利がどこにあるか探るためである。S2 にとって，「フランス文化に溶け込もうとしたり，フランス文化を身につけたり」することは自明だが，それをしようとすると日本人からあまりいい印象を持たれなかったり，フランス人からも溶け込むことを許されなかったり，日本でのフランス語イメージ，オートステレオタイプ（「日本人」イメージ）からの自己差異化欲求の中で，自己演出を逡巡している。

　もちろん S1 の方も，この観察から戦略を図ったかもしれない。たとえば食後にチーズを食べたり，すぐには謝らないようにしたりすることで「フランス人」アイデンティティの演出に賭ける場があったかもしれない。しかし，見た

こと，聞いたことを記録するだけで，それらと「私」の関係づけが描かれなければ，所与の状況，相手の価値観の想定からアイデンティティ戦略上の利益のありかを探る意識を，能力として証明することにはならない。

　S2は，目標文化への適応と違和感，所属文化への帰属感と差異化で逡巡の末，自分の「日本人」の側面を「フランス人」に共感してもらえる経験をした。文化を隔てる恣意的な壁が消え，そこに「間」があることに気づく。どちらの価値観からも自由な誰もいない場所である。

　Coste, Moore, et Zarate（1997 et 2009）の巻末資料バイオグラフィでは，複言語使用者たちの周辺人意識が描かれていた。行動の次元では戦略に応じて帰属を自由にできる分，本当にはどこにも帰属しない意識である。たとえば，日本人の夫と日本で暮らすフランス人のマルティヌ，イタリア人の親と離れフランスで育ったアルベールについて，それぞれ以下のように解説されている。

> 彼女はもう「日本人になる」ことは諦めた。でもそれは「一つの段階を乗り越えた」ということだと彼女は言う。「しかたないです，私はフランス人なんだから。フランス人でいつづけます。できるだけ外国人らしい間違いはしないようにしていますけど。」　　　　　　　　　　　　(p. 65)

> （両親も妻もイタリア人だが）自分は少し冷たい性格のせいで，イタリア人からイタリア人と認めてもらっていない　　　　　　　　　　(p. 62)

　どこにも帰属しないでいられること，すなわち「間」にいる覚悟が，文化間仲介者の能力だとすれば，S2の記述は，大きな発展の証明である。外から観察可能な文化間仲介者の行動を示したわけではないが，能力の発展を認めたい。

　そしてS1とS2の差は，外国語教育が，外から観察可能な次元だけでなく主観の次元に働きかける余地があることを実感させる。S1に，S2のようなふり返りを促す支援はできなかったか。

4. 学習日記の開発
4.1 つづけ書きと読み返し

　主観の意識化の自己報告をみちびく方法論で提案がより多いのは，インタビューと学習日記である。S1 の記録が示すように，白紙の日記帳を用意するだけで自動的に主観の意識化の報告がなされるわけではない。日本でフランス語を勉強する大学生を対象とした方法論開発の手がかりとして，短期留学中の学習日記の開発実験を行なった。入門の教室でも採用できる形式の考案の前に，まず彼らがその言語文化資本全体の価値により敏感で，新しい価値観との接触が多く，帰属意識のふり返りをしやすい状況で，自己観察に有効な指示文を探した。

　ディディエ（1987）によれば，日記作者は 2 人いて，「一人は行動する者であり，もう一人は自分が行動するのを見，書く者である」(p.148)。日記はたしかに自分観察に適している。とはいえ，能力の証明としての機能と，自分にとって，将来的発展の道標としての機能を持たせるため，ベルトー（2003）が言うところのバイオグラフィ性を取り入れる必要があるだろう。

> 自伝という，自己反省的形態で書かれたものでは，主体は自分の過ぎ去った人生に一人で回顧的な省察を投げかけて，「一つの全体のなかで」，そして一つの全体「として」人生を考えている。　　　　　　　　　　(p.63)

　学習日記には，つづけ書きと読み返し，まとめ書きのページ[注4]を設けた。経験の中で思ったこと，考えたことをつづけ書きページで集め，読み返しページで，その断片を関係づける有機性として自分の視点の軌跡をふり返り，報告してもらう。Berger（2004）もフランス語教員養成に参与観察を活用した際の報告で，そうした構成の有効性に言及している。Berger の養成参加者は，周囲

[注4] 「つづけ書き」「読み返し」「まとめ書き」という用語は，日本の小学校の国語科教育における作文指導法の一つであるテーマ日記指導から借りた。テーマ日記は，「一つのテーマ（主題）のもとに毎日書きつづけることで対象についての認識を広げ，深めることをめざす日記」である。「日々変化するものごとを，多面的に見つめて書いていく中で，自ずと自己の認識の深まりと変革が可能となる」（加藤, 2004, p.112）とされる。

の社会環境のうち，公共あるいは半公共の場，交通機関，学校，図書館，会社等どこでもよいが1箇所を選び，少なくとも5回観察する。暗黙の社会的手続きに参加する外国人の視点を体験するための方法である。観察ごと日記を付け，その後日記を読み返しながら報告書を作り，提出する。同じ社会事象を連続して観察する中で，参加者たちは，前回の観察時の居心地の悪さや不自由さという主観を自省し，それを超えるために視点を変容させる。その変容の報告が目的だった。Berger は，主観を見つめることのできなかった学生の報告書は断片の集積で，読む側は途方にくれると言っている。S1の日記が連想される。

学習日記は，実験と結果分析を繰り返し，第3版まで作成した[注5]。第1版と第3版は3人グループの交換日記形式，第2版は個人用だった。つづけ書きの指示文には，各版共通で以下を付けた。

「フランスで，思ったこと，感じたこと，気づいたこと」「どんな場面で？」

第2版と第3版では，以下を付け加えた。第1版の結果，観察記録の有機性のために，この設問が必要と考えた。

「なぜ，私はその時，そのことが気になったんだろう？」

読み返しに関して，第1版では，前回の記述を読み返して変化があるか聞いたが，第2版では10日目と最終日の2回，第3版では交換の4周目の1回だけにした。読み返しの頻度が高いと，観察視点の特徴をとらえにくいこと，また交換日記の場合，自分の記述の読み返しよりメンバーの記述への関心が高くなることが分かり，そのように変更した。第2版の読み返し指示は，以下だった。

「今日までに書いたページを読み返してください。何が変わったと思いますか」「変わっていないのはどんなことですか」

[注5] 第1版は2007年9月に12名の学生に対し4冊の交換日記として配布。第2版は2008年2月に17名に1冊ずつ配布（回収16名）。第3版は2011年2月に15名に対し5冊の交換日記として配布した。実験結果分析の詳細は，Himeta, 2011, Himeta, 2012 を参照。

第3版では，以下を加えて誘導性を強め，さらに読み返しを整理してまとめ書きするページを設けた。

「今日までに自分の書いたことを読み直してください。こんどは，その観察をしてきたあなた自身を観察対象とします」
「とくに否定的に評価したことについて，これまでの価値観から離れて，ちがう解釈をしてみてください。どんな解釈ができますか」
「あなたの観察視点は，どんな特徴を持っていると思いますか」

第2版と第3版では，日記の最後に自己評価チェックリストを付けた。前節で紹介したS1，S2の記述と第1版の結果により設定した日記の目的を明示するためである。

□フランスやフランスに住む人について，ある側面が見えた時，一方で，何故自分はその側面を気にするのか考えるようになった
□フランスやフランスに住む人について，ある側面が見えた時，育ってきた環境の中で作られた価値観（ものの考え方）が，私の観察を決定していると気づいた
□フランスやフランスに住む人について，ある側面が見えた時，別の見方はできないか考えてみるようになった

この3番目の項目は，第2版の結果では意図に反し，単にステレオタイプや一般化に距離を置くことができるという意味に受け取られていたため，第3版では，3番目の項目を以下に変更した。

□フランスやフランスに住む人について，肯定的／否定的評価をする時，一方で，別の解釈はできないか考えてみるようになった。

4.2 意識化されたこと，難しいこと

指示文の修正により，第2版以降では自分の観察視点について記述が得られ

るようになった。カテゴリー化による対比前提の観察になっていることが意識化されている。

　フランス人と日本人を自然と比べている。
　やっぱりまだフランス人は〜，日本人は〜ってすごく比べてしまう。
　日本での生活と比べてる，建物とかも比べちゃう，自分が育った，過ごしてきた所と，何でも重ねて考えてた。

　だから，S1のような直截的な記述はなく，一般化に距離を置く記述，カテゴリー内の多様性への気づきは，ほとんどの日記に見られた。

　フランス人もいろいろいる。プライドが高い人，日本人嫌いも，他にもいっぱいいい人もいることがわかった。
　「フランス人は〜」とひとくくりで思っていたことが恥ずかしいというか申し訳なく感じた。冷たい人もいればすごく優しい人もいて，それはフランス人だからではなく，その人の性格である。

　しかし，第2版までは，その肯定的評価，否定的評価の基準自体を再検討できた学生は少なかった。「フランスについて自分がいやだと思うことより，良いところを見つけられるようになった」とは言えるが，そこで「良い」とした評価の枠組みそのものを問い直すことは難しい。第3版で，「否定的に評価したことについて，これまでの価値観から離れて，ちがう解釈をしてみてください」という誘導的過ぎるとも言える指示文を付けたところ，以下のような記述が見られるようになった。

　スーパーのレジでたくさん人が並んでいるにもかかわらず全く急がない。日本だったら確実に怒る人（が）出てくると思う。逆に考えれば，せかせかしていなく周りに流されすぎないということ。マイペースで店員同士と話しながら働いているのを見たが，話すことで良いコミュニケーションを取る場が増えるのかも。

各版の結果から，観察視点におけるカテゴリーの対比傾向（自分が「日本人」と比べて「フランス人」を観察していること）の意識化，カテゴリー定義の脱一般化（「フランス人」の多様性への気づき）は，比較的達成しやすいと言える。しかし，観察における評価基準（「フランス人」のある側面を否定的に評価した時の価値観）の問い直しには，指示の工夫が求められる。直面した価値観の受容が必ずしもアイデンティティ戦略上の利になるとは言えないが，スイッチの余地を持てれば戦略の幅は広がる。カテゴリーの価値観（と想定するもの）を見破る力は，戦略として帰属的に行動するためだけでなく，仲介者となる時も必要になる。

S2のように周囲で一般的な価値観から独立し，間の発見に至るのは，最短で短期留学3週間程度，またその下位能力として以下の点があると，一旦仮定できる。

- カテゴリー化の気づき
- カテゴリーの細分化
- 帰属カテゴリーの価値観の相対化
- 異なる価値観を解釈できること
- カテゴリー・スイッチのイメージ試行

今後，長期留学生や在外社会人に調査対象を広げ，検証すべきだろう。

第2版に，S2に似た，日本人として見られる居心地の悪さに関する記述が目立った。S2のプロセスをなぞるなら，それは「間」を見つけるきっかけの可能性があるが，この問題についてはまだ掘り下げられていない。それが交換日記に現れていないことに理由があるのかも含めて，オートステレオタイプに関するイメージと自己差異化欲求の強さ，間を見つける能力の関係について，分析を深めたい。

実験から言えることとして，主観の意識化の言語表現化自体，かんたんではないということも付け加えておきたい。主観の意識化を能力として認知する際のもう一つの障害である。長野（1996a, 1996b）や姫田（2011）が報告する通り，教員でさえ「必ずしも統合的でない断片的感情を集めることは，進んで取り組

みたい作業ではない。自分の考えを掘り下げたり，自分と対話するのは面倒だし，難しい」と発言する（姫田，2011, p. 8）。第 2 版で個人用とした日記を，第 3 版で交換日記に戻したのは，個人では続けられない学生もいたからだ。指示文の誘導性の最適化とともに，まず日記に取り組んでもらう工夫が必要だ。

5. おわりに

境界自体それぞれの主観にあるから，その間はどこか，他人が示すことはできない。だとしても，外国語教育において，間へみちびく支援はできると思う。

Coste, Moore, et Zarate（1997 et 2009）の巻末資料だけでなく，川上（2010）によるバイオグラフィ・インタビューでも，複言語・複文化使用者たちは，相手しだい状況しだいで自分の言語文化リソースから戦略的に一部を選び出し行動する力を得る前に，間を見つけるタイミングを経ていた。周囲で共有される価値の自明性に距離を置き，周囲の価値から独立した自分だけの価値を認め，その周辺的な場にとどまる力が，複数言語文化資本を戦略的に活用する出発点になっている。母語話者基準の伝統の中で明示的に目標化されてこなかったこの力の認知のためには，主観の意識化を促す教材の発展以外に，複言語・複文化使用者のバイオグラフィ・インタビューの方法論と証言の教材としての活用も，検討した方がいいだろう。

外国語教育のあつかう異文化間能力について，自分の言語文化リソースの価値イメージを意識化し，アイデンティティ戦略上の利益のありかを計り，行動する力と定義するなら，主観の意識化は，自分の言語リソースの価値イメージを表現することから始めることもできる。さいごに「言語ポートレート（自画像）」活動を紹介しておく。Krumm（2008）が報告した「言語ポートレート」活動は，移民の子どもを対象に，周囲の価値観への適応目的で否定した言語資本が，内的にどのように生きているのかを知るために始められたものだ。言語ポートレートでは，つづけ書きと読み返しの代わりに，描画と説明の二段階で主観と向き合う。試験的に日本の大学生に言語ポートレートを描いてもらったところ，周囲の一般的価値観と個人固有の価値の間の葛藤が語られた（図 1）(Himeta, 2013, p. 229)。

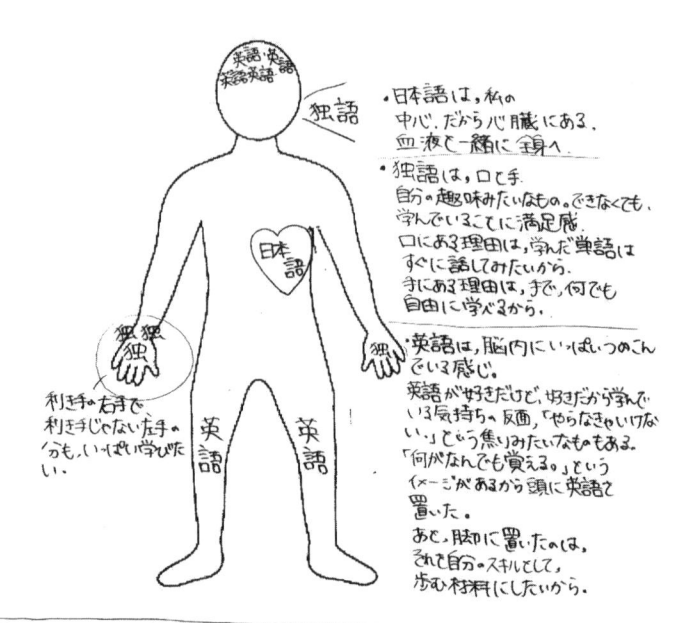

図1　大学1年生の言語ポートレート例

言語ポートレートは，たとえば大学の教室でよく行なわれるアンケート（言語選択理由や能力自己評価，将来の活用場面等）に代わるものとして導入しやすく，かつ多様なアイデンティティを保障する視野において，外国語教育の言語間で連携の価値がある方法だと思われる。

参考文献

加藤憲一（2004）.『作文教育入門（文芸研の授業8）』明治図書.
川上郁雄（編著）（2010）.『私も「移動する子ども」だった──異なる言語の間で育った子どもた

ちのライフストーリー』くろしお出版.
コスト，ダニエル・モーア，ダニエル・ザラト，ジュヌヴィエーヴ (2011).「複言語複文化能力とは何か」(姫田麻利子(訳))『大東文化大学紀要〈人文科学〉』49, 250-268.（原著は1997）
コスト，ダニエル・モーア，ダニエル・ザラト，ジュヌヴィエーヴ (2012).「複言語話者のバイオグラフィ（「複言語複文化能力とは何か」付属資料)」(姫田麻利子(訳))『大東文化大学紀要〈人文科学〉』50, 181-194.（原著は 1997）
ディディエ, ベアトリス (1987).『日記論』(西川長夫・後平隆(訳)) 松籟社.
長野督 (1996a).「サン・クルーの丘から」『ふらんす』71(5), 22-25.
長野督 (1996b).「サン・クルーの丘から」『ふらんす』71(6), 22-25.
姫田麻利子 (2007).「異文化間能力と〈言語バイオグラフィ〉」『大東文化大学人文科学研究所』12, 1-20.
姫田麻利子 (2008).「フランス語教育における〈文化〉の転回，停滞，課題」『語学教育研究論叢』25, 193-218.
姫田麻利子 (2011).「学習目標〈意識化〉の困難について」*Etudes Didactiques du FLE au Japon* (Péka, Association des didacticiens japonais) 20, 5-11.
ベルトー, ダニエル (2003).『ライフストーリー』(小林多寿子(訳)) ミネルヴァ書房.
Berger, C. (2004). Le travail critique du "regard anthropologique", partie prenante du processus d'évaluation. In G. Zarate et A. Gohard-Radenkovic (coord.). *La reconnaissance des compétences interculturelles : De la grille à la carte* (pp. 110-117). Paris : Didier.
Bourdieu, P. (1979). *La distinction, critique sociale du jugement.* Paris : Les Éditions de Minuit.
Bourdieu, P. (1987). *Choses dites.* Paris : Les Éditions de Minuit.
Byram, M. (1989). *Cultural studies in foreign language education.* Clevedon: Multilingual Matters.
Byram, M. et Zarate, G. (1997). Définitions, objectifs et évaluation de la compétence socioculturelle. In M. Byram, G. Zarate et G. Neuner (ed.) *La compétence socioculturelle dans l'apprentissage et l'enseignement des langues* (*Sociocultural competence in language learning and teaching*) Strasbourg : Conseil de l'Europe.
Commission française pour l'Unesco (ed.) (1995), *Stéréotypes culturels et apprentissage des langues.* Paris : Commission française pour l'Unesco.
Council of Europe (2001). *Common European framework of reference for languages. Learning, teaching, assessment.* Cambridge University Press.
Conseil de l'Europe (2001). *Cadre européen commun de référence pour les langues : Apprendre, enseigner, évaluer,* Paris : Didier.
Coste, D., Moore, D., et Zarate, G. (1997 et 2009). *Compétence plurilingue et pluriculturelle (Plurilingual and pluricultural Competence),* Conseil de l'Europe (1997 初版。2009 の改訂は，著者による序文の追加，4章注7と注13の追加，参考文献の追加によるもの)
Himeta, M. (2011). CECR et "prise de conscience interculturelle": Une définition pour les étudiants japonais de français. *Le Français dans le Monde, Recherches et Application,* 50, 131-139.

Himeta, M.（2012）. Observation de la culture cible : Première étape d'une prise de conscience interculturelle. In G. Alao *et al.*（dir.）. *Didactique plurilingue et pluriculturelle : L'acteur en contexte mondialisé*（pp. 144-152）. Paris : Éditions des archives contemporaines.

Himeta, M.（2013）. Portrait des langues d'étudiants japonais（大学生の言語ポートレート）『語学教育研究論叢』30, 213-232.

Krumm, H.-J.（2008）. Plurilinguisme et subjectivité : « Portraits de langues », par les enfants plurilingues. In G. Zarate, D. Lévy et C. Kramsch（dir.）*Précis du plurilinguisme et du pluriculturalisme*（pp. 109-112）. Paris : Éditions des archives contemporaines.

Molinié, M.（dir.）（2009）. *Le dessin réflexif*. Cergy : Université de Cergy-Pontoise.

Tokiwa, R., Mogi, R., Himeta, M., Tanaka, S., Harada, S., et Muroi, K.（2004）. Analyse qualitative des stratégies d'apprentissage dans le cadre d'un stage linguistique『フランス語教育［Enseignement du français au Japon］』32, 67-85.

Zarate, G.（1995）. *Représentations de l'étranger et didactique des langues.* Paris : Didier.

Zarate, G.（2003）. Identités et plurilinguisme: Conditions préalables à la reconnaissance des compétences interculturelles. In M. Byram（coord.）. *La compétence interculturelle*（pp. 89-123）. Editions du Conseil de l'Europe.

Zarate, G., Lévy, D., et Kramsch, C.（dir.）（2008）. *Précis du plurilinguisme et du pluriculturalisme*. Paris : Éditions des archives contemporaines.

第3部

異文化間(インターカルチャー)と人材育成

［序］異文化間教育と市民性教育・グローバル教育 ...... 大木 充

異文化間市民教育 ...... マイケル・バイラム
グローバル教育の立場から見た異文化間と人材育成 ...... キップ・ケイツ
継承語・継承文化学習支援と異文化間教育の実践 ...... 落合 知子

[序]

異文化間教育と市民性教育・グローバル教育

大木 充

はじめに

　第3部のバイラムの論考（第7章）では，「異文化間教育」に加えて，「市民性教育」を考察の対象にしている。市民性教育は細川の論考（第1部第3章）でも，観点は必ずしも同じではないが，取り上げられている。ケイツの論考（第8章）は，「異文化間教育」に加えて，「グローバル教育」を主に扱っている。落合の論考（第9章）は，継承語教室の意義を考察するとともに問題点を指摘しているが，それは同時に異文化間教育全体の問題点でもある。このように第3部では，異文化間教育だけでなく，市民性教育，グローバル教育が論考の対象になっている。そこで，異文化間教育とあとの2つの教育，すなわち市民性教育とグローバル教育の関係を明確にしておきたい。

　「異文化間教育」は，学校教育ではより一般的な「国際教育」ないし「国際理解教育」に包摂されている。また，ここでは便宜上「異文化間教育」，「市民性教育」，「グローバル教育」という用語を用いるが，日本の特に小・中・高等学校では必ずしも独立した一つの科目として実施されているわけではない。実際には，むしろさまざまな科目にわたって行われる。たとえば，小・中学校では，「総合的な学習の時間」，「外国語（活動）」，「道徳」など科目横断的に，その科目の一つの単元として行われる。

　2005年に文部科学省が公表した「初等中等教育における国際教育推進検討会報告」では，「国際教育」は「国際社会において，地球的視野に立って，主体的に行動するために必要と考えられる態度・能力の基礎を育成するための教育」（p.3）と定義されている。そして，この教育により「初等中等教育段階においては，すべての子どもたちが，(1) 異文化や異なる文化をもつ人々を受容し，共生することのできる態度・能力，(2) 自らの国の伝統・文化に根ざした

[序] 異文化間教育と市民性教育・グローバル教育　143

自己の確立，(3) 自分の考えや意見を自ら発信し，具体的に行動することのできる態度・能力，を身に付けることができるようにすべきである」(p. 2) と考えられている。

つぎの図（文部科学省国立教育政策研究所・JICA 地球ひろば共同プロジェクト，2014, 11 章 p. 7）は[注1]，ドイツで実践されてきた国際教育の変遷を示す図であるが，異文化間教育，市民性教育，グローバル教育がどのような関係にあるのかがよくわかる。

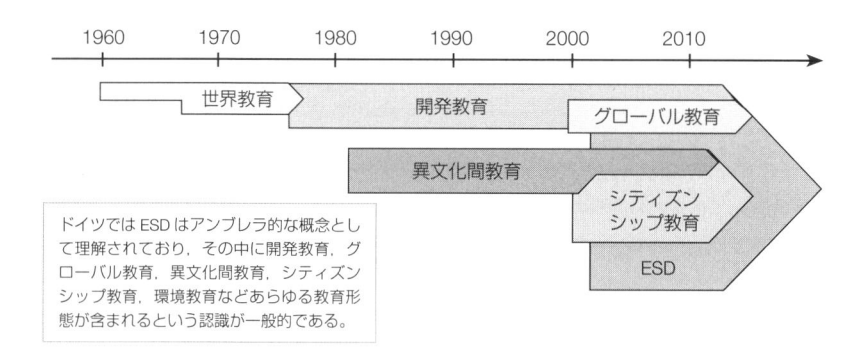

図中テキスト：
- 1960 1970 1980 1990 2000 2010
- 世界教育
- 開発教育
- グローバル教育
- 異文化間教育
- シティズンシップ教育
- ESD
- ドイツでは ESD はアンブレラ的な概念として理解されており，その中に開発教育，グローバル教育，異文化間教育，シティズンシップ教育，環境教育などあらゆる教育形態が含まれるという認識が一般的である。

図 1　ドイツで実践されてきた各種の国際教育の系譜

この図を見ると，「同国の国際教育には，開発教育という伝統的な流れが一つあり，その後の異文化間教育に源流を発する別の流れがある」(11 章 p. 40) ことがわかる。また，現在は，開発教育は「グローバル教育」という名称で置き換えられ，異文化間教育は「シティズンシップ教育」（本書では，「市民性教育」）に包含された形で維持されていることがわかる。さらに，この 2 つの教育は，ESD（「持続可能な開発のための教育」Education for Sustainable Development の略語）に包含されている。グローバル教育と市民性教育については，起源は異なっているが，社会のグローバル化にともない，2 つの教育は接近し，現在では対象とする領域が重なる部分も多くなっている。そこで，第 3 部のそれぞ

注1　この図は，このプロジェクトの調査チームが関係機関へのインタビューの結果に基づいて作成したものである。

れの論考をより深く理解するために，ここでは異文化間教育と市民性教育の関係およびそれぞれの教育の起源と変遷についてもう少しくわしく見て，異文化間教育の現在の立ち位置を明確にしておきたい．

異文化間教育と市民性教育

異文化間教育と市民性教育の関係については，カナダの教育学者 Fernand Ouellet の説明がわかりやすい．以下の説明は，Ouellet（2000, 2002, 2005）に基づいている．

1990年代始めにケベックの教育高等委員会は，アメリカとヨーロッパで「異文化間教育」，「市民性教育」の他に，「反人種差別教育」，「多文化教育」，「民主主義教育」などと呼ばれている教育も含めて，これらの教育の共通点を調査した．その結果，つぎの目的が共通していた．

- 文化的多様性を社会の現実として認め，受け入れる．
- 権利が平等で公平な社会を作るのに貢献する．
- 民族間の協調的な関係を作るのに貢献する．

Ouellet（2000, p. 244; 2002, p. 147）

これを別の表現を用いてさらに簡潔にまとめると，つぎのようになる．

(1) 多様性に心を開く
(2) 機会の平等と公平
(3) 社会的結束　　　　　　　　　　　　　　Ouellet（2000, p. 244）

このうち，「(1)多様性に心を開く」と「(2)機会の平等と公平」は異文化間教育の対象であり，「(3)社会的結束」は，市民性教育の対象であるが，2つの教育は補完的な関係にある．現在では，社会のグローバル化にともない，市民性教育の対象が増えて，つぎの5項目が市民性教育の対象になっている．

(1) 多様性の受容（文化的多様性の保護と多様な組織への順応）

(2)　社会的結束
　(3)　民主的生活と民主的討議への批判的参加
　(4)　平等と公平
　(5)　地球上の生命の保護と持続する成長（生物的多様性の保護）

Ouellet（2002, p. 158, 2005, p. 69）

　5つの対象のうち，「(2)社会的結束」と「(3)民主的生活と民主的討議への批判的参加」は市民性教育の中心となるものであるが，「(1)多様性の受容」と「(4)平等と公平」も以前よりも重要性が増していて，市民性教育でも無視することはできない。以上，Ouellet（2000, 2002, 2005）に基づいて異文化間教育と市民性教育の関係を見てきたが，異文化間教育はその役割を保持しながら，現在では前述のドイツの場合のように市民性教育に包含されている。この点について，Saint-Pierre（1999, p. 221）は，「以前は，市民性教育が異文化間教育の一部だったが，今は，逆で，異文化間教育が市民性教育の一部になっている」と述べている。また，「(5)地球上の生命の保護と持続する成長」も含んでいるので，ドイツの場合のESDのように，ここでの市民性教育は，国際教育に関係しているすべての教育を含むアンブレラ的な存在になっている。

異文化間教育から市民性教育へ

　このように市民性教育に関心が高まっていることについて，Osler & Starkey（2006）は，各国や国際機関の教育に関する公文書の調査に基づいて，つぎの6つの要因によるとしている。

　(1)　世界には依然として不公平，不平等が存在している。
　(2)　グローバル化よる移民の増加により，国としての統一性の維持と多様性への対応をする必要があり，国内で緊張感が生まれている。
　(3)　人々が公的なことや政治に十分に関与していない。
　(4)　若者の政治不参加，反社会的行為，暴力が増加している。
　(5)　冷戦終了後，東欧，中欧，ラテンアメリカ，アフリカでは，民主化を推進しようとしている。

⑹　反民主主義運動，人種差別運動が増加している。

　以上の6つの要因の他に，環境問題などの地球規模で解決しなければならない問題，グローバルイシューが増加していることも加える必要があるだろう。これらの要因は，⑶と⑷を除けば，言うまでもなく世界のグローバル化と関係している。第7章でバイラムが指摘しているように，市民性教育は，もともとは国家共同体，地方共同体，地域共同体を対象にした国家主義的な教育であった。それが，現在では Ouellet の述べているような市民性教育に変化したのは，社会のグローバル化により，国と国との相互依存関係が強まり，国境を越えて多数の人間が移動し，人間同士および人間と環境も共生する必要があると認識されてきたからである。バイラムはこの章で外国語教育の中での異文化間教育の重要性に言及するだけでなく，「もし外国語教育が真に国際的共生と対話に貢献したいのであれば，市民性教育に学ぶ必要があり，同時に市民性教育の国家主義を，国際主義へ，さらには人々が共に活動できる「国家を超えた市民社会」という考え方にまで広めることが必要である」（本書 p. 173）と述べている。この点については，異文化間教育の現在の立ち位置を考えるうえで重要なので，後ほどもう一度言及する。

異文化間教育のあゆみ

　落合の論考（第9章）は，日本にいる「外国人児童生徒」の継承語と継承文化の問題を扱っている。彼女は，継承語教室の意義を考察するとともに問題点を指摘しているが，フランスを含む EU 圏における異文化間教育の起源と変遷にも同じような論点を見いだすことができる。

　教育機関での異文化間教育の実施とその内容は，政治と経済に影響される。ヨーロッパや北米の異文化間教育は，グローバル化によって移民が増加したことと密接に関係している。フランスでは1960年代から70年代にかけて経済が好景気で労働力が必要となり，移民の流入が増大した。その結果，フランス社会は文化的に多様になり，児童の出自も多様になった。しかし，1970年代以前は，移民の児童であることを考慮した教育は行われておらず，フランス人の児童に対するのと同じ教育が実施されていた。すなわち，異文化や異言語を考

慮に入れた教育ではなかった。それは、「共和国は単一不可分である」という共和国のモデルに基づいて、学校のような公共の場では、言語、文化の複数性を認めることはできなかったからである。

　第1次石油危機の影響を受けて、1970年代半ばから不況になり失業者が急速に増え、フランス政府は移民政策の転換を迫られ、1974年には、移民の受け入れは中断された。このような状況に影響されて、1973年の国民教育省の通達でそれまで認められてこなかった移民の出身国の文化が学校で認められ、出身国の言語が教えられるようになった（Ministère de l'Éducation Nationale, 1973）。「共和国のモデル」に基づいて公共の場での文化の複数性を認めてこなかった政府が、学校での文化の複数性を認めたのは画期的なことであった。これにはいくつかの理由がある。1つは、出身国の言語・文化を維持することは、移民の子どもたちがフランスの学校に順応するのに役立つと考えられたからである（Ministère de l'Éducation Nationale, 1975）。また、出身国の言語・文化を維持することは、移住者が再び母国に戻り社会生活をするためにも有効であると考えられたからでもある。1975年には、移住者の出身国政府が自らの財源で教員をフランスに派遣し、移住者の言語文化に関する教育をする制度ができた。したがって、この年を、フランスにおける異文化間教育の嚆矢とすることもできる（西山, 2006）。もう1つの理由は、移民の言語・文化がフランス人の生徒にも役立つと考えられたからである。国民教育省が1978年に発出した「移民児童の就学」に関する通達（Ministère de l'Éducation Nationale, 1978）で、学校関係者宛の公文書では初めて「異文化間」（interculturel）という用語が使われて、Gamonet（2006）は、国民教育省のこの通達がフランスの異文化間教育のあり方（方向）を決定づけたとしている[注2]。この通達には、移住者の出身国の協力により出身国の言語での授業を学校に設置することが明記されている他に、「出身国の言語と文化の活用」の節につぎのように書いてある。

[注2] Munier（2008）によると、フランスの国民教育省の公文書では、同質性を重視する共和国のモデルに基づいてinterculturel「異文化間」という表現は1984年以来使われなくなっている。しかし、実際には、たとえば小学校では文化の異なる生徒同士の対話、共同活動、理解促進を目的とした異文化間教育は行われている。

> 外国の言語と文化を考慮することは，フランスの生徒たちが十分に認識していなかった別の世界の豊かさに目を開かせることができるので，彼らを精神的に豊かにすることができる。こうして，学校と社会に存在するさまざまな国のよりよい相互理解が自然に可能になるであろう。
>
> （Ministère de l'Éducation Nationale, 1978, p. 4）

　ELCO（Enseignement langues et cultures d'origine「出身言語・文化教育」）と呼ばれ，移住者の子弟だけでなく，すべての生徒が受講することができるこの教育は，さまざまな矛盾や問題を抱えながら現在も行われていて，最近は本来の目的とは異なる目的でその価値が見直されている（大山, 2012; 小山, 2013）。
　落合は，異文化間教育を実施するときには，移住者の子弟だけでなく，ホスト国の子弟にも実施する必要があると述べているが，フランスではどうだったのか。当初は，実際に ELCO を受けたのは移住者の子弟だけであった。その結果，移住者の子弟の疎外感を強化するだけで，彼らを統合することはできなかった。この状態が 1980 年代の初めまで続いた。しかし，現在では，移住者の子弟だけでなく，ホスト国の子弟も多数この教育を受けている。2010 年度には約 86000 の生徒が受講している。
　1984 年に出された欧州評議会[注3]の閣僚委員会勧告「特に移民がいる社会での異文化間理解教育を担当する教員の養成について」（Conseil de l'Europe, 1984, p. 1）でも，フランスの国民教育省が 1978 年に発出した通達と同じように，異文化圏出身の児童の存在が自国の児童の教育に役立つことが述べられている。

> 文化的差異に心を開き，その理解を奨励する教育政策が推進されれば，ヨーロッパの学校に国外の文化共同体出身の児童が大勢いることは，自国の児童を精神的に豊かにし，中長期的には教育の重要な切り札になりえる。

　しかし，一方において，1970 年代半ばに始まった経済不況の影響を受けて，

[注3] ヨーロッパにおける法の支配と人権の確立のために 1949 年に設立された欧州評議会（Council of Europe / Conseil de l'Europe）には，47 カ国が加盟している。

1980年代になると，異文化間教育の目的は，全体としては移民と共生するための人権教育にシフトするようになる。そのことは，1980年代に欧州評議会が発出したいくつかの勧告を見れば明らかである。1983年に出された欧州評議会の議員会議の勧告，「加盟国における移民労働者に対する排斥的態度と排斥運動」は，まず冒頭で，経済の不況による失業者の増加で，移民労働者に対する排斥的態度と運動が深刻化し，ときには暴力行為に至ることがあると述べている。そして，このような状況においては，学校や共同体で異文化間的理解を深めることが，西欧社会において寛容の精神を育むのに役立ち，加盟国の教育政策の重要な目的であるとしている（Assemblée parlementaire du Conseil de l'Europe, 1983）。1988年の勧告は，「異文化間教育は，あらゆる形で差別と戦うのに，また人種的偏見や外国人嫌いをなくすのに，重要な役割をしている」，「欧州評議会の加盟国は，すべての人間に与えられている尊厳と等しい価値を深く信じ，人権という共通の概念をわかちあい，外国人の共同体を人種的偏見と外国人嫌いから守る義務がある」（Assemblée parlementaire du Conseil de l'Europe, 1988）としている。つまり，異文化間教育の目的が，移民の子弟もまじえて，自国の児童が母語以外の言語や文化に親しみ，世界を広げることから，移民との対立を避け，差別や外国人排斥を防止するための人権教育に力点が変化しているのがわかる。しかし，バイラムの論考にあるように，「<u>態度</u>（savoir être）：好奇心と開かれた心，他文化に対する不信と自文化への信頼を保留する心構え」（本書 p. 166）が「他者への敬意と寛容性の基盤となる」（本書 p. 161）ので，外からは力点が変化しているように見えるが，教育するうえでは，両者は不可分の関係にある。

市民性教育のあゆみ

フランスには，今日の市民性教育と関係している教育は，第二次世界対戦以前からあった。「公民教育」と呼ばれたこの教育は，道徳教育とも共通点があった[注4]。フランスの経済が好景気で，社会に争いがなかった1960年代には，

注4　ここでは「公民教育」と訳しているが，最初の名称は instruction civique であった。その後 éducation civique に改名された。

この教育は一時廃れるが，80年代になり再び必要とされるようになった。名前も「市民性教育」（éducation à la citoyenneté）と改められた。市民性教育が必要とされるようになったのは，社会的情勢の変化による。不景気により失業者が増加し，移民を受け入れることに対する疑問，非西欧的な文化や宗教との衝突，人種間の対立などが表面化した。学校においても，非行，暴力，教師に対する反抗が増加した。市民性教育は，このような社会や学校の危機に対する対抗策と見なされるようになった（Galichet, 2005, 2012）。

国民教育省が1996年に発出した「市民性教育――公民教育の再活性化」と題する通達（Ministère de l'Éducation Nationale, 1996）では，「学校教育の一番の目的は，公民教育による人間そして市民の養成である。公民教育は，社会的に大きな争点になっていて，教育に関与するすべての人が関心を持つべきである」として，公民教育はつぎの3つの目的に答える必要があるとしている。

(1) 民主制とフランス共和国の基礎になっている原則と意義を学ぶことにより，制度と法律を知ることにより，また社会と政治の規則を理解することにより，人権と市民性の教育をする。
(2) 市民としての義務と，個人および集団としての責任感に関する教育をする。
(3) 特に批判精神の訓練と議論の実践により判断力を養成する。

欧州評議会の加盟国の元首が集まった1997年のサミットでは，市民の権利と責任に基づいた民主的市民性教育と市民社会への若者の参加を推進する意志が表明され，民主的市民性教育のアクションプランに着手することが決議された。この「民主的市民性教育」には，人権教育，公民教育，平和教育，異文化間教育が含まれている。EUの加盟国が増えるとともに，市民性教育の重要度が増していった（Euridyce, 2005, p. 8）。それは，市民にEUを身近なものにし，積極的にふだんから政治に参加させて民主主義を強固にする必要があったからである。そもそもヨーロッパにおける民主主義と人権の確立が欧州評議会設立の目的なので，その言語政策に民主主義と人権の擁護が反映されるのは当然である。

[序] 異文化間教育と市民性教育・グローバル教育　151

　以上のようなヨーロッパにおける市民性教育の変遷を見ると，長年外国語教育における異文化間教育のあり方を研究してきたバイラムが，第7章の中で異文化間教育に加えて市民性教育を取り上げたのは，内省を行動に繋げること，および「行動に対する責任」を重要視する市民性教育が推進されるようになってきた社会的背景によるものであることがわかる。バイラムの論考の意義は，むしろ従来の国家主義的な市民性教育を，国家を越えたものにするのに外国語教育が貢献できると考えた点にあると思う。

グローバル教育のあゆみ

　グローバル教育の全般的な歴史や内容に関しては第8章のケイツの論考に譲ることにして，ここではヨーロッパにおけるグローバル教育（世界市民性教育）推進の中心的な役割を担っている欧州評議会南北センターの取り組みを紹介することにする[注5]。このセンターは，日本の開発教育の関係者にはよく知られている存在ではあるが，外国語の関係者にはあまりよく知られてない[注6]。このセンターは，つぎのような2つの目的で1989年に設置された。

(1) 人々に世界の相互依存関係にさらに関心を持ってもらうために，ヨーロッパ全体で協力する環境を提供する。
(2) ヨーロッパとその近隣地域および世界の他のところとの対話と協力を強化して，欧州評議会の目的と方針に基づいて，連帯政策およびすべての人々による価値の共有を推進する。

（Assemblée parlementaire du Conseil de l'Europe, 2009）

[注5] 南北センターでは，欧州評議会の他の組織と同様，英語とフランス語が公用語になっている。本章では「グローバル教育」という用語を使っているが，これはこのセンターが用いている英語 global education の訳である。フランス語では éducation à la citoyenneté mondiale となっていて，直訳すると「世界市民性教育」となる。この名称からも，現在では，グローバル教育と市民性教育がほぼ同じものであることがわかる。なお，このセンターには，「世界の相互依存と連帯のための欧州センター (Centre Européen pour l'interdépendance et la solidarité mondiales)」という別の正式の呼称がある。
[注6] 同じく欧州評議会の下部組織で，ヨーロッパにおける異文化間教育を含む言語政策の拠点になっている「現代語センター」の活動は，日本の言語教育の関係者によく知られている。

2002年の「マーストリヒト宣言」では、グローバル教育をつぎのように定義している[注7]。

- グローバル教育は、世界の現実に人々の目と心を開かせる教育であり、今より公平で平等な世界、みんなの人権が大切にされる世界を実現するために彼らに参加を促す教育である。
- グローバル教育とは、開発教育、人権教育、持続可能な開発のための教育、平和と紛争防止教育および異文化間教育を含む地球規模の市民性教育である。 （North-South Centre of the Council of Europe, 2003, p. 147）

　市民性教育とグローバル教育は、起源は異なっていても、この定義を見てもわかるように、現在では内容的にも、内包している教育についてもほぼ同じである。そして、異文化間教育もグローバル教育に含まれる複数の教育のうちの1つである。

　いずれにしても、異文化間教育は、単独であるいは市民性教育ないしグローバル教育に内包される形で今後も存続していくであろうと思われるが、これからの異文化間教育のあるべき姿、立ち位置は、第3部の3つの論考を読んで、みなさんに考えていただきたい。

引用文献

大山万容（2012）．「フランスにおけるニューカマーの子どもへの言語教育支援——CASNAVの取り組みと複言語主義教育の可能性」『人間・環境学』21, 121-132.
小山晶子（2013）．「フランスの公教育と移民のアイデンティティ——政治的空間の揺れ動く境界」『東洋大学社会学部紀要』50(2), 129-141.
西山教行（2006）．「書評　ミッシェル＝パトリック・ド・ミラ『非フランス語話者児童に対するフランス語入門クラス』」『言語政策』2, 143.
文部科学省（2005）．「初等中等教育における国際教育推進検討会報告——国際社会を生きる人材を育成するために」<http://www.mext.go.jp/b_menu/shingi/chousa/shotou/026/houkoku/05080101/all.pdf>（2015年5月27日）

注7　オランダのマーストリヒトで2002年に開催された「グローバル教育全ヨーロッパ大会」で採択された宣言で、南北センターが示した定義が記載されている。

文部科学省国立教育政策研究所・JICA 地球ひろば共同プロジェクト（2014）.「グローバル化時代の国際教育のあり方国際比較調査　最終報告書」（第1分冊）

Assemblée parlementaire du Conseil de l'Europe (1983). *Recommandation 968 (1983) : Attitudes et mouvements xénophobes dans les pays membres à l'égard des travailleurs migrants.*

Assemblée parlementaire du Conseil de l'Europe (1988). *Recommandation 1089 (1988) : Relative à l'amélioration des relations intercommunautaires* (Journées européennes « Osons vivre ensemble », Strasbourg 25-27 novembre 1987).

Assemblée parlementaire du Conseil de l'Europe (2009). *Recommandation 1893 (2009) : L'avenir du Centre européen pour l'interdépendance et la solidarité mondiales* (Centre Nord-Sud).

Centre Nord-Sud du Conseil de l'Europe (2008). *Guide pratique sur l'éducation à la citoyenneté mondiale.* Lisbonne : Centre Nord-Sud du Conseil de l'Europe.

Conseil de l'Europe (1984). *Recommandation No R (84) 18 du comité des ministres aux états membres sur la formation des enseignants à une éducation pour la compréhension interculturelle, notamment dans un contexte de migration.*

Eurydice (2005). *L'éducation à la citoyenneté à l'école en Europe.* Bruxelles : Unité européenne d'Eurydice.

Galichet, F. (2005). L'éducation à la citoyenneté dans les programmes d'enseignement français nécessairement laïcs et leur mise en œuvre. *Colloque International Salésien de Lyon, 1*–15.

Galichet, F. (2012). Quelle éducation civique et morale aujourd'hui? *BLÉ 91,* No 48, 10–11.

Gamonet, E-L. (2006). *L'interculturalité au service de l'éducation à la citoyenneté.* Mémoire, IUFM de Bourgogne.

Ministère de l'Éducation Nationale (1973). Circulaire no 73-10008 du 2 février 1973 : Enseignement du portugais à l'intention des élèves portugais scolarisés dans l'enseignement élémentaire.

Ministère de l'Éducation Nationale (1975). Circulaire no 75-148 du 9 avril 1975 : Enseignements de langues nationales à l'intention d'élèves immigrés, dans le cadre du tiers temps des écoles élémentaires.

Ministère de l'Éducation Nationale (1978). La circulaire n° 78-238 du 25 juillet 1978 : Scolarisation des enfants immigrés.

Ministère de l'Éducation Nationale (1996). Circulaire no 96-103 du 15 avril 1996 : Éducation à la citoyenneté : une redynamisation de l'éducation civique.

Munier, O. (2008). Les approches interculturelles dans le système scolaire français : vers une ouverture de la forme scolaire à la pluralité culturelle? Socio-logos. Revue de l'association française de sociologie 3 | 2008.

North-South Centre of the Council of Europe (2003). Global education in Europe to 2015 outcomes and papers of the Europe-wide global Education congress maastricht, The Netherlands 15th-17th November 2002. Lisbon : North-South Centre of the Council of Europe.

Osler, A. & Starkey, H. (2006). Education for democratic citizenship : A review of research, policy and practice 1995-2005. *Research Papers in Education, 21*(4). 433–466.

Ouellet, F. (2000). Quelle formation interculturelle en éducation?, *Raisons éducatives,* n° 3, 2000/1-2, 243–260.

Ouellet, F.（2002）. L'éducation interculturelle et l'éducation à la citoyenneté, *VEI Enjeux,* n° 129, 146-167.

Ouellet, F.（2005）. Socioconstructivisme et éducation à la citoyenneté, *25 e colloque AQPC : Le Cégep, pour savoir agir,* 68-86.

Saint-Pierre, C.（1999）. Éducation interculturelle et éducation à la citoyenneté : Le rôle de l'école. *Revue Québécoise de Droit International, 12*(1), 217-224.

第7章

異文化間市民教育
―― 外国語教育の役割

マイケル・バイラム
柳 美佐（訳）

1. はじめに

　言語教育は――それが国語であれ外国語であれ――教育においてますます重要な位置を占めるようになっている。国際化社会の中で，異なる言語を話す人々と出会う機会が増えた我々は，彼らと会話を交わせるようになる必要がある。しかし，ことばを学ぶ時，我々には一体どのようなことが起こるだろうか。国語はアイデンティティと密接に結びついており，国語を学ぶことはすなわち，その国のナショナル・アイデンティティを獲得する過程の1つである。同様に，外国語学習もアイデンティティに影響を及ぼすであろう。とりわけ，国語や外国語の教育は，共に学校で行われるものである。従って学校は，言語教育だけでなく，ナショナル・アイデンティティと国際的アイデンティティの涵養においても，重要な役割と責任を負う。

　外国語教育では，言語とアイデンティティの関係やそれにかかわる経験が複雑に絡み合っていることを，より慎重に考慮にいれるべきである，というのが本章の主張である。外国語教育はただ技術的なことを教えるだけのものではない。我々は，言語的知識や技能だけではなく，他者や我々をより豊かに理解し共存するために役立つ，「異文化間能力（intercultural competence）」を育成できるような指導法や学習法を開発すべきである。それだけにとどまらず，外国語教育は，通常，国や国家市民（national citizenship）と関連づけられることの多い市民性という概念を「異文化間市民（intercultural citizenship）」にまで拡大することが可能であり，そうすべき責任がある。

2. 言語学習と教育のコンテクスト

　我々は国際化した世界に生きている，というのは，今や決まり文句のようになっている。しかし，これが言語とコミュニケーション教育に関心を持つ人々にとって，一体何を意味するのか考えねばなるまい。ユネスコの教育グループ[注1]は，すでに1990年半ばに次の世紀が教育にとって意味するところを明瞭に定義し簡潔にまとめている。21世紀には教育が生涯を通して必要となるだろうと予測し，4つの不可欠な要素と柱があると述べている。

　　委員会として簡潔に述べると，生涯教育は次の4つの柱に基づいていると考える。知ることを学ぶ，行動することを学ぶ，共に生きることを学ぶ，そして人間として生きることを学ぶ。　　　　　　　　（UNESCO, 1996, p. 90）

　このうち3つ目の柱は「他者を理解すること」を含み，適切なコミュニケーションを伴う活動を強調している。

　　他者理解を啓発し，相互依存を認め合うことによって共に生きること──多元的共存，相互理解と平和の価値に対する尊敬の精神を持って，共にプロジェクトを遂行し，対立を制御すること──　　　　　　　　（同書）

　しかしながら，コミュニケーションとは単に情報の交換にはとどまらない。共にプロジェクトを遂行する人に関する知識であったり，彼らのアイデンティティや，彼らが我々の中に見るアイデンティティなども含まれる。ナショナル・アイデンティティというのは，個人が持つ複数のアイデンティティの中の1つにすぎないが，共にプロジェクトを遂行し対立を制御する場面においては，非常に重要なものとなる。対立が中心となるようなプロジェクトの格好の事例として，以下のものを紹介する。

[注1] Jacques Delorsを議長とするユネスコの教育研究グループ。詳細についてはThe Delors Report (1996) *Learning: The treasure within.* を参照されたい。

3. 学校教育，ナショナル・アイデンティティ，言語学習

　多くの人々にとって，言語とナショナル・アイデンティティとの関係は相互的なものである。人は，英語・フランス語・日本語を話すという理由から，自らを英国人・フランス人・日本人であると考える。もしくは，英国人・フランス人・日本人だから，英語・フランス語・日本語を話す。しかし，これまで当然とされてきたこの単純な公式は，例えば英国にいる人々の中に，第一言語もしくは「母語」として英語を話さない人がいる場合には，もはや通用しないだろう。

　具体的にいえば，英国人が英語を話すのは「学校で英語を学んだ」からであるが，それは他でもなく学校で標準英語を学んだことを意味する。場合によっては，彼らが自身の話す英語方言に加えて標準英語を習得したことを指し，また別の場合には，「母語」である別の言語に加えて標準英語を習得したことを意味する。グローバリゼーションと移住の結果として，世界の多くの国々で同様の現象が見られる。

　標準語の重視や「言語ナショナリズム」は，歴史的に国民国家において学校が担う役割の1つであった。子どもたちは小学校入学の際，まずこの言語に出会うことになる。しかしホブズボーム[注2]は，これが最も重要な瞬間というわけではないと主張している。

> 潜在的資源として言語が価値を持つにいたる上で，きわめて重要な時点は，それが初等教育の媒体となる時ではなく（これにより自動的に，多くの小学校教員と言語を教え込む者を生みだすことになるが），中等教育の媒体となる時である。（中略）なぜならそれこそが（中略）地域語を社会的流動性と関連づけ，ひいては言語ナショナリズムへと繋がるからである。
> 　　　　　　　　　　　　　　　　　　（Hobsbawm, 1992, p. 118）

　ホブズボームは，社会的流動性が標準語の習得に大きく依拠していた19世

[注2] エリック・ホブズボーム (Eric John Hobsbawm, 1917-2012)：イギリスの歴史家。ロンドン大学バーベックカレッジで教鞭をとった。

紀のヨーロッパについて語っているが，それは今日においても同様で，むしろ状況はより複雑になっている。言語とアイデンティティの単純な相互関係はもはや成立しない。1つの言語だけを話す人の数は，いまだに多いとはいえ減少傾向にある。これはグローバリゼーションとそれに伴う経済的流動性の影響による。今日，社会的・経済的流動性は，地理的移動性と異言語の習得に密接に関連している。

　人が移動する時，異言語学習は，学校で習った言語とアイデンティティを寄せる言語との関係を変えてしまうことがある。次の例は，ポルトガルの小学校で1年間外国語としてフランス語を教えながら，自身もポルトガル語を学んでいたフランスの小学校教員へのインタビューである。これは，彼女がフランスの学校で教えている移民の子どもたちの生活をよりよく知るためのプロジェクトの一環であった。現地での経験についてインタビューに答える中で女性教師は，1年間のプロジェクトを終えてポルトガルからフランスへ電車で帰る際にあったできごとについて，次のように説明している。

> 帰路，私は列車でボルドー駅に着きました。手荷物預かり所にスーツケースを預けるために小銭が必要だったので，私は新聞やたばこを置いている売店に両替に行き，かつてのように「こんにちは，これを両替していただけませんか」とフランス語でいいました。その瞬間，ポルトガル語ではしたことのないような話し方を自分がしていることに気づきました。私のポルトガル語はまだそのレベルに達していなかったけれど，フランス語ではこんな風に話せるんだということを自覚したときから，もう私はかつての自分ではなくなりました。人がことばを使うことは，個々人にとって非常に重要な問題であることに気づいたのです。　（Byram, 1996, p. 92）

　彼女が最初の部分で述べているのは，ポルトガルではポルトガル語を話していたため，ある意味で別の人間になっていたということで，それに気づいたのはポルトガル語で話していた時ではなく，いきなり流暢にフランス語を話せた時だったということである。外国語としてのポルトガル語学習が，彼女に新たなアイデンティティ，新たな人格を与えたといえよう。彼女は次のように続けた。

自分が話すフランス語を聞きながら，私はもう以前とは違って，ポルトガルで 11 ヶ月暮らした私なのだと思いました。話していたのはかつての私ではありませんでした。私のフランス語は昔のままでしたが，話していたのは別の私でした。それから 15 日間，私は，一度私の元を離れたフランス語を再び取り戻すために学びなおしましたが，それも以前のフランス語とは違っていました。フランス語の再学習と，その価値を明らかにしたいという思いから，私はその半月間まったく落ち着きませんでした。（同書）

　フランス語を話すこととの対比によって，彼女は自分に何が起こったのかを自覚できたが，同時に彼女の人格にフランス語が結びついていることをも理解するにいたった。フランス語は彼女に刻み込まれた言語であった。しかし，彼女が再びフランス語を学びなおした時，本人がいうように，それはもはや同じ言語ではなかった。そして彼女自身も，以前と同じではなくなったといえよう。

　しかし，そもそも彼女はどのようにしてフランス人としてのアイデンティティを獲得したのであろうか。おそらく彼女は 1960 年代，まだフランスという国が比較的均質な国であった頃に学校でフランス語を学んだはずである。当時のフランスの教育システムは，まだ 19 世紀と同じように機能していた。19 世紀は，学校がナショナル・アイデンティティを涵養するために作られていた時代である。バレット[注3]が，ナショナル・アイデンティティに対する若者の理解について分析する中で述べているように，教育システムが担う役割は大きい。

　学校の気風やカリキュラムが，国民国家に対する子どもたちの態度や帰属意識を決定し強化するのに重要な役割を果たすことは確実であろう。言いかえれば，国民国家に対する子どもたちの知識や信念，感情と，学校教育との間には関連があることがこれまでに実証されている。

（Barrett, 2007, p. 255）

[注3]　マーティン・バレット（Martyn Barrett）：イギリスの心理学者。サリー大学教授。

フランスや他の地域においても，小学生はこのようにして自分たちの〈標準〉言語「私たちのことば」を学び，自分たちの国土「祖国」について学び，地理的境界とそこに住む人々について学ぶ。また，祖国の歴史や文学——フランス以外の国によっては——宗教についても学ぶのである。

　従って，学校が行うことを一言でいえば，ナショナル・アイデンティティという観念の生成である。ナショナリズムの歴史と理論の専門家が指摘するように，学校とナショナル・アイデンティティとの結びつきはきわめて強い。

> 国家主義理論において（中略）教育の目的は，知識や伝統的叡智の伝達ではなく，（中略）むしろ，完全に政治的で，<u>若者を国家の意思に従わせる</u>ためのものである。学校とは，軍隊や警察，国庫と同様に，国策のための装置である。　　　　　　　　　（Kedourie, 1966, p. 84，強調は引用者）

　従来の学校教育の過程とは，思考，ビジョン，信条を同じくする——と期待された——人々の大集団に属することを学習する社会化の過程であると考えられていた。その集団は「国民（the nation）」と呼ばれ，「国家（the state）」と同一であるとみなされた。もちろんこれは神話でしかない。しかしナショナリズムにとっては有用な神話であった。

　今日においても，学校は国家社会主義化における役割を依然放棄していないが，かといって他国を無視することはもはやできない。学校はまた，国家が他の国家と相互に関係していることや，国家が均質的な国民性を持たないという事実を無視することもできない。とはいえ，これが厳密に何を意味するかは明らかではない。確かなことは，外国語教育が重要な役割を持つという事実であり，次に，言語スキルと能力を身につけるだけでは不充分だということが，広く認識されつつあることだ。異なるアイデンティティや文化を持つ人々と交流するためには，言語スキル以上のものが必要である。

　言いかえればこれは，言語教師が言語能力だけでなく，異文化間能力を教えることの重要性を認識しはじめていることを意味する。言語能力やコミュニケーション能力は必要だが，それだけでは不充分である。異なる文化を持つ人々をより深く理解し彼らとの交流を深めるためには，異文化間能力を身につ

けることが必要である。政策立案者もまた，カリキュラムの目的や内容を決定するにあたり，異文化間能力の必要性を認識しはじめている。そこで2つの例をあげたい。まずはノルウェーの例から。

　　（外国の）言語を学ぶことで，生徒は他の文化に慣れ親しむ機会を得る。その見識は，他者への敬意と寛容性の基盤となる。そして異なる思考法をもたらし，生徒自身の文化的属性への理解も深まる。このようにして，生徒自身のアイデンティティは強化される。
　　　　　　　（The Royal Ministry of Education, Research and Church Affairs, 1999, p. 237）

2番目の例は，英国初等教育のナショナル・カリキュラムである。ここでも，市民性への言及があることは注目に値する。

　　言語能力と異文化理解は，市民として不可欠の要素である。児童は，他者の生活を探求することを通して，自分の生活についての理解をより深めることができる。彼らは，異なる観点から物事を見ることを学ぶのである。
　　　　　　　　　　　　　　　　　　　　　　　　　（National curriculum, 2005）

　以上の引用は――同様のことは他の国でも見られるだろうが――著者が本章で目的とする重要な点を2つ含んでいる。
　1点目は，言語教育が異文化学習と結びついており，それが学習者の寛容性と理解に影響を与え，その意味で，グローバル化した世界に対する準備をさせるものだと考えられていることである。
　2点目は，他者について学ぶことが，国家市民としての意識とナショナル・アイデンティティをより強固に認識させるという議論から，言語教育が一方では，ナショナル・アイデンティティの生成という役割を担っているという興味深い事実である。
　これらが事実か否かは実証的問題であり，正しく検証される必要がある。しかし，さしあたって教師は，このようなカリキュラムを教室で実践することを期待されている。

4. 実際の教室では

　以上のことは，教室においてどのような現象としてあらわれるのか。他国についての学習を通して，実際に生徒はどのように自身についての理解をより深めるのか。近年実践された実験的授業の例を用いてそれらを説明してみよう。一例として，ブルガリアの学校で外国語としての英語の授業中に行われたプロジェクト（Topuzova, 2001）を取り上げる。ここでは，異文化間能力の学習が，単なる文化的事実や知識の学習にとどまらないことが示唆されている点に注目されたい。より重要なのは，生徒が物事を「どのように行うか」という技能を学ぶことである（Ryle, 1946）。過去，我々が外国語教育において犯した過ちの1つに，事実を教えるのに焦点をあてすぎたことがある。例えば「文明」や「ランデスクンデ（Landeskunde[注4]）」，「地域研究」などの事実を教えることが，前述したノルウェーの例で言及されている「他者への敬意と寛容性」や「生徒自身の文化的属性への理解」をもたらすかのように考えられていた。ブルガリアにおけるプロジェクトの詳細については，バイラム（2011）に掲載されているため，ここでは異文化間能力（Byram, 1997）のその他の要素について説明したい。

　コネチカット大学のワグナー（Manuela Wagner），グラストンベリースクールのペルジーニ（Dorie Conlon Perugini），ダラム大学のバイラム（Michael Byram）の3人からなる研究開発チームによって，アメリカのコネチカット州にある小学校で，最近1つのプロジェクトが開発された（Byram, Conlon Perugini & Wagner, 2013）。

　このプロジェクトの目的は，小学校において児童の言語伝達能力の伸張という基準を満たしながら，同時に彼らの異文化間能力の獲得を促すようなアクティビティを取り入れるために，現行の言語教育の単元を，どのようにして改変することができるかを説明することである。選んだ単元は「世界のくだもの」。単元のタイトルが示す通り，言語習得に焦点をおいた授業の中で，児童は世界中で食べられているさまざまなくだものについて知る機会を通して実際の情報を学ぶ。つまり，この単元の文化的側面は，児童自身が導きだした新た

[注4]　目標言語文化圏の社会，経済，地理，歴史等に関する知識全般を指すドイツ語。

な知識というよりは，多くの場合，教師によって情報として伝えられる。例えば，「パイナップルは熱帯のもので，暖かい地方で栽培される」というように児童は教わる。単元が始まる前に教師は児童に「世界のくだものについて，どのような疑問がありますか」と問い，くだものについての質問を書かせた。生徒が持つ疑問を予め知り，それらを教案に取り入れるためである。質問は以下のようなものであった。

- ・人々はどんなくだものを食べますか。
- ・外国の人たちは，私たちが食べているのと同じくだものを食べますか。
- ・くだものがない場所はありますか。
- ・くだものは世界中で同じですか。

5回の授業の最初の15分では，いくつかの文法と共に，くだものや関連語彙を紹介した。その後教師は，学校にいる人たちがどんなくだものを食べているかという質問紙調査をさせて，児童が自らの文化的環境に関する知識を集める機会を与えた。この一連のアクティビティは既習の単語を使って目標言語[注5]で行われた。調査結果をディスカッションする段階で教師が——他の多くの語学教師がそうであるように——気がかりだったのは，調査結果について英語で話し合わなければ，細かい部分まで伝わらないのではないかという点であった。これに対処するため，教師は3年生の学級担任と共に，算数の授業でこの調査結果を使って図表の学習を共同指導できないか話し合った。

担任は，実生活におけるデータを算数の授業に活かすことができる。同時に語学教師は，生徒に「母語」である英語とスペイン語の両方で複雑な事象についてディスカッションさせることで，スペイン語での指導時間を引き延ばすことができる。そのためこの共同授業は，担任と語学教師双方にとって有益であった。45分間の算数の授業では，スペイン語教師が調査紙にある質問をスペイン語で問いかけ，児童は回答を読み上げた。担任は回答をチャート用紙に記録し，その後データをエクセルシートに入力した。教師はそれぞれの回答を

注5　ここではスペイン語を指す。

示す円グラフと棒グラフの2つを作った。児童は，どちらのグラフが集めたデータをより明瞭に表しているかについて議論しただけではなく，データを読み解きながら，自身の文化的環境について考察しはじめた。この算数の共同授業で観察された注目すべき意見には，以下のようなものがある。

くだものに関連して：
・小さなこどもは多分両親と同じくらいくだものを食べるのではないか。
・ほとんどの人が，自分は適切な量のくだものを摂取していると考えている。
・フルーツスナックはくだものとしてカウントするのか。
・誰かの好きなくだものは，他の誰かにとっては嫌いなくだものだということが面白い。
・私たちはみんな違った味覚を持っている。
・あるクラスでは，私たちが聞いたこともないくだものが人気だ。これは多分，その生徒たちが他の国で暮らしたことがあるからだと思う。

グラフに関連して：
・円グラフの方がきれい。
・パーセンテージを見るには，円グラフのほうがわかりやすい。
・円グラフでは，それぞれ全部でどれくらいの人が投票したのかわかりにくい。
・棒グラフのほうが，投票した人数がわかりやすい。

次のステップは，もし合衆国以外の人々に同じ質問をした場合，これらのグラフがどのように異なってくるのかを探ることであった。そのため児童には，地元コミュニティの人々と交流する機会が与えられた。彼らは同様の質問紙を使い，外国生まれの知人たちにインタビューを行った。

ここで，後述するモデルである「発見のスキル（skills of discovery）」は，他文化に見られるものを自文化にあるものと結びつけて説明するための「解釈し関連づけるスキル（skills of interpreting and relating）」によって補完されている。

教師は，新しいデータでグラフを作成するよりも，世界の国々で最も人気のあるくだものと人気のないくだものが何かを，Googleマップを使って教えることにした。児童はまずコンピューターラボで，Googleマップについての授業をスペイン語で1時間受けた。教師は，この活動が過剰な一般化から固定観念につながらないよう，サンプルサイズの概念についても議論した。児童はその前に受けた算数の授業で，すでにサンプルサイズについてよく知っていたため，これらの会話をスペイン語で行うことができた。例えば，教師がGoogleマップ上のあるピンを指し，目標言語で次のような質問をした。「このピンが示す人口はどれくらいですか。このピンは国全体を表していますか。もしこの国に住む人たち全員に質問をした場合，答えは同じでしょうか，違うでしょうか」。

連続授業の最後に，児童はイグジットスリップ（Exit Slip）と呼ばれる1枚の紙を渡される。質問に対する答えを書かせたり，授業の一部を振り返ったりすることができるように工夫された振り返りシートである。担任は児童に5分間与えて，その日に学んだ興味深く新しいアイデアやコンセプトについて書かせた。

生徒の振り返りシートから：
・世界中にはたくさんの種類の食べ物がある。
・スペイン語ではパッションフルーツの名前が2つあることを学んだ。
・アルバニアには，こことはずいぶん違ったくだものがあり，発音がむずかしい。
・今日学んだ中で最も興味深かったのはパンノキ（breadfruits）だ。なぜなら写真ではパン（bread）に似ていなくて，リンゴのようだったから。

この実証研究は「異文化間能力モデル」（Byram, 1997）に基づいている。「発見のスキル」と「解釈し関連づけるスキル」は，このモデルにおける主要な2つの要素であり，次に述べるサブ能力と共に「異文化間能力」を構成する。また，授業とカリキュラム計画において目標とされるべきものである。

- 知識（savoirs[注6]）：自国や対話相手の国における社会集団やその生産物と慣習，および，社会的・個別的相互作用の一般的な過程についての知識。
- 解釈し関連づけるスキル（savoir comprendre）：他文化における書物やできごとを解釈する能力，それを説明し，自文化の書物やできごとと関連づける能力。
- 発見と相互作用のスキル（savoir apprendre/faire）：文化および文化的慣習に関する新たな知識を得る能力と，リアルタイムなコミュニケーションや相互作用において知識や態度，技能を運用する能力。
- 態度（savoir être）：好奇心と開かれた心，他文化に対する不信と自文化への信頼を保留する心構え。
- 批判的文化アウェアネス（savoir s'engager）：明確な基準に基づき，自国や自文化，ならびに他国や他文化の視点，慣習，生産物を批判的に評価する能力。

このモデルは，INCA[注7]，CEF cult[注8]，Lolipop[注9] など，さまざまなプロジェクトで広く用いられている。ただし，批判もある（Kramsch, 2009）[注10]。

このスペイン語の授業をまとめた次の表では，一番左の列に上述した要素（知識，解釈と関連づけるスキル，発見と相互行為のスキル，態度，批判的文化ア

[注6] ここでフランス語の用語を紹介するのは，異文化間能力の下位要素が相互に結びついていることを示すためである。

[注7] INCA <http://www.incaproject.eu/> 注および参考文献のURLは2015年8月31日参照。

[注8] CEF cult <www.cefcult.eu>

[注9] Lolipop <http://lolipop-portfolio.eu/index.html>

[注10] Kramsch は，「文化」が国民国家と社会的慣習に根付いた固定的なものだとするこれまでの定義に対して，今日ではメディアやインターネット，産業界の言説等に影響されるイデオロギーや態度，信条等に形作られたり操作されたりするポータブルな概念になりつつあると指摘している。「文化」が象徴的な自己の土台となるため，異文化間能力育成においてコミュニケーションを通した他文化理解や認知力，他言語の運用能力の向上のみにとどまらず，学習者の主観および歴史的，イデオロギー的側面を含めた象徴的次元（Symbolic dimentions）を重視すべきだと主張する。また本書第6章において姫田は，このモデルの分類と各要素の定義付けが明確でないことを指摘している。

ウェアネス）が書かれている。また，その他の理論的概念（社会正義への関心，実践共同体の創造，カリキュラム横断的授業）についての記述もある。2列目と3列目では，このプロジェクトが従来の授業とどのように異なり，改善されたかを比較している。

表1　従来の単元とICC単元の比較（Byram, Conlon Perugini, & Wagner, 2013 より）

目標	従来の単元	ICCの単元
知識	よく知られたくだものに焦点をあてた語彙の単元 －Glastonburyではリンゴの占める意味は大きい －トロピカルフルーツは熱帯地方で育つ	なじみのない新しいくだものに関する語彙，地域におけるくだものの消費傾向や食習慣，気候によるくだものの成長の違い，くだものの値段，すべての問いに答えがあるわけではない，くだものの手に入りやすさは（輸送手段の変化により）時代と共にずいぶん変化した。
解釈と関連づけるスキル		自分の生活や環境におけるくだもの消費の慣習を他国のそれと比較する。
発見と相互行為のスキル	児童が互いにくだものについて基本的な質問をする。 例：あなたが好きなくだものは何ですか。どんなくだものが酸っぱいですか。	校外の人たちに質問をしながら調査を行う。
態度	内容は主に言語に基づいたもので，特に文化に基づいたものではなかったため，あまり探求されなかった。	児童は互いの慣習や社会的規範について関心を見せる。スペイン語圏の文化的・社会的規範は，自国の国境内にも見られる。
批判的文化アウェアネス		くだものの値段や年間を通して入手するためにかかるコストについて―そのための環境コストについても質問する。
社会正義への関心	通常あまり観察されず，また積極的に求められることもない	例えば，くだものの値段に関する質問。
実践共同体の創造（と教室外への拡張）		児童は教室内外で互いの持つ知識をシェアし，活発に調査する。
カリキュラム横断的授業		算数の単元で担任とのカリキュラム横断的連携

5. 市民性教育

市民性教育（citizenship education）の定義について考えてみる時，外国語教員の仕事との間には，いくつかの共通点と相違点が見えてくる。

市民性教育は，近年ヨーロッパと北米においてより重視されるようになった。若者が帰属社会への関心をどんどん失いつつあるという懸念からである。ここで社会というのは，第一に国家社会を意味する。関心の欠如を示す指標の1つは，多くの若者が民主主義の権利である選挙に関心を持たないことである。

しかしながら，注視すべき重要な点は，市民性教育がいまなお国家的であり，「若者の意思を国家の意思へと曲げるべく」国家主義的であることだ。これは英国のナショナル・カリキュラムの例からも明らかである。「市民性教育」が新しい科目として導入された際，イギリス教育省のWebサイトには，市民性教育の目標が以下のように掲載されていた[注11]。

社会的・道徳的責任
　生徒は最初の段階から，教室内外で，自信を持つことを学び，目上の人やお互いに対する社会的・道徳的に責任のある行動を学ぶ。

政治的リテラシー
　生徒は，我が国の民主主義の制度，問題，実践について学び，また知識のみならず技能や価値観を通して，自身が国家の生活において，地元，地域，国家にとって有用な人物になるためにどうすべきかを学ぶ。これは，単なる政治的知識よりもさらに広い概念である。

共同体への参加
　生徒は，近隣コミュニティでの生活に関心を持ち，自身を役立てるべく積極的に関与することを学ぶ。これには共同体への参加と奉仕を通して学ぶことも含まれる。

[注11] 2005年1月当時。更新されたカリキュラムについては下記を参照のこと。
　National curriculum in England: citizenship programmes of study <https://www.gov.uk/government/publications/national-curriculum-in-england-citizenship-programmes-of-study/national-curriculum-in-england-citizenship-programmes-of-study-for-key-stages-3-and-4>

市民性教育の第一の目標は，このように倫理・道徳教育の問題といえよう。第二の目標は，積極的関与のあり方を学ぶことを強調している点からもわかるように，市民性教育とは事実を知ることだとする旧来の考え方を，新たに解釈しなおすことにある。これは単に政治に関する知識だけを指すものではない。

　第三の目標として，コミュニティへの奉仕と参加を通して学ぶことの重要性が強調されているという点で，大変興味深く革新的である。ここで重要なのは，コミュニティへの奉仕が，生徒が大人になる遠い将来のいつかではなく，今，ここで行われるべきだとしている点である。

　ただし，ここで一貫して強調されているのは，国家共同体，地方共同体，地域共同体であり，国際共同体についてはまったく言及がないことに注意されたい。これは，国境にとらわれず国際的思考ができる外国語教員の，基本的な考え方や直感とは対照的である。

　この二分法的な態度に代わるものを「超国家的市民社会（transnational civil society）」概念という理論的用語に見ることができる。世界貿易機関（WTO）や国際通貨基金（IMF）のような組織によるグローバル・ガバナンスの傾向に対して，国家の枠組みを超えた市民社会が民主主義の力となり，組織の権力を制限することを期待する人もいる。超国家的市民社会およびグローバル・ガバナンスの民主化が正確にはどのようなものかは，まだ明らかではない。しかし「専門家の意見」の優位性に基づいた現在のグローバル組織の正当化は不適切といえるだろう。それに代わるべきは，公的な場，すなわち「社会的・政治的生活の特定の場面におけるコミュニケーションの過程によって結びついた人々の集合体」（Nanz & Steffek, 2004, p. 8）での議論である。ナンツ[注12]とステフェク[注13]は，「組織化された市民社会は，国際機関と，台頭しつつある国家を超えた公的領域との審議の過程において，両者の『伝動ベルト』となる可能性を十分に持つ」と論じている（同書, p. 10）。

　加えて，「グローバル市民」教育の定義や枠組みを公表する国や多国籍組織

注12　パトリツィア・ナンツ（Patrizia Nanz）：ブレーメン大学教授。専門は政治理論。
注13　ジェンス・ステフェク（Jens Steffek）：ダルムシュタット工科大学教授。専門は政治科学，国際関係論。

も増えつつある。その中で最も早いものに，1997年に考案されたオックスファム[注14]の定義がある。ここでは，以下のような人がグローバル市民であると述べている。

> より広い世界が存在することを知っており，世界市民としての自らの役割に対する意識を持ち，多様性の価値を認めそれを尊重し，世界がどのように動くのかを理解し，社会的不正義を嫌悪し，ローカルからグローバルまで，それぞれのレベルでコミュニティに参加し，世界をより公平で持続可能なものにしようと望み，自身の行動に責任を持つ人。
>
> （Oxfam GB, 2006，強調筆者）

ここで我々は再び，「行動に対する責任」のような特定の道徳的価値体系における「教育」の暗黙的な意図を目にすることになる。これは，例えばオーストラリアのナショナル・ステートメントにも反映されていて，英国の国家レベルでの規制を遥かに超えている。

> 生徒は自らの行動に責任を持ち，多様性の価値を認めそれを尊重し，より平和で，公正で，持続可能な世界に貢献できるグローバル市民として，自身をとらえることを学ぶ。　　　（Commonwealth of Australia, 2008, p. 2）

理論的分析を深めるのはここまでにして，教室での実践に戻ることにしよう。

6. 異文化間市民の実践

これらのアイデアの実例を，現在のプロジェクトから見てみることにする。これは，二国間または多国間にまたがった，中等ならびに高等教育に携わる教員ネットワークによるものである。最初にあげる例は，アルゼンチンと英国の大学教員が企画したプロジェクトで，高い英語運用能力を持つ英語専攻のアル

[注14] オックスファム（Oxfam）は1942年にイギリスで設立された，飢餓と貧困を根絶するための持続的な支援活動を展開している国際協力団体。

ゼンチンの大学生50名と，スペイン語能力の高い英国の大学生50名が参加した。彼らが取り上げたのは，マルビナス・フォークランド紛争というセンシティブなトピックで，これは紛争30周年を迎える2012年から両国で再び議論されるようになった。

　学生は紛争について調べ，インターネットを通じて対話し，時にはリアルタイムでも話し合った。その際には，事件に対する丁寧な理解のために対話を重ねることや，協力的な紛争解決の必要性を重視した。彼らは紛争についてのパワーポイントを作成し，アルゼンチンと英国の退役軍人にインタビューを行い，両国の人々の接触と和解の可能性を示す広告を共同で制作した。これらはすべて外国語授業の中で行われ，学習者の批判的思考能力（Barnett, 1997）を向上させた。しかし，ここで重要なのは，彼らがブログやフェイスブックページを作り，そこへ寄せられた反応に言及し返答するなど，実際に行動を起こしたこと，つまり，外国語授業の教室に市民性教育の原理をもたらしたのである。アルゼンチンの学生は，和解についての意見を述べたリーフレットを制作し街中で配布した。彼らはまたNGOと協力し，非常に貧しい地区の英語学校で紛争についての特別授業を行った（詳細についてはAPPENDIX 1参照）。

　次に，英語を専攻するアルゼンチンの大学生100名とイタリアの大学生75名，そしてアルゼンチンの中等学校の生徒25名が参加した例をあげる。このプロジェクトでは，壁画と落書きというトピックを取り上げ，現代における表現の形について分析し考察することが求められた。

　参加者はまず，それぞれ外国語の授業で，壁に書かれた絵や落書きについて調査し，3ヶ月間オンラインでコミュニケーションを取り合った。彼らは地元の街にある壁画や落書きを写真に撮ってストリートアートの現状を反映する集成資料を作りあげ，wikiにアップロードした。アルゼンチンとイタリアの学生は，オンライン上で互いの街の壁画や落書きの資料を共有し，それらが芸術かそれとも公共物破壊の一形態かという議論を重ねた。一方で，年齢層や国ごとに共通の特徴を持つトランスナショナルな落書き文化が存在するのではないかという可能性についても検討した。彼らはMural.ly（落書きを作るWebサービス）を用いて，実際に壁画や落書きを共同制作するプロセスを通して，落書き文化に見られる国際的な同一性を認識するにいたった（APPENDIX 2にサンプ

ルをいくつか載せているので参照されたい）。

　アルゼンチンの大学生はまた，ラ・プラタ市にある中等学校の生徒とオンライン上で壁画や落書きに関する議論をするなど，大学レベルを超えた交流も積極的に行った（詳細については APPENDIX 2 参照）。

　上記以外にも，ネットワーク上で行うプロジェクトはすべて，外国語教育と市民性教育の組み合わせという基本原則に沿うようにしている。他には，韓国とアメリカの大学生，台湾と日本の大学の留学生，ブルガリア，イタリア，アルゼンチン，英国の中等学校の生徒のプロジェクトなどがある。

　この種の活動を，ローカルコミュニティに限定された通常の市民活動と区別するために，私は「異文化間市民」という用語を提案した（Byram, 2008）。これを通して私が主張したいのは，外国語教師が，他者の文化や社会，自文化と自分のおかれた社会，そしてそれらの関係について，学習者の批判的考察を促すだけでなく，国家の枠組みを越えたコミュニティ，あるいは市民社会における社会的行為をも活気づけることができるということである。これにより言語教育は，社会政策のまさに大事な一部となることができる。なぜならば，言語教育は国際共同体への帰属意識や，そこにかかわっているという自覚の生成に貢献するからである。ここで我々は，最初の問いである言語とアイデンティティに立ち返ることになる。外国語教育が，コミュニケーションの手段としての言語学習や，コミュニケーションスキルを教えるだけでなく，言語と文化の教育が批判的内省をもたらすことを保証するのであれば，すでにこれは，コミュニカティブ・ランゲージ・ティーチング（Communicative Language Teaching）から生じた技術面のみの焦点化を超えた，重要なステップであることを意味する。言語教師が学習者の批判的思考を促すだけでなく，市民性教育を行う同僚にならい，今，ここにいる生徒の共同体において，また国際的・超国家的共同体において，内省が行動につながるよう保証するのであれば，それは異文化間市民のための「外国語を通した市民性教育（foreign language citizenship education）」となる。このことが，学生や生徒が自らのアイデンティティを考える上でいかに重要であるかについては，これ以上強調する必要がないであろう。

7. 結論

本章で示唆したことは，以下の何点かにまとめられる。

1つ目は，ただ経済的にグローバル化しただけではなく，社会的，文化的にも国際的な世界において，我々は「共生することを学ぶ」必要がある。これは，コミュニケーションや他者との交流という面から見れば「異文化間の対話」[注15] が行われることを意味する。

2つ目に，「異文化間の対話」における「共生するための学習」は，互いのアイデンティティを理解することとかかわっている。言語とアイデンティティは相互に関連している。しかし，1つの言語に対して1つのアイデンティティ，ナショナル・アイデンティティのみを結びつける旧来の考えはあまりに単純で，世界の現状を反映していない。

3つ目に，新しいアイデンティティが複雑であるにもかかわらず，学校はいまだにナショナル・アイデンティティを強化する傾向にある。かつて国家が学校教育を導入した頃からまるで変わっていない。我々は，まさにこのようなコンテクストにおける外国語教育の目的を考えるべきである。

4つ目に，上記のコンテクストにおいては，言語能力だけを教えるのではなく，異文化間能力もあわせて教えることが重要である。それには知識のみならず，何よりもスキル，態度，そして我々や他者の文化と社会について批判的に考察することを教えることが含まれる。

5つ目に，もし外国語教育が真に国際的共生と対話に貢献したいのであれば，市民性教育に学ぶ必要があり，同時に市民性教育の国家主義を，国際主義へ，さらには人々が共に活動できる「国家を超えた市民社会」という考え方にまで広めることが必要である。

つまり，外国語教育は単にスキルの問題にとどまらず，価値観と教育目的の

[注15] 2008年5月に欧州評議会が公開した異文化間の対話に関する白書 *White Paper on Intercultural Dialogue: Living Together As Equals in Dignity* によると，異文化間の対話（Intercultural Dialogue）とは「民族的・文化的・宗教的・言語的背景が異なる個人や集団間で，相互理解と尊敬に基づき，敬意をもって率直に意見を交換することにより成り立つプロセス」であると述べられている。また，そのような差異による人々の分裂を防ぎ，普遍的な価値を共有することで，異なるアイデンティティを建設的・民主的に対処し，共に未来へ進むために，異文化間の対話が重要な役割を担っているとしている。

問題でもある。また外国語教育は経済のグローバル化だけでなく，社会の国際化においても重要な役割を担っている。教育政策は，経済政策だけではなく社会政策でもあることを意味している。

[APPENDIX 1]
マルビナス／フォークランド紛争
―― アルゼンチンと英国の外国語教育現場における市民性教育の機会

メリナ・ポルト[注16]，レティシア・ユリタ[注17]

　本プロジェクトは，アルゼンチンと英国の 100 名の生徒を対象に，外国語教育の授業で異文化間・市民性教育を推進することを目的とした。

　プロジェクトでは，比較方法論を用いて 1982 年にアルゼンチンと英国との間で起こったマルビナス／フォークランド紛争を取り上げることにした。他者をステレオタイプ化するメディアの力と，それが他者に対する個人の思考と行動にいかに影響するかについて理解し，分析するよう学生に求めた。

　アルジェリアでの授業は大学で行われた。対象は，ラ・プラタ大学に在学する学部 2 年生で，将来，英語教師もしくは英語通訳をめざす 50 名である。ここは発展途上国にある国立の名門校でバリアフリー大学である。年齢は 18 歳から 22 歳であった。アルゼンチンでは英語は外国語で，この学生たちは CEFR で定める C1 レベルの英語運用能力を持っていた。英国で授業が行われたのも大学で，外国語としてスペイン語を専攻する 18 歳から 21 歳までの学部 1 年生 50 名が対象となった。

　参加者は紛争について調査し，wiki と Elluminate live を使い（非同時的もしくはリアルタイムに）2 ヶ月間オンラインでコミュニケーションを取り合った。彼らは互いに，尊敬，相互理解，社会正義と開放性に基づいてやりとりを続け，相手にも意見や視点を表現することを許容した。また，敵意を避け，必要に応じて衝突を修復すべく協力しあった。彼らは自身のナショナル・アイデンティティがもたらす視点を保留し，協力的で国際的なアイデンティティと視点を一時的に得ることができた。例えば，彼らは紛争についてのポスターやパワーポイントを作成し，アルゼンチンと英国の退役軍人にインタビューを行い，両国の人々の接点を熟考し両者の和解を最終的な目的とする広告を共

注16　Melina Porto.　ラ・プラタ国立大学，科学技術研究評議会，アルゼンチン
注17　Leticia Yulita.　イースト・アングリア大学，英国

同で企画制作した。最後に，彼らは地元での市民参加活動を通じて，彼らの背景や文化についての知識を他者に伝えた。例えば，いくつかのグループはブログやフェイスブックページを作り，広くその反応を記録した。また，あるグループは紛争についての意識向上のためにリーフレットを作成し，アルゼンチンのラ・プラタ市街の都心で配布した。別のグループは，現地の英語学校で紛争についての特別授業を行った。その他，'Un techo para mi país' 'Un techo para mi país' と呼ばれるNGO[注18] と共に，非常に貧しいエリアで同様のことを行ったグループもある。

・アルゼンチン人と英国人の和解のための広告（両国の学生の共同作業により制作）[注19]
・地域における活動（ラ・プラタ市でのアルゼンチン人学生の活動）
  (1) NGO 'Un techo para mi país' での活動[注20]
  (2) ブログ[注21]
  (3) リーフレット
      学生は Glogster[注22] でリーフレットを制作し，ラ・プラタの市街地で配布した[注23]。
  (4) ある英語学校での授業
      生徒の一人は100歳であった[注24]。

[注18] ラテンアメリカとカリビアンで貧困撲滅のために活動する若者を中心とした非営利団体。成人に読み書きを教える活動もする。
[注19] The Malvinas/Falklands conflict: An ad for peace <http://www.youtube.com/watch?v=c0twtAmpTno&feature=youtu.be>
　　　Malvinas Ad <http://www.glogster.com/sofigeido/malvinas-ad/g-6l5ivb3voi3c1ssvleap1a0>
　　　Malvinas Falklands Video <http://youtu.be/clWCcXHMUsw>
　　　Proyecto Malvinas/Falklands <http://thefalklandsmalvinasproject.blogspot.com.ar/search/label/Home>
[注20] Pictures of Falklands War <http://www.youtube.com/watch?v=C4fDSJ7yLrw&feature=youtu.be>
　　　Action in the local community stage/Falklands Project <http://www.youtube.com/watch?v=Wx3z6FTknyY>
[注21] Proyecto de formación ciudadana: Guerra de malvinas <http://proyectodemalvinas.blogspot.com.ar/>
[注22] Web上でチラシを作れるサイト。
[注23] Malvinas <http://www.glogster.com/antomon/malvinas/g-6l5cocsdp21823pfijd5ea0?fb_action_ids=4526447451862&fb_action_types=og.likes&fb_source=aggregation&fb_aggregation_id=246965925417366>
[注24] Action in the local community <http://www.youtube.com/watch?v=UvXTV5ZwQiY&feature=youtu.be>

[APPENDIX 2]
壁画と落書き
――アルゼンチンとイタリアでの，外国語授業における市民性教育の機会

メリナ・ポルト[注25]，ベロニカ・ディ・ビン[注26]，マルタ・グアルダ[注27]

　ラ・プラタ–パドヴァプロジェクトは，オンライン上で行われた異文化間市民性教育プロジェクトである。アルゼンチンのラ・プラタ大学で英語を専攻する学部2年生と，イタリアのパドヴァ大学で英語を専攻する学部2年生を対象に，2013年の第1セメスターに行われた。アルゼンチンでは約100名，イタリアでは75名が参加した。2013年の第2セメスターに行われた第二段階では，ラ・プラタ市にある中等学校の生徒25名がアルゼンチンの大学生と共に参加した。このプロジェクトでは，壁画と落書きというトピックを取り上げ，現代における表現の形について，比較方法論を用いて調査，分析し熟考することが要求された。

　第一段階では，大学生の参加者がそれぞれ外国語の授業で，壁に描かれた芸術や落書きについて調査した。そしてwikiやスカイプを通して3ヶ月間オンラインでコミュニケーションを取り合った。オンラインコミュニケーションを始めるまでに，彼らは多くの資料や教材[注28]を読む必要があった。

　その後彼らは教室を出て地元の街を歩き，現存する壁画や落書きを写真に収めた。自分たちの街にあるストリートアートの現状を反映する集成資料を作りあげた彼らは，それをwikiにアップロードした。そして，社会的，歴史的観点からこれらの表現方法の意味について述べ，その視点を外国にいる相手側の大学生とオンラインでやりとりをしながら共有した。

　スカイプセッションは毎週記録されwikiにアップロードされた。そこで参加者は，壁画と落書きについて共通の概念を持つにいたったが，合意にいたるまでには，それらが実際に芸術かそれとも公共物破壊の一形態かという議論を重ねた。そして，年齢層や国ごとに共通の特徴を持つ，トランスナショナルな落書き文化が存在するのではないかという可能性についても検討した。また，互いの街の壁画や落書きの資料を共有しながら，

注25　Melina Porto．ラ・プラタ国立大学，科学技術研究評議会，アルゼンチン
注26　Verónica Di Bin．ラファエル・エルナンデス国立学校，アルゼンチン
注27　Marta Guarda．パドヴァ大学，イタリア
注28　Murales de Buenos Aires <http://www.buenosaires.gob.ar/areas/cultura/murales/index.html>
　　　Ghetto art: Thousand voices in the city <http://www.graffiti.org/faq/appel_ghetto_art2006.html>
　　　Murales La Plata（Facebook）<http://www.facebook.com/#!/murales.laplata?fref=ts.>

違いと共通点を探った。アルゼンチン人とイタリア人の大学生は，Mural.ly という落書きを作る Web サービス（http://www.graffiticreator.net/）やその他の資料を用いて，壁画や落書きを作るというタスクを共同で行った。作品には，このような表現形式を用いて，若者のアイデンティティがどのように描写されたか，または示されたかが反映されていなければならないとの条件がつけられた。これらのプロセスを通して，国際的な同一性が浮かび上がった。いくつかの共同作品は Web サイト[注29] からアクセスできる。

写真1　両大学学生による共同作品

　アルゼンチンの学生は，イタリアの学生と壁画について話し合ったスカイプセッションを書きおこし，振り返りながらそれを分析した。また回想ログには自身の壁画の意味について綴った。これは壁画が作成されて数ヶ月後に起こったことであるが，彼ら自身に新たな意味をもたらすことにつながった。

　地元の市民活動への参加や，大学レベルを超えて他者との絆を深めることを学生に促す手始めに，アルゼンチンの参加者は執筆時現在（2013年10月），ラ・プラタ市にある中等学校（Colegio Nacional Rafael Hernández）の生徒とオンラインでやりとりをしてい

注29　Mural: Graffiti ("Padova-La Plata" Project 2013) <http://mrl.li/11j8xkq>
　　　Carpanese-Gasparato-Chiaravalli-Sampino <http://mrl.li/11aY2Lh>

る。生徒もまた，今年の初めに EFL の授業で壁画や落書きに関するトピックを扱っていた。この中等学校のグループは，ラ・プラタ大学の学生のように外国のパートナーとオンラインでコミュニケーションをとることはなかったが，同じように地元の壁画や落書きを写真に撮った。加えて，地域の学校で見つけた落書きを1つ選び，芸術的表現における地域的・国際的若者文化の観点から検討しつつ，その落書きについて校長にインタビューを行った。また，学校近隣にある家の所有者にインタビューを行い，壁画や落書きに対する意見や感情，反応について質問した。

　ラ・プラタ市の中等学校生徒と大学生の両グループ共に，彼らは現在，情報公開のオプションとして次のような議論をしている。ラ・プラタ市の 10 代の落書きとその他の表現形式についてドキュメンタリーを制作する，このような若者のフリーランスな活動を支援する何らかの公的な援助を要求する手紙を市長宛てに書く，この活動を規定する法案を州の下院や上院議員に提案する，学校や大学においてアーティストの芸術表現を可能にするような戦略を要求する手紙を，校長や学長宛てに書くなどである。

参考文献

バイラム，マイケル（2011）．「外国語教育から異文化市民の教育へ」（齊藤美野(訳)）鳥飼玖美子・野田研一・平賀正子・小山亘(編著)『異文化コミュニケーション学への招待』（pp. 121-149.）　みすず書房．[Byram, M. (2011). From foreign language education to education for intercultural citizenship. *Intercultural Communication Review, 9*, 17-35.]

Barnett, R. (1997). *Towards a higher education for a new century.* London: Institute of Education.

Barrett, M. (2007). *Children's knowledge, beliefs and feelings about nations and national groups.* Hove, UK: Psychology Press.

Byram, M. (1996). Framing the experience of residence abroad: The pedagogical function of the informal interview. *Language, Culture and Curriculum. 9*(1), 84-98.

Byram, M. (1997). *Teaching and assessing intercultural communicative competence.* Clevedon: Multilingual Matters.

Byram, M. (2008). *From foreign language education to education for intercultural citizenship.* Clevedon: Multilingual Matters.

Byram, M., Conlon Perugini, D., & Wagner, M. (2013). The development of intercultural citizenship in the elementary school Spanish classroom. *Learning Languages Contents, 18*(1), 16-31.

Commonwealth of Australia (2008). *Global perspectives: A framework for global education in Australian schools* (updated version, 1st version 2002). <http://www.globaleducation.edu.au/verve/_resources/GPS_web.pdf>

Hobsbawm, E. J. (1992). *Nations and nationalism since 1780.* Cambridge: Cambridge University Press.

Kedourie, E. (1966). *Nationalism.* London: Hutchinson.

Kramsch, C. (2009). Discourse, the symbolic dimension of intercultural competence. In A. Hu & M.

Byram (eds.), *Interkulturelle kompetenz und fremdsprachliches lernen: Intercultural competence and foreign language learning*. Tübingen: Gunter Narr Verlag.

Nanz, P. & Steffek, J. (2004). Global governance, participation and the public sphere. *Government and Opposition, 39*(2), 314-335.

National curriculum (2005). *Key Stage 2 Framework for Languages* <http://webarchive.nationalarchives.gov.uk>

Oxfam GB (2006). *Education for global citizenship: A guide for schools.* <http://www.oxfam.org.uk/education/gc/files/education_for_global_citizenship_a_guide_for_schools.pdf>

Ryle, G. (1946). Knowing how and knowing that. *Proceedings of the Aristotelian Society, 46*, 1-16.

The Royal Ministry of Education, Research and Church Affairs (1999). *The curriculum for the 10-year compulsory school in Norway.* Norway: National Centre for Educational Resources.

Topuzova, K. (2001). British and bulgarian Christmas cards: A research project for pupils. In M. Byram, A. Nichols & D. Stevens (Eds.), *Developing intercultural competence in practice* (pp. 246-259). Clevedon: Multilingual Matters.

UNESCO (1996). *Learning: The Treasure Within.* Paris: UNESCO.

第8章

グローバル教育の立場から見た異文化間(インターカルチャー)と人材育成

キップ・ケイツ

1. はじめに

　さまざまな国，人々，民族や宗教を抱え急速にグローバル化しつつある世界においては，国際的な意識を持ち，外国語ができ，インターカルチャー的な能力をも併せ持つグローバル人材を育成する必要性も大きくなっている。異文化理解というのは，もはやアカデミックな専門家だけのものではなく，世界中の教育における必須項目になっている。これはBrown（1963, p. v）などによって何十年も前に指摘されている。

> かつては外交官，軍関係者，宣教師あるいはビジネスマンでもなければ，他の民族を理解するということなどは重要ではなかった。しかし今日では，世界の多様な文化は皆に関わることだ。今では人々は遠い所や以前なら近づけなかったような場所で休暇を過ごす。毎年他の文化から何千人もの人々がこの国にやって来る。そのうちの多くは学生であり，国に帰って指導者になる。彼らが温かい気持ちでこの国を去るか，あるいは敵意を持って去っていくかは，恐らくこの国の普通の人々と触れ合う中でどんな経験をするかによって決まるのだ。

　グローバリゼーションは，貿易，コミュニケーション，文化交流の障壁を取り除き，思考，人々，テクノロジーのグローバルな動きを引き起こした。我々は「壁のない世界」の創造を目撃しつつある。その結果，文化的意識や異文化を理解する能力の必要性も急速に上がっている。グローバリゼーションの例としては次のようなものがある。

- グローバルな労働需要の結果，外国人労働者のコロニーができるようになった。例えばドイツのトルコ人労働者，アメリカのメキシコ人庭師，サウジアラビアのスリランカ人メイドがそれに当たる。
- 宗教的紛争や政治的激変のため，イラク，カンボジア，ビルマから逃れスウェーデン，カナダ，ニュージーランドに難民のコミュニティができるようになった。
- スポーツのグローバリゼーションのため，東京でエジプト人力士が，イタリアで日本人サッカー選手が，ロシアで韓国人スケート選手が活躍するというような現象が起きた。
- 日本のような国では高齢化の結果，フィリピンやインドネシアから介護人を連れてくるということになった。
- 外国各地に興味を持つ人が増え，南米，アフリカ，中東などの世界遺産を見に飛び回る観光客が増加した。
- オリンピックやワールドカップのようなスポーツイベントは世界から選手を集め，世界の人々が楽しむグローバル規模のメディア・イベントとなっている。
- 文化交流が進んだ結果，タイで韓国ドラマを見る，フランスで日本のアニメを見る，クウェートでアメリカンスタイルのラップ音楽を楽しむというような現象が起きている。
- バーチャルな世界，実際の対面を問わず，世界の人々の交流が増え，民族，エスニック，また宗教的な境界を越えた友情や国際結婚が広がっている。

　このような国際的な傾向は人々の生活をグローバル化し，我々は居ながらにして日常的に外国の人と接触するようになった。フィンランドからの観光客，ジャマイカからの留学生，メキシコから来た近所の人，中国からの研修生，自分の学校にいるスコットランド人の先生といった具合である。このように外国との触れ合いが普通のことになっている現実を鑑みても，ビジネス，教育，観光，外交などの分野で多文化からの人々と交流できるグローバル人材を育成するのは急を要する任務だと言うことができる。

2. 異文化間教育とグローバル人材育成

　異文化間教育の必要性はさまざまな国際的文書で強調されており、またその目的、目標、特徴についても述べられている。このような必要性に応えるのが異文化間教育である。異文化間教育は比較的新しい分野であり、大切な使命と広い視野を持っている。この分野の可能性を最大限引き出す1つの方法は教育の関連分野で接点や役に立つ考え方を探し、協同の可能性を探ることである。そのような分野の1つにグローバル教育がある。

2.1　ユネスコ・異文化間教育指標

　異文化間教育の必要性はさまざまな国際機関の文書の中で強調されている。その1つは2006年に書かれた「ユネスコ・異文化間教育指標」（UNESCO, 2006）である。ここには異なる国、文化、民族間の関係を改善するというユネスコの使命が概説されており、多文化教育と異文化間教育の区別についても説明されている。多文化教育では多文化の受容、少なくとも多文化への寛容性を作り出すために他の文化について学ぶ。一方、異文化間教育の目的はさまざまな文化グループの消極的な共存に留まらず、理解、尊重、そして対話を通して多文化社会の中でともに生きていく持続可能な道を生み出すことである。

(1) 異文化間教育は文化的に適切で良質な教育を供給し学習させることで、学習者の文化的アイデンティティーを尊重する。
(2) 異文化間教育は、包括的な学習環境を促進し文化的に際立ったグループへの偏見を取り除くことにより、社会への積極的かつ完全な参加を可能にする文化的知識、態度そして技術を学習者に供給する。
(3) 異文化間教育は民族的、社会的、宗教的グループや個人を尊重し、理解し、連帯するために役立つ文化的知識、態度、そして技術をすべての学習者に提供する。それにより、学習者は人種的偏見や差別と闘う勇気を持つようになるはずだ。このような教育は文化的背景とその影響に関する知識を促進することについて教えるカリキュラムの一部に組み入れることもできる。つまり、学習者は自分たちの考え方、感情、そして評価基準がいかにその文化的背景と経験によって形作られてきたのかを学ぶ

のだ。

　自分の価値観，前提，そして評価基準はいかにして自身の素性や経験によって形作られてきたかを理解することで，文化や社会的境界を越えた効果的なコミュニケーションや協力の基盤を作ることができるのである。

2.2　各国のイニシアチブ

　世界のさまざまな国や教育機関が異文化間教育に関連したプログラムを積極的に実践している。例えば，アメリカのジョージタウン大学は異文化間教育・開発センター Center for Intercultural Education and Development（CIED）を設立した。ここでは相互理解を推進するための教育，訓練，広報プログラムを考案，実践している。また，欧州評議会は『異文化間教育カリキュラムの開発と実践ガイド』（2010年）を発行している。ここにはインターカルチャー的能力が果たす役割は批判的文化意識（自分が属する社会的グループと他の社会的グループの視点，慣行，所産を評価する能力）を高めることだと述べられている。さらに，例えばアイルランド共和国では国家的な「異文化間教育戦略」を作成した。これには異文化間教育が次のように定義されている。

　　異文化間教育では人間の生活のあらゆる領域において多様性は普通のことであると認識し，これを尊重し歓迎する。このような教育を通して，人間が異なる生活，習慣，世界観を培ってきたのは自然なことであり，この幅広い多様性が私たち皆を豊かにしているのだという事実を学習者に気づかせる。そして平等と人権を促進し，不公平な差別に異議を唱え，平等の基礎となる価値観を培うのである。　　　　　　　　　（IES, 2010）

3.　グローバル教育とグローバル人材育成

　グローバル市民を養成するための教育として最も直接的に関連があるのはグローバル教育である。グローバル教育は社会科に関わる研究に端を発し1970年代，1980年代に急速に発展した。その目的は世界の人々，国，文化，そして問題についての学生の意識を高めることにある。教育の1つのアプローチと

して，グローバル教育は教室の授業に世界的な視点を取り入れることを目的とする。国際的テーマ，異文化理解，グローバル・イシューズ（平和，開発，環境，人権）に重きを置いた授業をし，学生をより広い世界に連れ出し，社会的責任，国際理解，そして世界市民というような概念を学生に紹介するのである。

グローバル教育者は外国語は世界への窓であり，グローバル教育は現実の世界のトピックに即した意味のある内容を通して，授業に教育的関連性を持ち込むものだと考えている。この分野への関心が高まることで，語学教育の目的に関する論争，世界的テーマを扱う語学クラス，コース，教材が増え，世界中の語学教育学会に「グローバル・イシューズ」の分科会ができた。

3.1 定義と目的

グローバル教育の目的は，外国語を効果的に教えるのと同時に，グローバル市民として多文化世界でのグローバル・イシューズの解決のために必要とされる知識，技術，そして解決に貢献したいという意思をも身につけさせることである。

グローバル教育は次のように定義されている。

> 多文化的で相互に依存している世界の中で責任を持って生きるための知識，態度，そして技術を促進しようという教育である。
> 　　　　　　　　　　　　　　　　　　　　　　（Fisher & Hicks, 1985, p. 8）

次のような定義もある。

> グローバル教育とは，学生にグローバル・エイジに生きる市民としての準備をさせるための教育内容，方法，そして教育の社会的流れに変化をもたらそうとする努力から成り立つものである。　　　（Kniep, 1985, p. 15）

グローバル教育に携わる人々は，グローバル教育はただ単に新しい指導テクニックというだけではなく，教育的なアプローチだと強調している。普通，グ

ローバル教育には平和教育，人権教育，開発教育，環境教育の4つの分野が関与していると言われている。

　教育への「グローバル」アプローチの目的は一般的に4つの分野に分けられる。知識，技術，態度，そして行動である。

(1) 第一の目的は世界の人々，世界の文化，世界の国，世界の問題についての知識を身につけることである。より良い世界に貢献しようとするなら，異文化や地球問題の性質，原因，そして実行可能な解決法くらいは知っておかなければならない。

(2) 第二の目的は多文化世界に生き，世界の問題を解決するための技術を身につけることである。コミュニケーション技術，批判的かつ創造的な考え方，協力して問題の解決に当たる技術，非暴力的な紛争解決の技術，情報に基づいて意思決定をする技術，そしていろいろな角度から問題を見ることのできる能力などがこれに含まれる。

(3) 第三の目的はグローバルな態度を身につけることである。これは世界を視野に入れた広い意識，好奇心，他の文化の認識，多様性の尊重，正義への献身，そして他人への共感などを意味する。

(4) グローバル教育の最後の目的は行動である。つまり自分の住む地域やグローバルなコミュニティにおいて，世界の問題を解決するための行動に民主的に参加するということである。

3.2　根拠——なぜ「グローバル教育」なのか

　グローバル教育の理論的根拠は4つ挙げることができる。1番目に挙げられるのは，我々の地球が現在深刻なグローバル・イシューズ（地球規模の問題）に直面しているということである。現在ニュースでとりあげられるさまざまな問題，例えば，グローバル教育の専門家であるKniepが言うように，「テロリストの活動や，酸性雨に毒された湖，最近のエネルギー危機，難民キャンプの

人々の苦しみ，人権を求める人々への暴力的な抑圧などのニュースが耳に入らない日はほとんどない」(Kniep, 1987, p. 69) と言っても過言ではないだろう。

　2番目の根拠は現代の世界が相互依存で成り立っているということだ。我々の世界はグローバルな村とも言えるもので，相互に結び付き，世界の文化的な多様性や地球が直面する問題を無視することは不可能なのだ。イギリスのグローバル教育の専門家である Pike & Selby が指摘するように，私たちが住んでいる世界では「遠くで政治闘争があればマンチェスター空港の手荷物検査が厳しくなり，イランで紛争があればブエノスアイレスで暖房の温度設定を下げることになり，インドで暗殺があれば南ロンドンでデモが始まり，フランスの原子力発電所ウランがオーストラリアのアボリジニーの故郷を汚すことに繋がってしまう」(Pike & Selby, 1988, p. 6) のである。

　3番目に挙げられるのは，多くの若者に見られる無気力，自己中心，そして無知である。例えば，世界のさまざまな地域で行われた世論調査によれば，アメリカの若者は他の文化についてはあまり知識を持たず，グローバル・イシューズにはほとんど興味がない (Stearns, 2009, pp. 8-9)。イギリス人の3分の2は開発途上国についてステレオタイプ化されたイメージを持ち，人種的偏見があり，限られた知識しか持たない (Fisher & Hicks, 1985)。

　最後の根拠は教育制度である。多くの教育者が，世界のどこでも，若者は世界問題に直面する準備となるような適切な教育を受けていないと感じている。学校は単純な暗記や受動的な学習，受験の圧力などの伝統的な教育制度に縛られていることがあまりにも多く，批判的な考え方は歓迎されない。国際的な著名人もこのような傾向に警鐘を鳴らしている。アジアの専門家でありアメリカの駐日大使をも務めた故エドウィン・ライシャワーは次のように述べている。

　　教育の深層からの改革が必要だ。人類は重大な危機に直面しており，地球的規模でしかこの解決には当たれない。外の世界についての知識を与え，他の人々に対する態度を養うことは人類の生存に不可欠なことかもしれないと思われるが，教育の進歩の速度はこのような状況についていっていない。
　　　　　　　　　　　　　　　　　　　　　　　　　　（Reischauer, 1973, p. 4）

3.3 グローバル教育の基本的要素

グローバル教育者や異文化間教育者が直面する重要な任務は学校教育に組み入れる基本的な要素を決めることだ。これに関連して，アメリカのグローバル教育者 Willard Kniep (1987, pp. 59-77) が１つの提案をしている（表1）。

表1 グローバル教育の基本的要素

(1) 人間の価値観と文化
　a. 普遍的価値
　b. 多様な人間の価値観

(2) グローバル・システム
　a. 経済システム
　b. 政治システム
　c. テクノロジー・システム
　d. エコロジー・システム

(3) グローバル問題とグローバル・イシューズ
　a. 平和と安全保障
　b. 開発問題
　c. 環境問題
　d. 人権問題

(4) 世界の歴史
　a. 文化や国家間の接触や借用
　b. 文化や価値観の歴史的起源
　c. グローバル・システムの進化
　d. グローバル・イシューズの歴史的前例

(1) 人間の価値観と文化

グローバル人材のための最初の基本的な要素は，人間の価値観と文化の研究である。これが重要なのは，この文化と価値観こそが我々の世界観，意思決定，行動や活動を決定するものだからだ。

　a. 普遍的価値：世界中の人たちが共有する基本的価値観や共通性を学生たちに理解させる。我々は相違点はあるにしても皆人間であり，同じ基本的な要求，喜び，悲しみ，希望や野心を持っているということ

を学生は理解する必要がある。
b. 多様な人間の価値観：また同時に，教育を通して世界の人々の多様性を知り，それを理解する機会を学生に与えることが肝要だ。これには文化的相違，そしてそれが人々の行動，態度，生活様式や世界観にいかに反映されるかを理解することも含まれなければならない。

(2) グローバル・システム
　21世紀で活躍できるグローバル市民になろうとするなら，世界を動かしている主要なシステムを理解する必要がある。このシステムは4つに分けられる。

a. 経済システム：我々が食べている物，着ている服，使っている物など，日常生活が国際貿易を通じてどれほど外国や外国文化と結び付いているのかを理解する。
b. 政治システム：国，地域ブロック，国連やNGO等の国際機関が果たす役割を含むグローバルな政治システムを理解する。
c. テクノロジー・システム：交通やコミュニケーション，インターネットのようなグローバル・メディアネットワークを含む国際的テクノロジー・システムやそれが我々に及ぼす影響を理解する。
d. エコロジー・システム：世界の脆弱なエコロジー，人間の自然への依存，そして我々の行動が特定の地域や地球の環境にどんな影響を与えるかを理解する。

(3) グローバル問題とグローバル・イシューズ
　グローバル教育の3つ目の基本的要素はグローバル・イシューズ，つまり我々の地球が直面している主な世界問題である。このような問題に効果的に対処しようとするならば，若者がこの問題，原因と可能な解決法について理解する必要がある。グローバル・イシューズの学習には次の4つのカテゴリーがある。

a. 平和と安全保障：戦争，テロリズム，民族紛争から平和の構築と紛争解決に至る問題の学習
b. 開発問題：貧困，飢餓，社会の不平等からエイズ，災害，人口過剰に至る問題の学習
c. 環境問題：汚染，地球温暖化，熱帯林破壊からゴミ，リサイクル，クリーンエネルギーに至る問題の学習
d. 人権問題：偏見，性差別，人種差別から少数派，女性，子供の権利に至る問題の学習

(4) 世界の歴史

　グローバル人材育成における4つ目の重要な要素はグローバルな歴史である。しかし，学校での歴史教育は自国の歴史やヨーロッパ，アメリカの歴史に留まることがあまりにも多い。現在の世界の現実を理解するためには，学生は世界の過去について理解する必要がある。これには次のようなことが含まれる。

a. 文化や国家間の接触や借用：我々の価値観や習慣，生活様式は過去における海外との交流の結果であることが多いということを中心に（中国からお茶，アフリカからコーヒー，インドからカレー等）学習
b. 文化や価値観の歴史的起源：文化がどのように発展し変化するかを中心に学習
c. グローバル・システムの進化：グローバリゼーションの歴史と国際的な政治，経済，交通，そしてコミュニケーション・システムの起源を中心に学習
d. グローバル・イシューズの歴史的前例：現代の世界問題を理解するために必要な歴史的背景を中心に学習

3.4　グローバル教育カリキュラムモデル

　グローバル教育や異文化間教育のプログラムを編成するための効果的なカリキュラムモデルは，Kniep（1987, pp. 25-33）（図2）によって提示されている。

この図はグローバル人材育成のための効果的なプログラム編成を望むグローバルおよび異文化間教育に関わる指導者のためにその流れを示したものである。

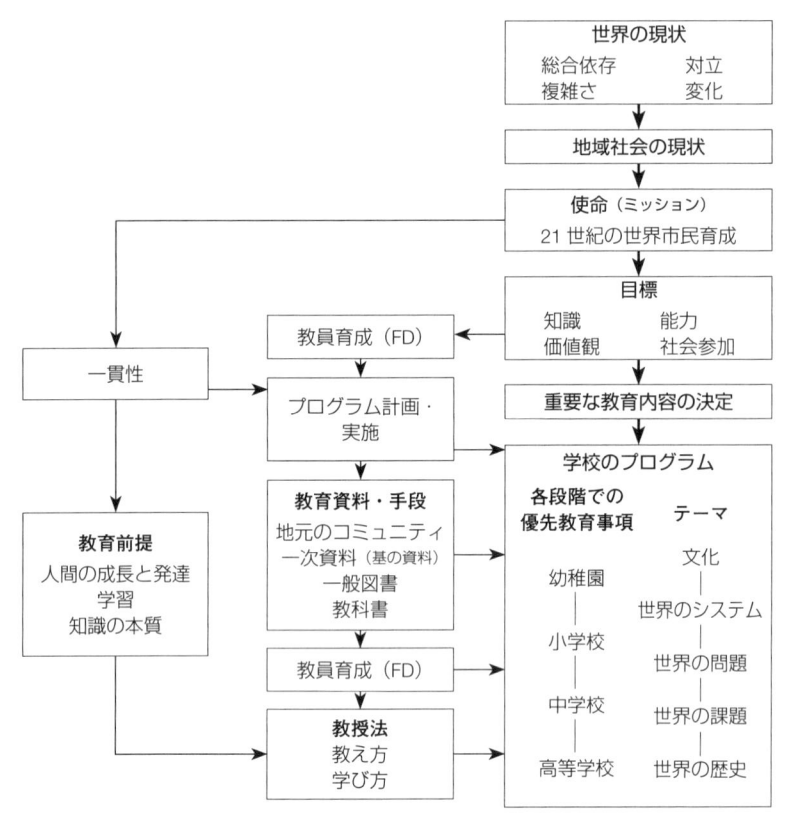

図2 グローバル教育カリキュラムモデル

世界の現状

　　プログラムの編成は世界の現状を知ることから始まる。グローバル教育プログラムが実際的な価値を持つためには，それらのプログラムは我々の現実の多文化世界に基づいたものでなければならない。現実の世界とは，相互に関連し合い，複雑で対立し，継続的に変化していくものである。

地域社会の現状

　グローバル教育は地域と世界，いずれのレベルにも適応する人材の育成を目的としている。グローバル教育プログラムを展開させる第二のステップは，我々の地域社会，すなわち市町村，都道府県，国家の現状に目を向け，それらの多文化的特徴と国際的関連性に着目することである。

使命（ミッション）

　地域と世界の現実についてありのままの姿を把握したなら，第三のステップは我々の教育における使命（ミッション）を明らかにすることである。ここでの使命とは，若者が21世紀のグローバル化した世界で市民権を確立するための準備をすることである。この課題は授業，カリキュラム，学校そのものに掲げられなくてはならない。

目標

　重要課題を明らかにしたら，第四のステップはカリキュラムの目標を設定することである。この目標はグローバル教育においての次の4つの要素に従って構成される。

- 知識：多文化世界で生き残り，成長するために，学生が知っておくべきことを具体的に示したもの
- 能力：成功したグローバル人材になるために，学生が身につけるべき技術を具体的に示したもの
- 価値観：グローバル人材に成長するために，学生が必要とする価値観や心構えを具体的に示したもの
- 社会参加：学生が世界へ参加し，地域・国・世界レベルで貢献することのできる具体的な活動の種類

重要な教育内容の決定

　カリキュラムの目標が設定された後の第五の重要なステップは，指導者が教える内容を具体化することである。これは地域と世界の現実に基づ

き，先に掲げたミッション，および目標から直接派生したものでなければならない。

学校のプログラム

　最後のステップは独自のグローバル学習プログラムを編成することである。これらは先に掲げた重要課題・目標・教育内容を具体化したものでなくてはならない。この作業には，次の2点が含まれているべきである。

- 優先事項：学習者が幼稚園から高校にかけての12の学習レベル（K-12）において，それぞれのレベルで優先的に学ぶべきことを具体的に示したもの。低学年の年少学習者は，グローバル市民としての自覚や異文化に対する意識を広く培うことに焦点を当てなければならない。一方，最終学年の年長学習者には，それぞれの領域においてより深く専門的に学ぶことが求められる。いずれの場合も学習者のスムーズで論理的な発展が配慮されるべきである。
- テーマ：学校のカリキュラムは上記のグローバル教育において次の4つの本質的なテーマに基づいて構成されるべきである。そのテーマとは，人間の価値観と文化，世界のシステム，世界の抱える問題および世界の歴史である（本章 3.3 参照）。

教員育成（FD）

　プログラムを発展させる上で重要となるのは，指導者の資質の向上である。指導者を対象とした育成プログラムは，グローバル教育プログラムそのものが掲げる重要課題・目標・教育内容に沿って設定されなければならないし，教授法や教材を活用して効果的な授業が行えるよう，指導者を育成するものでなくてはならない。プログラム自体がどんなに優れていても，指導者がその目的について理解していなかったり，その目標や教育内容，教授法に納得して実行していなかったりする場合，成功は見込めないのである。

教育資料・手段

　グローバル意識と異文化能力を促進するためには，適切な教育手段を見つけ出し，それを発展させるための努力が必要である。教育手段には教科書や教師の作成した教材の他，生の題材やゲスト・スピーカーなどの地域教材なども含まれる。

教授法

　グローバル教育プログラムでは，異文化間学習を成功に導くための最善の方法と学生主体の取り組みに基づいた効果的な教授法を発展させることが重要である。

教育前提

　プログラムを編成するにあたり，人間の成長と発達，学習，知識の本質について我々が前提にしているものを見つけ出し，それを批判することが重要である。指導者は学生を受身の存在として，また知識を暗記するための情報として認識するのではなく，自発的な学習と，学生が主体であるという教育理念に基づいた教授法を確立しなければならない。

一貫性

　最後にカリキュラムの教育理念は，まったく異なる要素をランダムに集めたものではなく，重要課題・目標・教育内容・教授法のすべてが一貫し，統合され，形成されたものでなくてはならない。

3.5　グローバル教育の内容領域

　グローバル教育では強調されることが3つある。地理的リテラシー，世界的なテーマ，そして世界の問題（グローバル・イシューズ）である（図3）。このそれぞれの領域において，本，新聞や雑誌から写真，ビデオ，Webサイト等さまざまな手段で教育を行う。

```
            ┌─────────────────────┐
            │ グローバル教育の内容 │
            └─────────────────────┘
       ┌───────────┼───────────┐
┌─────────────┐ ┌─────────┐ ┌─────────┐
│地理的リテラシー│ │世界のテーマ│ │ 世界の問題 │
└─────────────┘ └─────────┘ └─────────┘
```

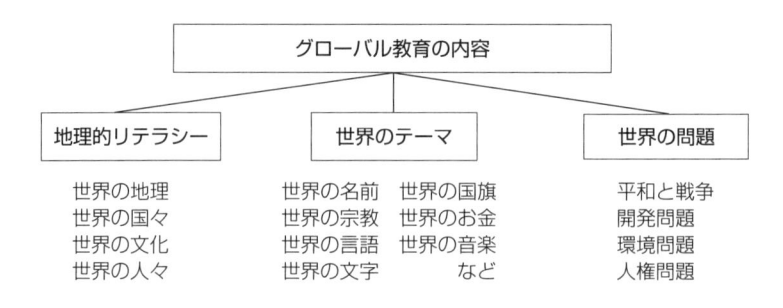

世界の地理	世界の名前	世界の国旗	平和と戦争
世界の国々	世界の宗教	世界のお金	開発問題
世界の文化	世界の言語	世界の音楽	環境問題
世界の人々	世界の文字	など	人権問題

図3 グローバル教育の内容領域

地理的リテラシー

　地理的リテラシーは世界の人々，国，地域に関する知識を高めようというものである。Wheeler（1994, p. iv）のような学者は，地球規模で相互に依存する時代にはこれはすべての学生にとって欠くことのできないスキルであると述べている。これは決して簡単なことではない。世界地図をよく知らなかったり，ラテンアメリカの言語はラテン語だと思ったりしているような学生に出くわすことは珍しくない。幸い，これは治療可能な病気であり，この点を改善しようと努力している教師が増えている。「世界の国々」という ESL のコースを作ったり，授業に世界の人々，国，文化に関する情報を組み入れたりする試みも見られる。

世界のテーマ

　世界のテーマとは世界中で共通だが表現の仕方が異なるトピックのことを言う。例えば世界の挨拶や食べ物，音楽，またもっと一般的な世界の国旗，言語，宗教などがこれに該当する。Kepler（1996, p. 3）は，このような多文化的テーマを教えることで，人々は基本的に同じことをするが方法が異なるだけだということを学生に示すことができ，人間の普遍性を強調する助けになると論じている。これによって学生に世界の人々の共通点を提示しながらも，文化を比較し，相違について話し合わせることができる。

世界の問題（グローバル・イシューズ）

　グローバル・イシューズは学生が戦争と平和，人権，世界の飢餓や環境といった重要な世界の問題に関する理解を深める手助けをする。Kniep（1987）は「もし若者たちが本当に自分の住む世界について知ろうとするなら，現代のグローバル・イシューズの原因，結果について学び解決法を模索することが教育の中に含まれなければならない」と述べている。

　以上のように，グローバル教育は多様なトピックや関心ごとを包括する広い分野であり，異文化間教育と多くの点で重複するところがある。インターカルチャー的能力と異文化理解は両方ともグローバル教育において中心となる内容である。Swiniarski, Breitborde, & Murphy（1999, p. 10）は「文化に関する意識の促進はグローバル教育の核心であり，特定の地域，またグローバルな規模の両方においてのさまざまな国やその人々，文化との交流に関与するものである」と強調している。

4. 中心となる課題

　グローバル教育と異文化間教育を行う上で，文化，異文化間コミュニケーション能力，異文化理解を教えようとすると，教師は数多くの課題にぶつかる。それでは，教育，教師，そしてメディアに関するこのような課題はどのようなものなのか見てみよう。

4.1　教育に関する課題

　インターカルチャー的能力を身につけさせるためのグローバル教育的アプローチでは，我々の授業の内容を再検討する必要がある。それには次のようないくつかの基本的問題が含まれる。

4.1.1　事実 vs 理解

　この点について，アメリカの学校でカリキュラム・コンサルタントとして働いているインド人の Kishorkant Yajnik が重要な指摘をしている（Fersh, 1978, p. 23）。彼は，もし学校で社会を教える目的が１つなら，そしてただ１つしかなかっ

たら，それは他文化の人々を理解することであり，単にその人たちについてのデータを集めることではないと論じている。観光客やセンセーショナルな新聞記事から集めた話は，子供たちが外国やその人々，そして文化を理解する助けにはならず，むしろ彼らを間違った方向に導くことになるというのである。

　他の文化を勉強する目的は，それを自分の文化と比べてもし違っていれば捨ててしまうということではない。勉強することによって，若い人々が違いを学び，その価値を認めることでなければならない。さらに大切なのは，他の国々で人々の生活に起こっている変化を探す必要があるということである。

4.1.2　情報と啓発

　異文化間教育ではただ事実を伝達するだけに留まらず，情報と啓発のダイナミックなバランスが必要とされる。結局，教師としての我々の仕事は，情報を伝えることと学生を触発することの両方なのである。伝統的な教育的アプローチにおいては，往々にして学習者を，学校や教師が望ましい形に作り上げる粘土の塊として捉えていた。これに対し，異文化間教育では，学生は火の点いていないロウソクであり，教師と学校の仕事は学生の好奇心に火を点け，一歩下がって学生が世界とその文化的多様性に対する情熱の火を燃やすのを見守ることなのである。

4.1.3　バランス ── 類似点と相違点

　世界について学ぶことの主な目的は地球に住む人間の豊かな多様性とその異なる生活様式を理解しようとすることであるべきだ。このような学習はあらゆる人が一生を通して行わなければならない性質のもので，難しく不可解なこともあるだろうが，人生を豊かにするわくわくする体験なのだ。

　もう1つの問題は文化を教える上での類似点と相違点のバランスである。これについて Kenworthy（1988, pp. 34-35）は次のように述べている。

> 子供たちに世界の人々の間の類似点と相違点について教えるべきか否かについては，教育研修会や会議において何時間も討論に時間を浪費してきた。実際には両方とも教える必要があるのだ。教師は学生に類似点を発見

させ，共通点を強調する必要がある。そもそも我々は1つの人種——すなわち人類——に属するものである。我々の相違点はわずかであり，結局は比較的些細なものなのだ。しかしながら，我々の類似点は我々をごたごたに巻き込むことはないが，相違点はそうはいかない。それゆえに，学生を教育する上で最も困難な仕事は，彼らが我々の相違点の理由を発見しそれらを尊重することができるようになるのを促すことである。この究極の目標は学生が相違点の価値を認め，評価し，それを世界を豊かにするものとして喜んで受け入れるのを手助けすることである。アメリカ人教育者である Lyman Bryson は，「国際理解教育を最後に試すものは珍しさを敵意ではなく好意と結び付けて考える能力である」と述べている。

Sadri & Flammia（2011, pp. 9-10）によれば，個人，団体，そして国家間の文化的相違は問題になることもあれば，良い機会になることもある。取り扱い方や交渉の仕方を間違えば，情報が正しく伝達されなかったり，誤解や紛争，そして暴力に至る可能性もある。国家間の緊張は言語，価値観，生活様式，そして世界観の違いに起因していることも多い。それと同時に，文化的相違が異文化理解や国際協力の機会を提供することもある。人々はお互いの違いから学び，他の人々や文化に対しての理解を深め，より寛容になることができるのである。

4.1.4　「について教えること」・「から学ぶこと」

異文化間教育に関連する1つの重要な点は，教える態度に関してである。遺憾ながら多くの場合，伝統的な教育は外国人や外国や外国の文化｜について教える」ことに焦点を当てている。他者について学ぶことは異文化間教育の重要な部分であるが，この1方向の取り組みを強調し過ぎれば他の文化を遠ざけることになり，それらを学習の源というよりもむしろ研究の対象に変えてしまう。この問題を最初に指摘した一人が，アメリカ人の異文化間教育家である Seymour Fersh である。この問題を解決するために，彼は *Asia: Teaching About/Learning From*（1978）という表題のアジア研究入門書を出し，教師は学生に他の文化について研究するのみでなく，それらから学ぶことを奨励することによ

り他の文化への敬意を促す必要があると主張している。

4.1.5　学生の無知・ステレオタイプ・偏見

　Davies は「教師は子供たちが他の国，階級，民族そして宗教に対し持っているステレオタイプや偏見に気がついてショックを受けるかもしれない」と書いている（Fersh, 1978, p. 110）。これは子供たちが毎日，家，遊び場，学校，そしてテレビ，本，映画，インターネットを通して身につけたものだ。教師がこのようなステレオタイプや偏見に気がついた時には，生徒の好奇心を刺激するような教材や活動を通して，外国の生活，習慣，食べ物，宗教，芸術，音楽，問題や業績について生徒が興味を持つように積極的な対抗策を取らなければならない。

4.2　教師に関する課題

　Seelye のような専門家が強調するように，効果的なグローバル教育の可否は教師の努力にかかっている（1993, pp. 272-273）。学生がグローバル人材になるには，教師がグローバル教育者にならなければならない。この点については *Global Teacher, Global Learner*（1988）という本で Pike と Selby が主張しているところである。教師に関する課題で考慮すべき重要な問題として，自己開発と教師教育が含まれる。

4.2.1　ロールモデルとしての教師

　グローバル人材を効果的に育成しようとするなら，学校の教師は学科を教えるだけの存在であってはならない。教師自身が外国語を話し，外国の文化に精通しており，世界市民としての知識，スキル，そして態度を学生に示すことのできるロールモデルでなければならないのだ。従って，教師は読書や研究，旅行，そしてさまざまな異文化体験を持つことによって，グローバル意識やインターカルチャー的スキルを持ち，世界の人々や文化が理解できるようにならなければならない。

　教師には教育を通じて，他の国，人々や文化に対する自分の恐れ，心配，偏見，敵意，独断的な態度を伝染させてしまうかもしれないという危険がある。

従って，自分自身を顧み，自分の偏見や限界を克服することが要求される。教師が皮膚の色，民族，宗教，文化，言語，富，階級に捕らわれなければ，他文化の人々やその価値観，習慣，行動，生活様式の学習を通じて生徒に寛容，共感，そして理解する心を持つように指導していくことができる。

4.2.2 教員養成

現場の教師はグローバル意識と異文化理解能力を促進する上で必須の役割を果たしている。従って，教員養成はグローバル教育および異文化間教育の重要な構成要素なのである。

ユネスコの「異文化間教育の指針」は次の目標を推進する教員養成課程を掲げている。

- 文化の多様性の価値認識
- 地元の言語と社会が学習過程と人間形成において果たす役割の重要な認識
- 歴史と人類学の知識，および多元的で絶えず変化する特質を持つ文化を伝える能力
- 博物館や効果的異文化間教育のために他の施設での見学を役立てる能力の開発
- 心の広さ，他者に関して学習し理解することに関心を持たせる能力
- 観察し，親身に傾聴し，異文化間コミュニケーションを行う技術の習得

グローバル意識とインターカルチャー的能力を奨励することができる教員を育成することの重要性にもかかわらず，対応しなければならない障害は数多い。例えば，あるアメリカの教員養成の調査では次のようなことが分かった (Merryfield, 1991)。

(1) 教員は多くの場合，グローバルな観点の知識や，その観点が依存している情報の知識がほぼ皆無である。
(2) 多くの教員はグローバル問題の教育に関心を持っていない。なぜならば，彼らはそのような問題は自分たちに無関係であるか危険であると

思っているか，あるいは国粋主義的な考え方に凝り固まっているからである。
(3) 多くの教員がグローバルな観点は良質の教育にとって不可欠であるとは思っていない。
(4) 学校におけるグローバルな観点の指導と支援の欠如のため，たとえ教員がグローバルな観点での教育に必要な知識と意欲を習得しても，その努力が現存する教育課程と官僚的手順によって行き詰まってしまう可能性がある。

このような問題を解決するために，多くの英国人やアメリカ人の学者がグローバル人材の開発を目指す教員養成の指導法の考案に積極的に携わっている。イギリスで出版された主要な研究書には，*Developing the Global Teacher*（Steiner（Ed.），1996）や *Teaching the Global Dimension*（Hicks & Holden, 2007）がある。またアメリカ合衆国での主要テキストには *Preparing Teachers to Teach Global Perspectives*（Merryfield, Jarchow, & Pickert（Eds.），1997）がある。

このような研究書は，教師に異文化間教育のような分野を紹介し，効果的な教育法や方法論，教材を探求し実践させることの重要性を強調している。また，教師の世界観を広げ，インターカルチャー的能力を養成する教育能力を高めるために実生活で異文化体験をさせることの重要性を強調している。

4.2.3　リングアパックス

外国語の教師にとって，グローバル教育と異文化間教育をともに扱うという試みで最も意義深いものは，ユネスコのリングアパックス（Linguapax）というプロジェクトであろう。リングアパックスという名前はラテン語の lingua（言語）と pax（平和）から来ていて，国際理解のための言語教育に関する一連のセミナーを指している。最初のリングアパックス会議はソ連のキエフで 1987 年に行われ，国際応用言語学会（AILA），現代言語協会世界連盟（FIPLV）などの団体が参加し，平和と国際理解のための外国語と文学の教育の内容と指導方法について話し合った。その成果である「リングアパックス・キエフ宣言」には外国語教師への 4 つの提言が盛り込まれている（UNESCO, 1987）。

(1) 教育を通して国際理解を深めるという自己の責任について自覚する。
(2) 諸国間の相互尊重、平和的共存と協力を促進するように指導の効率を高める。
(3) ペンパル・プログラムやビデオの交換、海外への修学旅行などの課外活動を活用する。
(4) 学生のニーズと興味に応えられるような指導方法を使って、国際協力の土台となるようなクラス内での協力関係を築く。

4.3 メディアに関する課題

グローバル人材が身につけねばならない非常に重要なスキルはメディア・リテラシーである。Kellner（1995）のような学者は「私たちはゆりかごから墓場までメディア社会に浸かっている。従って、外国の人々や国、そして文化についてメディアが流すメッセージを学生がいかに理解し、解釈しまた批判するかを学ぶことが重要である」と指摘している。

4.3.1 メディアの教育へのインパクト

外国語教育者は語学の練習やより効率的な教育のために、新聞の切り抜き、ラジオやビデオ、さらにインターネットといったメディアを常に利用してきた。メディアは外国語だけではなく、広い世界、その言語や文化、そして我々の地球が直面しているグローバル・イシューズに学生たちの目を開くための方法だと考えられている。

メディアは3つの点で外国語教育にインパクトがある。すなわちメディアの視野の広さ、観点、そしてイメージである。

(1) 視野の広さ

世界についての情報を流す時、新聞、ラジオやテレビは広い見方をすることもあれば狭い見方をすることもある。その視野の広さによって、学生は豊かな多様性を持つ世界の文化に目を開かれたり、また主として「我々の国」、「我々の文化」、「我々の見方」に焦点を当てた狭い視点を植え付けられたりするのである。

(2) 観点

世界のトピックに関するメディアの観点は前向きなものであることもあるし，一歩下がったものであることもある。メディアがどんな観点を持つかによって，学生の関わり方が変わってくる。世界と関わり，他の文化への共感を覚え，世界の問題解決に取り組もうとするか，あるいは反対に外国は「危ない」，外国人は「問題だ」，グローバル・イシューズは「しかたがない」と考えるようになるかはメディアの影響も大きい。

(3) メディアのイメージ

メディアが世界について持っているイメージは現実的であることもあれば歪められたものであることもある。メディアから流れるニュースやイメージによって，学生が世界の人々，国々や文化について正しい姿を知ることができるか，あるいは選り好みされ，歪められ，侮辱的で時代遅れのステレオタイプを持つようになるかが決まる。そしてこのようなステレオタイプが偏見や悪意，また国際的な誤解を招くのである。

4.3.2　メディアによる外国の描き方

1985 年発行の *World Studies 8-13* において，英国人グローバル教育者である Simon Fisher と David Hicks は，外国のイメージ，特に第三世界における発展途上国のイメージに関して，現場の教師が陥りやすい 4 つの誤りを挙げている (p. 101)。

(a) 旅行者的見解

外国に対するこの見方は，すべてのものを象や蛇使いなどの特異で風変わりなものを強調して，趣があり珍しいものとして描写する。

(b) 紅茶の箱を見る見解

この見解では，海外に住む人々は紅茶や綿花，砂糖やコーヒー，そしてバナナを栽培するために存在している。これは外見上は問題なく，誰にとっても好都合で満足のいく形で描写される。

(c) 病理学的見解

　この見解では，典型的な海外の状況は，誰もが飢餓や洪水やハリケーンや地震で死にかけているという絶望的なものとして示される。メディアは，外国の人々は犠牲者であり，慈善を施す者としての我々の役割は彼らをこのような災いから「救済する」ことであると伝えている。

(d) 頭を撫でるという見解

　この見解では，外国人は，野蛮で，未熟な者として捉えられる。彼らは，泥の小屋でヤギやラクダと暮らし，文明が少し遅れているかもしれないが，我々を見習い，現代的で科学スキルによる消費社会を築けば大丈夫だろうという考え方である。

　これらのメディアの姿勢のいずれも，外国人や外国に対する，異国趣味，消費主義，固定観念，類型化を含む見解を促進している。このような見方は，個人間の交流だけでなく国家間の関係にもマイナスの影響を与えている。

4.3.3　メディアによる固定観念

　タイム誌は 2001 年に，"How the World Sees Japan"（「世界は日本をどう見ているか」）というタイトルで，特別号を発行した。その表紙には「典型的な」日本人の家族——チョンマゲをつけ，刀と携帯電話を持つ侍の父親，グッチのバッグを持ち着物を着ている芸者の母親，そしてロボット犬と遊んでいる子供が，桜と富士山を背景に描かれていた。そこに描かれていないのはイチローとゴジラと忍者だけだった。この絵は，我々が他の文化に対して抱きがちな種類の歪曲されたイメージ——しばしばメディアによって作り上げられ，示され，広げられるイメージ——を表している。Holtzman（2000），Shaheen（2001）や Adachi（2006）などの研究者は，アラブ人やアジア人や他の人々についての，テレビ番組や映画や雑誌を埋め尽くす固定観念を詳細に記している。我々は学生に教科書や教材だけでなく，メディアに現れる外国や外国人のイメージを分析する機会を与え，彼らが出会う固定観念と現実の姿とを鋭く厳しい基準で比較するように奨励する必要がある。

異文化間教育の教育者は，固定観念を超えるための多様な視覚的資料を用い，学習者に世界の現実の姿を紹介している。このような資料には，世界100カ国の典型的な家族の生活を描く *Families of the World*（「世界の家族」）のシリーズなどの DVD や，AMIDEAST の制作による中東5カ国における典型的な10代のアラブ人の日常生活を学生に紹介する *Young Voices from the Arab World*（「アラブ世界の若者の声」）(1998) などがある。文化，紛争，偏見，差別，異文化理解などのテーマについてのディスカッションやディベートを奨励するためには，賞も受賞した「虹の戦争」*Rainbow War*（1986）のような革新的なビデオも使用される。

4.3.4　メディアによる一般化

　偏見や差別はたいてい一般化に根ざしている。しかしながら，遺憾にも多くの場合，メディアは外国の人々や国々を過度に単純化した一般論を推し進めるのである。テレビやラジオや新聞で，人々は，「アラブ人」，「アメリカ人」，「日本人」について，それらの集団が実際にどれほど多様であるかには注意を向けずに語るのである。*Global Teacher, Global Learner*（1988）において，英国人グローバル教育者の Pike & Selby（1988, p. 269）は他の国家について一般化するメディアの陳述を分析する能力を学生が身につける必要があると強調する。

　　全部か一部か？
　　　新聞や書籍は，例えば，実際には「フランス政府」や，「多くのフランス人」，「あるフランス人たち」を意味していながら単に「フランス人」と言うのか？

　批判的思考やメディア意識を教えることの1つの目的は，学生にこのようなメディアによる一般論を正面から受け止め，分析し，それらがどのように国際的な理解を阻んでいるかを論じさせることであるべきである。

5．おわりに

　我々は多様な人々，国，民族，そして宗教を抱え急速にグローバル化する世

界に住んでいる。このような状況において，学校が国際意識，外国語能力，インターカルチャー的能力，そして批判的なメディア・リテラシーを持つグローバル人材を育成する必要性は大きくなるばかりである。それは世界の，そして地域の現実を理解し，このような目標を達成することのできる教師の育成から始まる。図4が示すように，グローバル教育，異文化間教育，そして国際理解教育などはこの任務を果たす助けになる重要な分野なのである。

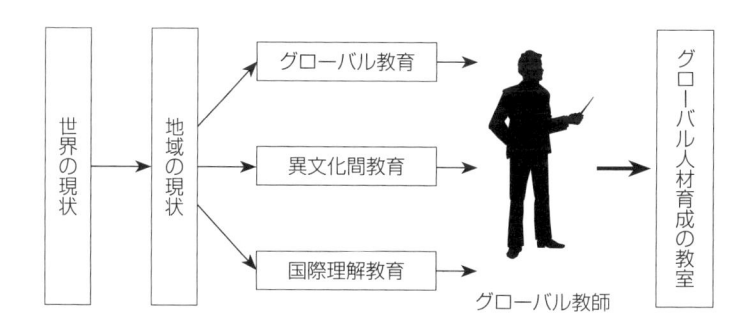

図4　グローバル教師の役割

　インターカルチャー的な能力を持ったグローバル人材をより効果的に育成するためには，外国語教育，異文化間教育，グローバル教育の分野で研究者，カリキュラム考案者，教材執筆者，そして教師が協力し合わなければならない。特に必要とされるのは2013年に京都大学で開催された国際研究集会「真のグローバル人材育成を目指して――その理念と実践」のようなこの分野のセミナー，ワークショップや学会である。

　グローバル教育と異文化間教育は外国語教育者にとって特別な挑戦でもあり，機会でもある。ますます狭まる多文化的世界では現代言語の教育においても伝統的な教育法を見直し，新しいアプローチが必要になる。アメリカの教育者，Wilga Rivers は次のように指摘している。

　　世界中で膨大な量の語学教育が行われているが，それが世界平和どころか
　　国際理解を推進するのに役立ってきたと言えるだろうか。外国語の単語や

表現を一生懸命に覚え，動詞の不規則活用をせっせとノートに書き写して暗記し，文章を読み解くことが国際理解と善意の促進に役立つ有効な手段だとは考えにくい。　　　　　　　　　　　　　　（Rivers, 1968, p. 262）

　語学教師がもし本当に多文化の世界で活躍できるグローバル人材を目指すのなら，異文化間教育とグローバル教育の知識，技術，態度を語学教育のカリキュラムに明記せねばならない。
　嬉しいことに，世界中でたくさんの教師が積極的にグローバル教育や異文化間教育の考え方を授業に取り入れ，グローバル人材の育成に努力している。*Citizenship and Language Learning*（Osler & Starkey, 2005）のような本や教師用ハンドブック（Brown, 2002），また筆者が編集している季刊誌 *Global Issues in Language Education Newsletter*（Cates）などがその例である。
　世界の人々や文化を理解することは現代のグローバル時代で有効に機能するグローバル人材を育成するだけではなく，我々が直面するグローバル・イシューズへの答えを見つけ出す助けにもなる。ビルマの元首相 U Nu（ウー・ヌ）はこの点について次のように強調している（Fersh, 1978, p. 1）。

　　今我々には勇気，忍耐，寛容そして想像力がかつてなかった程に必要とされている。懐疑や不信が今ほど人類の大きな敵であったことはない。新しいアイディアやアプローチ，ものの見方が絶対的に必要なのだ。この世界が必死に求めている新しいアイディアや考え方は，恐らくこのさまざまな背景を持つ人々との出会いや多様性から生まれてくるのだろう。

　日本が，そしてすべての国が必要としているのは，外国語能力，国際的経験，インターカルチャー的能力，そして社会的責任感を併せ持ち，この多文化社会の中でグローバル市民として平和と相互理解を促進できる若い人々である。そしてこの重要な任務を果たす上で，教師は決定的な役割を果たすのである。

参考文献

Adachi, J. (2006). (DVD) *The slanted screen: Asian men in Hollywood*. Los Angeles: AAM Productions.
AMIDEAST. (1998). (DVD) *Young voices of the Arab world*. New York: AMIDEAST.
Brown, I. (1963). *Understanding other cultures*. New York: Prentice Hall.
Brown, S. (2002). *Applying multicultural & global concepts in the classroom and beyond*. New York: Allyn & Bacon.
Cates, K. (quarterly). *Global issues in language education newsletter*. Tottori: JALT. <www.gilesig.org>
Council of Europe (2010). *Guide for the development and implementation of intercultural education Curricula*.
Families Around the World series (various years). (DVD) Ohio: Master Communications.
Fersh, S. (1978). *Asia: Teaching about/ learning from*. New York: Teachers College Press.
Fisher, S., & Hicks, D. (1985). *World studies, 8-13: A teacher's handbook*. New York: Oliver & Boyd.
Hicks, D., & Holden, C. (2007). *Teaching the global dimension*. London: Routledge.
Holtzman, L. (2000). *Media messages: What film, TV and pop music teach us*. USA: M.E. Sharpe.
IES. (2010). *Intercultural education strategy 2010-2015*. Ireland: Department of Education.
Kellner, D. (1995). *Media culture: Cultural studies, identity and politics*. London: Routledge.
Kenworthy, L. (1988). *Studying the world and the United Nations system*. USA: World Affairs Materials.
Kepler, P. (1996). *Windows to the world: Themes for cross-cultural understanding*. New York: Doubleday Books.
Kniep, W. (1985). *A critical review of the short history of global education*. New York: American Forum.
Kniep, W. (1987). *Next steps in global education*. New York: American Forum.
Merryfield, M. (1991). Preparing teachers to teach with a global perspective. *Journal of Teacher Education, 42*(1), 11-20.
Merryfield, M., Jarchow, E., & Pickert, S. (Eds.) (1997). *Preparing teachers to teach global perspectives: A handbook for teacher educators*. California: Corwin Press.
Osler, A., & Starkey, H. (2005). *Citizenship and language learning*. Stoke-on-Trent: Trentham Books.
Pike, G., & Selby, D. (1988). *Global teacher, global learner*. London: Hodder & Stoughton.
Rainbow War video (1986). Santa Monica: Bob Rogers & Company <http://rainbowwar.com>
Reischauer, E. (1973). *Toward the 21st century: Education for a changing world*. New York: Knopf.
Rivers, W. (1968). *Teaching foreign language skills*. Chicago: University of Chicago Press.
Sadri, H., & Flammia, M. (2011). *Intercultural communication*. New York: Continuum.
Seelye, H. (1993). *Teaching culture: Strategies for intercultural communication*. (3rd ed.) New York: National Textbook Company.
Shaheen, J. (2001). *Reel bad arabs: How Hollywood vilifies a people*. USA: Olive Branch Press.
Stearns, P. (2009). *Educating global citizens in colleges and universities*. New York: Routledge.
Steiner, M. (Ed.) (1996). *Developing the global teacher*. Stoke-on-Trent: Trentham Books.
Swiniarski, L., Breitborde, M., & Murphy, J. (1999). *Educating the global village*. New Jersey: Prentice Hall.

Time Magazine. (2001). *Special issue: How the world sees Japan.* New York: Time Magazine.
UNESCO. (1987). *Content and methods that contribute in the teaching of foreign languages and literature to international understanding and peace.* (Kiev Linguapax Declaration) Paris: UNESCO.
UNESCO. (2006). *UNESCO Guidelines on intercultural education.* Paris: UNESCO.
Wheeler, R. (1994). *Countries and cultures.* Torrance, CA: Frank Schaffer.

第9章

継承語・継承文化学習支援と異文化間教育の実践

落合 知子

1. はじめに
1.1 本章の目的と背景

本章[注1]では日本の公立小学校における外国につながる子どもたちの継承語・継承文化学習を通じて醸成される当事者児童とその周囲のマジョリティ児童の学びとその形成過程を解明する。

文部科学省の「学校基本調査」によると，公立小・中・高等・特別支援学校に在籍する外国籍の子どもたちは約72000名であるという（文化庁，2012）。さらに国際結婚，日本国籍取得などにより，数字上では外国籍として現れないが，日本のものとは異なる言語・文化を継承する子どもたちもまた数多く存在する。

外国につながる子どもたちは滞日年数や世代を重ね，社会生活言語，あるいは学習思考言語を習得すると，学校生活の中で一見多数派の日本人児童・生徒と変わらない姿を見せてはいるが，彼らは彼ら自身とそれぞれの家庭に，日本語・日本文化とは異なる言語や文化を所有し，日常的に複数の言語・文化の間を越境しながら生活している。そうした子どもたちの持つ日本のものとは異なる言語と文化は日本の学校の中でどのような位置にあり，どのように育むことが可能なのだろうか。またその言語と文化を育むことは学校文化にどのような「学び」をもたらすのだろうか。

現在，日本の公立小学校における「外国人児童生徒」への支援は日本語指導，生活・学習指導が中心である。実際，文部科学省による「帰国・外国人児

[注1] 本章は，落合（2012b）を一部転用しながら，事例を入れ替え大幅に加筆し，再編したものである。

童生徒教育等に関する施策概要」注2 を見ても，外国人児童生徒に対する支援は日本語指導が先行し，本章でとりあげる「継承語・継承文化」に関する支援への言及は見当たらない。しかし外国人多住地域では当事者のニーズにこたえる形で，自治体，NPO，当事者団体，そして公立学校の国際教室などで，継承語教室の設置が散見されるようになってきた。そんな中，兵庫県では 2006 年度より 2010 年度まで「新渡日外国人児童生徒に対する母語教育支援事業」を行い，当初，県内約 20 校を「母語教育支援センター校」(以後，センター校) として，継承語を学ぶ教室を定期的に開催してきた。また兵庫県が事業を終了させた 2011 年からは，神戸市内のセンター校において神戸市が独自予算を駆使して学習言語としての日本語能力を強化するための継承語学習支援と位置付け，現在 (2015 年度) に至るまで事業を継続している。

　本章では，神戸市内のセンター校である甲小学校 (仮名) に設置されたベトナム語教室での参与観察をもとに，まず，継承語教室がどのような課題を抱えているのかを明らかにし，いかなる教育的取り組みによって課題を克服しているか概観する。そして次に課題克服のため教育的取り組みから，いかなる学びが形成されているのかを観察し，継承語教室内部の学びが外部のマジョリティの生徒と共有されていく過程を追う。それらの観察から公立学校の中に設定された継承語教室の存在意義を，継承語教室に参加する児童のみならず，継承語教室外部のマジョリティ生徒や教員の視点からも明らかにすることを目指したい。

1.2　先行研究 ── 継承語学習の意義

　まず，継承語とは何か。外国につながる子どもたちの父祖から受け継ぐ母国の言語は，通常「(公用語と異なる) 母語」，「継承語」等と呼ばれる。バイリンガル研究に従事する中島 (1998) はカナダでの事例として母語とは「初めて習い，今でも使える言葉」(中島, 1998, p. 20) という定義を紹介している。この母語に対して，子どもたちが学齢期になり，学習言語である現地語が優勢にな

注2　文部科学省 Web サイト「CLARINET へようこそ」参照。<http://www.mext.go.jp/a_menu/shotou/clarinet/003/001.htm>（2013 年 12 月 26 日）

ると，母語は相対化され，「親の言葉」すなわち継承語へとシフトしていく。本章では母語を含めた外国につながる子どもたちの父祖の言葉を「継承語」と総称して論を進めていくことにする。

継承語学習に関してはさまざまな意義があることが確認されている。野津（2010）によると，これまで議論されてきた継承語学習の意義として，主に以下の6点に整理されるという。

(A) 教科学習，学習言語能力形成のため（Cummins, 1981）
(B) アイデンティティ形成のため（石井, 1999；関口, 2003 等）
(C) 家族とのコミュニケーションのため（高橋, 2009；北山, 2012）
(D) 人権としての継承語（キムリッカ, 1998）
(E) 社会資源・経済資源としての継承語（カミンズ・ダネシ, 2005）
(F) 帰国往来のための継承語（桑原編, 2001）

このように継承語を習得することは当事者の学業的成功，安定，権利，ライフチャンスの広がりのためにも，家族やコミュニティの安定のためにも，外交や国際協力，経済活動で活躍する人材という社会にとっての経済資源の形成[注3]のためにも意義深いとする論考が存在する。

母語教育支援センター校等連絡会（2009）は「母語教育支援事業」[注4]の目的を「新渡日児童生徒の学習思考言語の習得を支援」すること，「母語・母文化に触れる体験を通して，アイデンティティの確立を支援」することとし，上記の(A)と(B)の視点に立ち，その事業を推進している。

本章では，アイデンティティ形成の困難が観察されるベトナム系児童が，原学級を離れた継承語教室という空間での学習活動により，アイデンティティの

[注3] カミンズ・ダネシ（2005）は「言語資源はカナダの石油や森林と同じように間違いなく経済的資源なのである」(p. 96)と述べ，移民の若者が外交やビジネスで活躍できるほどの継承語を維持した場合，言語研修に必要な莫大な国家予算が節約できるとした試算を紹介している。
[注4] 兵庫県は「母語」という言葉を用いて，この事業を進めているが，本章のフィールドである甲小学校の児童の場合，母語への相対化が進み「継承語」となっている子どもが多数を占めたので，本章では「継承語」という用語を採用することとした。

形成を支援される姿を追う。そして，継承語教室で子どもたちのアイデンティティの形成を目指すその姿が，副次的に継承語教室の外の日本人児童へ学習効果を与える可能性を指摘する。すなわち本章は，(B)の視点を起点とし，本人と周囲に及ぼしていく継承語教室設置による学びの連鎖を考察するものである。

また本章では，継承語学習の意義の「(E)社会資源・経済資源としての継承語」の視点も参考にしたい。この視点は，継承語を習得した子どもたちが国際協力や外交の場で活躍することで社会的・経済的な利益を社会に還元するという点に注目している。継承語学習者の存在は社会への経済的利益をもたらすだけではなく，教室の中にあっては，世界にそして日本の社会の中に，そしてクラスの中にも存在する多様な文化・言語を担う人々の存在をクラスのメンバーに気づかせる。ここでは継承語学習者の存在が教育資源として一般教室に「学び」をもたらす過程の解明も目指している。

1.3　フィールド概観

調査フィールドである甲小学校の全校生徒は約 200 名，ほぼ 1 学年単学級の比較的小規模な学校である。甲小学校の継承語教室には，2015 年度は 25 名のベトナム系児童が在籍している。この他甲小学校には朝鮮半島にルーツを持つ児童も多く在籍し，アメリカにルーツを持つ生徒も 1 名，在籍している。甲小学校に在籍するベトナム系児童のほとんどは，1970 年代から 90 年代に来日したベトナム難民の 2 世やその縁者である。

甲小学校は 2006 年より「母語教育支援事業」のベトナム語センター校として週に 1 回，低学年と高学年各 1 時間（授業 45 分，休み時間 15 分）ずつ，ベトナム系児童を対象に継承語学習の時間を持っている。継承語講師は 2006 年当時，近隣のベトナム人自助組織の職員であり，自助組織が開催する継承語教室や近隣大学等でベトナム語講師を務めていた K が担っている。継承語教室には講師の K と甲小学校の多文化担当教諭が入り，時折，クラス担任が継承語教室を訪れ，指導を補助する。夏休みと冬休みには 2〜3 日間連続講義で，継承語学習と長期休暇の学校の宿題，さらに最終日にはベトナム料理の調理実習と食事会が開催され，ベトナム系の保護者も調理実習の講師役や補助役とし

て参加する。

　学校では上記の継承語・継承文化学習の時間以外に毎年、「コリア・ベトナムウィーク（もしくはマンス）」と呼ばれる催しを開催している。学年ごとに地域の NPO である神戸在日コリアン保護者の会やベトナム人自助組織や学内の継承語教室の講師 K をゲストティーチャーとして迎え、1～4 週間の、「衣服、食べ物、言葉、音楽、物語、遊び」に関する学習を行う。そして最終日にコリア・ベトナムフェスティバル等と呼ばれる学習成果を発表する場を設けてきた。またフェスティバルの開会式では 2007 年以来、ベトナム語継承語教室のメンバーによるベトナム式獅子舞（ムアラン）の披露が行われてきた。学校はこの日を地域や保護者への学校開放日としてきた。

　筆者は 2006 年のコリア・ベトナムフェスティバルの参観をきっかけに甲小学校でのフィールドワークを開始し、2011 年度よりは週に 1 度の継承語教室に毎回参加し、サポートと観察を行った。本章はフィールドでの参与観察と関係者へのインタビューをフィールドノートにまとめたものを主な資料として論を進めていく。

2. コア形成──継承語教室内部で醸成された学び
2.1　継承語教室の持つ課題
　先行研究から継承語学習の多岐にわたる意義についての議論を紹介した。

　しかしそうした継承語習得の意義が検証されてもなお、現地語が優勢な社会においてマイノリティの継承語を維持することは、また同時に課題の伴うことでもある。継承語習得の課題として中島（2003）が挙げた下記の 6 つの課題を、筆者は「動機付けの難しさ」と「学習者の多様性」の 2 点に収斂できると考える。

動機付けの難しさ
　(A) マイナスの価値付け（主流社会からのエスニックマイノリティの継承語へのマイナスの価値付けと学習者の内面化）
　(B) 親のチョイスの押しつけ（子どもにとっては押しつけられた学習である場合が多い）

(C) 課外学習であること（学校の評価と結びつかねば継続的学習が難しい）

学習者の多様性
(D) アンバランスな語学力（聞く力，話す力，読み書きの力がアンバランスになりやすい）
(E) 認知面の遅れ（認知面の力が本国の学習者と比べると遅れる傾向にある）
(F) 世代その他によって異なる教育内容（移住後何世代が経過しているか，移動時の年齢など子どもの置かれている状況によって必要とされる教育内容が異なる）

これら2つの課題は筆者の調査フィールドにおいてもしばしば観察され，継承語教育に関わる当事者や講師などの関係者から語られるものでもあった。そうしたフィールドで観察された2つの課題「動機付けの難しさ」と「学習者の多様性」について概観する。

2.1.1　フィールドで観察された課題——動機付けの難しさ

継承語を学ぶ子どもたちが一般教室の中で教育資源となりうるのではないか。その問いを胸に学校でのフィールドワークを進めるにつれ，外国につながる子どもたちの多くが外国人であることを表に出さないようにする，「自己表出の抑制」と呼べる行動をとっていることが観察された。多くの外国にルーツを持つ子どもたちは外国人らしさを極力隠蔽し，日本の子どもと変わらないように振る舞おうとする。なぜ彼らは外国人としての自己を隠蔽するのか。

外国にルーツを持つ子どもたちにとって，マイノリティである外国人としての自分を肯定できる場面は少ない。滞在の初期は日本語運用力の問題から教室内での居場所を獲得することは難しい。また滞在の長期化によって，子どもたちが社会生活言語を巧みに操るようになると，学校の教室内ではみんなと一緒に扱う「いいかげんな普遍主義」（志水, 2003）が子どもたちの生活を取り巻く。また恒吉（1996）は「一斉共同体主義」，太田（2000）は「脱文化化の機関」などの言葉で，日本の学校の教室空間の同化圧力の強さを表現している。こうした学校の教室空間においては同化圧力にさらされ，出自や家庭での生活

習慣，継承語能力など「みんなと違う自分」を表に出すことが難しくなる。つまり同化圧力は子どもたちにマジョリティからの「異なり」を「劣位」と読み替えさせてしまうのではないか^{注5}。

　ベトナム系の子どもたちは「ベトナム人であること」という周囲とは異なる個性を否定して，マジョリティとの「異なり」を周囲から不可視化してしまおうとする。継承語教室開始の初期は，彼らを教室に喜んで足を向けさせるには教室運営や教授法に特別な工夫が必要であった。

　またベトナム語学習に取り組みながら，「なんで木曜日はベトナム語教室なの？どうしてベトナム人だけやらなきゃいけないの？」（フィールドノート2009年11月26日より，甲小学校4年生男児の発言）という継承語教室に来る理由の確認は，高学年の児童の間で何度も交わされた^{注6}。

　継承語教室は通常放課後に行われているため，日本人の友人たちは公園で遊んだり，稽古事に出かけたりしている時間帯である。その時間を継承語教室に振り向けるためには，継承語教室参加のための動機付けが必要である。この動機付けのためにどのような教授法や教室運営の工夫が行われているか，次節以降，見ていくことにする。

2.1.2　フィールドで観察された課題——多様性への対応

　次に「学習者の多様性」に関して記述する。筆者が観察した2006～2013年度の継承語教室に在籍した児童全41名^{注7}の中でも，下記のような類型の多様なベトナム語能力の子どもたちがいた。

注5　甲小学校周辺地域のベトナム系の子どもたちは同化圧力の中で異なりを劣位と読み替える様子が観察されている（落合，2012a, pp. 28-30）。また小学校4年生を境に母語教室に対して消極的な態度をとる甲小学校の母語教室の子どもたちの姿を北山（2012）が記述し，その変化を思春期に向かおうとする精神的発達段階から説明している。

注6　2008年と2009年には時折観察された生徒からの継承語教室に参加することの疑問（どうしてベトナム人だけやらなきゃいけないの？）が，2011年以降は1度も観察されなかった等，年とともにベトナム語教室内でベトナム文化への親和性やベトナム語を勉強する動機が醸成され，子どもたちに受け入れられていったことは感じられた。

注7　2013年度の継承語教室在籍児童22名と卒業生19名の合計である。年度途中で転校した小学生と，小学校卒業前に他校に転校した中高生は含まれていない。

- 来日間もない，ベトナム語が優勢な子ども（3名，7%）
- 日本生まれで日本語能力もあるが，家庭でベトナム語学習を習慣づけており，話す・聞く能力があり読み書きも可能な子ども（6名，15%）
- 日本生まれで家庭言語がベトナム語で，聞くことはできるが話すこととなると困難が伴い，読み書きとなるとさらに難しくなる子ども（27名，66%）
- 家庭言語が日本語であったり，兄妹が多いなど保護者とのコミュニケーションが薄く，いくつかのベトナム語単語が分かる程度の子ども（5名，12%）

この多様性は「来日の時期」，「ベトナム語教育に熱心な家庭か否か」，「家庭言語がベトナム語か日本語か」，「親とのコミュニケーションの濃淡」などに由来すると思われる。そうした多様な家庭的背景とベトナム語能力を持つ子どもたちが1つの教室空間を共有して，同じカリキュラムで継承語教育を受けている。

ベトナム語能力の高い子どもに照準を合わせれば，ベトナム語能力の劣る子どもは授業についていけない。逆にベトナム語能力の低い子どもに手厚くすれば，能力の高い子どもは飽きてしまう。このような「学習者の多様性」にも対応しつつ，教室を運営していく必要性が生じている。

これら「動機付けの難しさ」と「学習者の多様性」という現実に存在する課題を克服しながら，継承語教室は実施されていく。甲小学校においても多様な語学能力の子どもを一堂に会させつつ，継承語教室参加の動機を維持しようと努める教室運営上の教育的取り組み・工夫が観察された。

2.2　課題を乗り越えるための教室運営上の取り組み・工夫

本節では継承語教室が直面する課題を乗り越えるためにどのような教室運営上の教育的取り組み・工夫がなされているのか，その結果，どのような学びが教室空間で生まれているのか，概観することにする[注8]。

注8　甲小学校内の継承語教室内での「学習動機付け」，「多様性への対応」のための詳しい取り組み

2.2.1 課題を乗り越えるための取り組み・工夫(1) 継承語学習への動機付け

① 賞賛・激励

通常，多文化担当教諭が継承語講師とともに教室に入り，またベトナム系児童の原学級のクラス担任も時折補助として教室に入り，子どもの横に寄り添うように座る。指導は基本的に継承語講師が行うが，継承語講師の質問に対し，児童が正答すると多文化担当教諭は「よっしゃ！おお，すげえ」「すごい！先生にも分からへんのに！」と絶え間なく賞賛の言葉や励ましの言葉をかけて「ベトナム語ができること＝すごいこと」というプラス評価を与え続け，ベトナム語学習への気持ちをはぐくもうとしていることが観察された（フィールドノート2008年3月6日より）。

② 競争の多用

学習活動で，子どもたちにやる気が見られない場合，継承語講師は子どもたち同士を競わせることで学習へのやる気をかき立てる場面が何度か観察された。例えば赤い，長い，太いなどの形容詞をベトナム語で述べ，それらの形容詞が修飾するのにふさわしいベトナム語の名詞を子どもたちに挙げさせる際，継承語講師は子どもたちの名前を黒板に書き，正答するたびに子どもの名前の横に「正」の字を書いて得点を記すことにした。その途端にクラスの雰囲気は一変し，とくにベトナム語能力の高い子どもたちは勝利を目指して激しく競争をはじめた（フィールドノート2009年8月24日より）。

また，副教材としてベトナム語単語カルタを使うなど，ベトナム語運用能力が高いほどゲームの勝利に結びつくような教材が用意されており，ベトナム語ができることが喜びと感じられるような工夫がされていた。

多様なベトナム語能力を持つ子どもたちはこうした競争への参加を通じて，よりベトナム語の勉強をしよう，親との会話を活発にしてベトナム語能力を身につけよう，という熱意が備わっていく様子が観察された。

に関しては落合（2012a, 2012b）に詳しい。

③ 仲間の存在と周囲の理解

　同学年に同性の生徒がいないなど、継承語クラス内に仲間を見つけあぐね、継承語教室への参加に熱心でなかった児童が、ベトナムや他市からの転入生の加入をきっかけに、新来の、しかしベトナム語能力の高い友人に付き合う形で継承語教室への参加を楽しむようになった、ということが幾度か観察された。

　また時間の経過によってクラス担任たちの継承語教室への理解が進み、継承語教室の日は「今日は継承語教室だから、しっかり行くように」と子どもたちに指示し、実際継承語教室に付き添ってきてくれることも増えた。クラス担任の継承語学習への理解が薄い初期のころは、子どももまた継承語学習の動機を育みにくい状況にあったという（フィールドノート2010年2月3日より）。継承語教室に直接関わらない他の教員による継承語教育への理解、継承語教室スタッフとの連携も、子どもの継承語学習へのモチベーション維持には重要であることが伺えた。

2.2.2　課題を乗り越えるための取り組み・工夫(2)　多様性への対応

　では次にベトナム語能力がさまざまである子どもたちを、いかにベトナム語学習へとひきつけているのか、継承語教室の中で観察された教授上の工夫を中心に述べていきたい。

① 短時間での学習活動の切り替え

　継承語教室における学習活動を観察していると、約10〜15分程度を目安に学習内容を変えていることが観察された（フィールドノート2009年8月25日より）。また学習の最後はカルタなどのゲームで子どもたちの楽しみを用意し、継承語教室に来ることを楽しいことと子どもたちに印象付ける工夫が行われていた。

② 重層的な学習空間作り

　上記のように頻繁に学習内容を切り替え、子どもたちに飽きさせない教室の運営が頻繁に観察されたが、1つのアクティビティにじっくりと取り組む様子も観察された。それは毎年12月に行われるクラス担任への年賀状作成の活動

であった。ベトナム語での新年のあいさつ，日本語で宛名を書く作業，先生へのメッセージを日本語やベトナム語で書く作業，ベトナムの正月にふさわしい絵（例えば正月の花のホアマイ）を描くなど，ベトナム語，日本語，ベトナム文化学習とイラスト書きなどいくつもの要素を持つアクティビティが重層的に組み合わされていた。児童は本人の興味や習熟度によって時間配分をして，複数のアクティビティが重層的に進行する学習空間が創造されていたことが観察された（フィールドノート 2009 年 12 月 17 日より）。

③　ベトナム語能力の劣る子どもの輝く場の設定

　競争を多用しながら，ベトナム語学習へのモチベーションの維持を図ると，どうしても負け続けてしまうベトナム語能力の劣る子どもたちが存在する。そうした子どもたちにも活躍し，輝ける場がこまめに用意されていることが観察された。

　ベトナム語能力が劣る子どもが楽しみながらベトナム語習得に関わる場面としてツイスター[注9]というゲームが用いられていた。この競技であればどんな子どもも基礎的なベトナムの語彙を習得しながら，全身を使って楽しむことができる。

　また甲小学校では，3学期はコリア・ベトナムフェスティバル等で演じるベトナム式獅子舞（ムアラン）の準備に継承語教室の多くの時間を費やすが，この獅子舞もベトナム語能力に関わらず参加の可能なアクティビティであり，すべての子どもが継承語教室への参加モチベーションを高く持つ機会となっていたことが観察された。

[注9]　ツイスターは赤，青，緑，黄色の水玉模様が描かれたシートの上で行われる。子どもたちがルーレットを回し，それによって出される指示（右足・青，左手・緑，など）に従い手足をシートの上の水玉模様に置き，どちらが長くよつんばいの姿勢になりながら体を支えていられるか競う。手足が絡まり倒れた者が負けとなる，という競技である。このときルーレットを回す役の子どもが指示を出すために使う「色の語彙」，「手足の語彙」，「左右の語彙」を事前に継承語講師がベトナム語で板書し，「左足，赤」などの指示をベトナム語で出させる。競技者は色の名前と右・左と手・足のベトナム語を覚え，時折板書を確認しながら，指示者に従う。

④ ベトナム語能力の高い児童のリソース化

　来日したばかりで日本語能力が十分でないが，ベトナム語の堪能な児童は生きたベトナム語を話し，貴重な現代ベトナムの情報を継承語教室にもたらすリソースパーソンとして受け入れられ，ベトナム系児童の賞賛を浴びる様子も観察された（フィールドノート 2011 年 9 月 9 日より）。

　さらに高学年の子どもには，毎年の運動会のベトナム語によるプログラムアナウンス（録音）やコリア・ベトナムフェスティバルでの継承語教室による発表のベトナム語での紹介など，ベトナム語を全校生徒の前で披露する機会が設定されており，ここでは日本生まれのベトナム系児童でも，ベトナム語学習に熱心な子どもに光が当てられるという場面も観察された。

2.3　教室運営上の教育的取り組み・工夫によって継承語教室内に形成された「学び」

　甲小学校の継承語教室では，「動機付けの難しさ」，「学習者の多様性」という現実の課題に直面しながら，「賞賛・激励」「競争の多用」などでベトナム語学習への動機付けを行い，「短時間での学習活動の切り替え」「重層的な学習空間作り」「ベトナム語能力に劣る子どもの輝く場の設定」「ベトナム語能力の高い児童のリソース化」によって学習者の多様性に対処し，日々課題を乗り越えながら，継承語学習が実施されていることが分かった。

　多様なベトナム語能力を持つ子どもたちが，ベトナム語の堪能な子どもたちも，不得手な子どもたちも，楽しんで参加できる多くのさまざまなアクティビティが短時間ずつ，あるいは重層的に用意されている。そして「ベトナム語が話せるようになりたい」，「ベトナム語が話せることはかっこいい」というベトナム語学習へのモチベーションをメンバーが共有するための工夫（賞賛・激励，競争の多用）が存在している。ベトナム語能力を中核とした，ベトナム文化への親和性が，「褒められるべきこと」，「良きこと」であるという共通認識が継承語教室内で醸成されていく様子が観察された。

　先述のようにベトナム系の子どもたちは継承語教室の外の原学級では同化圧力にさらされ，ベトナム語能力を中心としたベトナム人性，すなわちエスニシティの表出を抑え，「みんなと一緒」に振る舞おうとする。そんな彼らが継承

語教室の中ではエスニシティを是認され，ベトナム人であることを求めようとする。この自らの継承語を核としたエスニシティを求める活動を，本章では「コア形成」活動と名づける。すなわち「コア形成」活動とは，甲小学校の継承語教室の場合，「ベトナム語能力を中心としたベトナム文化への親和性を持つことを是認し，それを高める努力をする営み」のことである。

3．プラットフォーム形成―継承語教室内で形成された「学び」の外部との共有

本節では，継承語教室内部で形成された「ベトナム人であること」「ベトナム語が話せること」を良きこととして是認するという共通認識を継承語教室外の原学級の級友，教職員，保護者らとの間で共有していく様子を観察する。そうした外部との共有の場として「ベトナム式獅子舞（ムアラン）の習得と披露」「原学級におけるベトナム語学習」を取り上げる。この作業によって継承語教室内部で形成された学びが小学校の他のメンバーにどのような影響を与える可能性があるか考察する。

3.1　ベトナム式獅子舞の習得と披露をめぐる学び

2007年末より甲小学校ではベトナム式獅子舞（以後，ムアラン）を継承語教室メンバーで習得し，甲小学校のコリア・ベトナムフェスティバルの開会式で全校の前で披露するという活動を行ってきた。

ムアランという表現活動を行うことで，これまで継承語教室内部で蓄積してきた「ベトナム文化に親和性を持つことの是認」が広く継承語教室の外の級友，教員，保護者の間で共有されていくことになる。

2008年2月，コリア・ベトナムフェスティバルでの初披露の直前，体育館における最後の通し稽古のとき，多文化担当教諭は，原学級の級友たちを体育館に招き，継承語教室のメンバーによるムアランを観賞させた。演技冒頭のベトナム語の堪能な5年生児童AとBによるベトナム語と日本語でのあいさつと活動紹介，そしてムアランの演技までを観賞させ，演技が終わると，原学級の級友たちに挙手を募り，感想を聞く。級友たちは口々に「すごい！」「（冒頭のベトナム語挨拶を担当したAに対して）なんでそんなにベトナム語が上手なの？」とベトナム系の子どもたちへ賛辞を浴びせた。そうした原学級の級友から賛辞

を受ける場を多文化担当教諭は意識的に作り出していることが観察された。

またベトナム語能力に自信がなかったり、言語習得には消極的であった児童もムアランには非常に熱心に参加したということも観察された[注10]。

写真1　児童によるムアランの演技

さらに多文化担当教諭はムアラン披露のたびに、ベトナム語のチラシを作り、ベトナム系の保護者にも催しへの参加・鑑賞を呼びかけた。保護者たちは子どもたちの演じるムアランを見て、「この学校に子どもを通わせてよかった」（フィールドノート2008年2月15日より）といった感想を述べたり、「ムアランはもっと激しくこんな風に！」と演技後、興奮して演技指導をしてくれる親もいたという（兵庫県外国人教育研究協議会年次大会における甲小学校、多文化担当教諭の発表より）。そして2008年度には子どもたちのムアランの衣装をベトナム系の保護者が制作し、本国でムアランの経験のある保護者が学校を訪れ、演技指導にも当たった（2009年3月12日多文化担当教諭インタビューより）。さらに2010年にはベトナム系保護者によりムアランの音楽を担当する児童への楽器の指導も行われた（フィールドノート2010年1月21日、2010年2月3日より）。このムアランの習得と披露は通常コミュニケーションの難しいベトナム系保護者が学校に心を寄せ、学校との共同作業を行う契機となっている。

[注10] 継承語教室への参加は基本的に保護者と本人の自由意思に任されているので、これまでも何人かのベトナム系児童が継承語教室への不参加を表明したことがあったが、ムアランの練習が始まる季節になると体育館に見学に来るなどの行動が観察され、そのまま継承語教室に合流した子どももいるし、季節終了とともに再び離れていった子どももいる。

甲小学校の多文化担当教諭はこの継承語教室での活動を「ベトナム人であることを誇りに思えるような種をまいている」(2008年3月11日インタビューより),「素敵なこと,楽しいこと,いいことで子どもたちをベトナムと出会わせたい」(2008年2月10日県外教での発表より)と述べて,自尊感情の育成,すなわちベトナム生まれのルーツをプラスに捉える場として考えていることを語っている。そして,毎年コリア・ベトナムフェスティバル直前に行われたムアラン通し稽古の後,多文化担当教諭は継承語教室のメンバーに下記のように語りかけている。

「君達(継承語教室のメンバー)には他のみんな(原学級の級友)は知らんことができる。それは他の子には出来ないことで,それが出来るのはすごいこと。でも真剣に一生懸命やらないとみんなに「すごい」が伝わらない。最後にみんなに拍手してもらえるようがんばりましょう」(フィールドノート2010年2月3日,フィールドノート2012年2月2日より)。

ベトナムにルーツを持ちその文化に親和性を持つことをプラスに捉えることを強力にメンバーに訴え,それを継承語教室の外の級友との間で共有しようと呼びかけているのである。

継承語教室のメンバーがムアランという目に見える形でベトナム文化を表現することで,継承語教室のメンバーの内部だけでなく,周囲のより広い範囲,すなわち,原学級の級友,保護者,教職員との間でベトナム文化と親和性を持つということは良きことである,という共通認識を構築していることが伺えた。

3.2 原学級におけるベトナム語学習

先述の通り甲小学校では2月にコリア・ベトナムウィークと呼ばれるコリアとベトナムの文化学習期間を1～2週間持ち,最終日にはコリア・ベトナムフェスティバルとして学習成果の発表会を行ってきた。2006年度以来,2013年度まで,4年生は,継承語教室の講師Kをゲストティーチャーに招き,クラス全員でベトナム語学習に取り組んできた。毎年1～2コマ(1コマ45分)の講義が行われ,年によってさまざまな取り組みが行われてきた。共通するのは継承語講師Kによる講義の後,そこで学んだことをクラスで消化し,フェスティバルの日にそのクラスなりの発表に結実させることである。

2011年度の継承語講師 K のレクチャーの流れは，講義資料によると以下のようになっている。

(1) ベトナム文字を知ろう
(2) 基本的なあいさつ
(3) ベトナム語の特徴
(4) 日本とベトナムの十二支（干支）
(5) 十二支の絵カードを使ったカルタ

(1)の「ベトナム文字を知ろう」では「甲小学校」「ベトナム」などのベトナム語表記が示され，何と書いてあるかクイズをした後，その文字表記，どんな音かを紹介する。その際クラスにベトナム系の子どもたちがいれば彼らのベトナム名を紹介し，どのような意味か説明し「みんなの名前にご両親が思いを込めたように，ベトナムの子どもたちにも，日本名を名乗っていたとしても両親が思いを込めたベトナムの名前があることを理解してもらう」（2013年12月18日継承語講師 K インタビューより）という。

(2)の「基本的なあいさつ」では「こんにちは」「ありがとう」「私の名前は○○です」などの言葉を紹介する。その際，無声音などの説明も行う。また，講師 K は「発音ができたら子どもたちを褒める。口の形ができていたら褒める」など心がけたという。

(3)の「ベトナム語の特徴」では母音がたくさんあるベトナム語の特徴を「『あいうえお』がいっぱい」と紹介し，六声調についても紹介する。

(4)の「日本とベトナムの十二支」では日本とベトナムの十二支を紹介し，ともに十二支という同じ中国由来の十二年間をサイクルとする時間認識を行うという共通点を挙げた後，日本の十二支とベトナムの十二支の違い，すなわち，日本のウサギがベトナムでは猫に，日本のイノシシがベトナムではブタになるという相違点を学習する。さらにベトナム十二支に登場する十二種類の動物のベトナム語での呼び方を習得する。

(5)の「十二支の絵カードを使ったカルタ」ではベトナム十二支のネズミ，猫などの絵とそのベトナム語表記とベトナム語発音のカタカナ表記が書かれた

絵カードを用い，クラスをいくつかのグループに分け，カルタ大会を行う。ネズミ，猫などの十二支の動物の名をベトナム語で読み上げ，子どもたちがそのベトナム語からカードを探し，取る。1回目の読み手は講師Kが務めるが，2回目以降は継承語教室に参加するベトナム系の子どもたちが読み手を務める。

講師Kによるレクチャーはここまでであるが，コリア・ベトナムフェスティバルの学習発表会に向けて，クラスではさらに準備・学習をする。

筆者が観察した2011年2月4日のコリア・ベトナムフェスティバルでは図工室において4年生は学習発表を行った。3グループに分かれて，グループごとに4年生の児童が交替で講師を務め，やってきた保護者や地域の人々，他の学年の児童や教職員を相手に約5分間，ベトナム語の文字の特徴や母音，声調について解説し，基本的なあいさつの紹介をする。その後，ベトナムの干支の紹介を行い，12の動物の名前を聴衆に記憶するように奨励する。そして4年生児童（ベトナムの子も日本の子も）が読み手になって聴衆を参加させた，カルタゲームを行った。カルタは講師Kの絵カードをもとに子どもたちが作成したもので，その年は聴衆が取ったカルタをお土産として持ち帰ることができるようになっていた[注11]。

この活動ではまず講師Kが中心となってベトナム語に関する知識を4年生のクラスに発信する。このときベトナム系の子どもたちは名前に込められた意味を紹介されたり，カルタの読み手を務めたり，情報発信の中心のKにやや近い場所に位置して学習に参加している。それがKの指導後，クラスでの研鑽を経て，学習発表会を迎えた折には，ベトナム系の子もそれ以外の子も4年生全員がKの発信したベトナム語の基礎知識を習得して，4年生のクラスのさらに外側の保護者や地域の人々，他学年の児童や教職員にむけてベトナム語に関する知識を発信する役割を担うのである。

甲小学校の4年生は講師Kに導かれ，ベトナム言語と文化を学ぶ。この経験は子どもたちにとって遠い国の言語と文化を学ぶだけではなく，日常的に席を並べているベトナムにつながる級友の，普段は見せないが内に持っている言

[注11] この年の4年生はベトナム語と並行して，近隣のコリア保護者の会の協力を得て，ハングル文字の学習も行い，フェスティバルではお客さんにハングル文字について説明したのち，ハングルをあしらった栞作りを指導するというアクティビティも行っていた。

語と文化に触れるという経験でもある。それは顔の見える級友を媒介に自らの周囲に存在する世界の広がりを体感する国際理解教育の機会となっている。

　またこの4年生の学びはEUで実践されている「言語意識教育」（福田・吉村, 2010）と通底する学びを得ているといえよう。言語意識とは「言語の性質と人間の生活での言語の役割に対する，個人の感受性と意識的な気づき」（福田, 2007, p. 103）を指し，「言語意識教育」とはイギリスで「母語としての英語教育の問題から出発し，母語と外国語教育の懸け橋として提案されてきた」（福田・吉村, 2010, p. 124）という。具体的には多言語と触れる機会を児童に与え，言語能力の育成というよりも，言語の「土台となる態度，資質を養うことを目的とし」，「気づき，知識，関心，態度の面を重視する」（福田・吉村, 2010, p. 122, p. 128）もので，EUやスイスで先駆的な実践プロジェクトが行われている。継承語教室の講師Kとベトナム系の子どもたちは4年生のクラスに，日本語にはないベトナム語の文字や声調に触れ，言語とは何かということを考える機会，すなわち言語意識教育資源を提供したということがいえるだろう。

3.3　継承語教室内部で形成された学びの外部との共有

　これら2つの事例で観察されたベトナム語，ベトナム文化への親和性への是認を継承語教室の内部だけではなく，外部の日本人児童と共有する活動が行われていたことが分かる。このベトナム文化への親和性の是認を継承語教室外部と共有することを「プラットフォームの形成」と呼ぶ。プラットフォームとは多様なものを乗せる基層部分という意味を持つ。

　通常の授業を行う原学級は日本語を教授言語とし，日本社会に巣立っていく人材を育成する場である。そこではマジョリティの日本人児童と教諭が中心になって日本語を核とし，日本社会を生きていく人材を育てるマジョリティのための巨大な「コア」が形成されている。通常はベトナム系児童も原学級においてこの巨大な「コア」に参加しながら生活している。しかし継承語教室に参加する時間，ベトナム系児童はこのマジョリティの巨大なコアとは異なるコア（ベトナム語能力を中心としたベトナムへの親和性を高めようとするコア）の存在を認識し，そこに参加しているのではないか。

　この複数のコア（原学級で形成される日本社会で生きていくための人材を育て

る巨大なコアと，継承語教室で形作られるベトナム語やベトナム文化との親和性を是認する小さなコア）が1つの学校の中で共存していることを可視化し，双方が理解し認め合う「場」として，プラットフォームが形成され，機能しているのではないか。

　ここで取り上げた，ムアランの習得と披露，原学級でのベトナム語学習は，そうした2つのコアの共存を，とくに普段見えにくい継承語教室で形成されている小さなコアを可視化するプラットフォームとしての役割を持つといえる。

4. おわりに
4.1　総括

　ここまで，まず継承語教室の抱える2つの課題，「動機付けの難しさ」と「学習者の多様性」に対処するために，継承語教室内部において教授法や教室運営の工夫を概観した。具体的にはベトナム語習得への〈賞賛・激励〉，〈競争の多用〉，〈仲間の存在と周囲の理解〉でベトナム語学習へのモチベーションを維持し，〈短時間での学習活動の切り替え〉，〈重層的な学習空間作り〉，〈ベトナム語能力の劣る子どもの輝く場の設定〉，〈ベトナム語能力の高い児童のリソース化〉などによって子どもたちのベトナム語能力の多様性に対処し，ベトナム語能力に関わらず，多くの子どもが継承語教室に楽しみながら参加し，ベトナム語を中心としたベトナム文化への親和性を是認しようと努めていた。この取り組みにより，「ベトナム語能力を中心としたベトナム文化への親和性を是認し，それを高めるために努力する営み」を継承語教室内で形成し，継承語教室のメンバーの間で醸成する活動が行われていた（コア形成）。

　こうしたベトナム文化への親和性の是認は継承語教室の中だけではなく，外部の児童，教員，保護者とも共有できるように，ムアランの習得と披露，ベトナム語学習といった場が設定されていた。このベトナム文化への親和性の是認を教室外の人々，原学級の級友や教員と共有していく活動がプラットフォームの形成である。

　コア（内部でのベトナム文化への親和性の是認）とプラットフォーム（外部との是認の共有）はそれぞれに形成されるのではなく，コアがしっかり形成されれば，プラットフォームは強固となり，プラットフォームがしっかり存在すれ

ば，コアはより明確に可視化される，というように相互補完関係が認められた。ムアランとその前のベトナム語のあいさつに対し，原学級の級友からの驚嘆と賞賛を受け，継承語教室メンバーはベトナム語の運用能力を「かっこいいこと」として再認識する。継承語教室の外部の人たちにまったく評価されなければ，子どもたちはベトナム文化に親和性を持とうとする動機の維持は難しい。継承語教室内でのベトナム文化への親和性の是認は，外部の人々との共有が大きな鍵を握っていることも指摘したい。

　逆にコアがしっかりしていなければ，教室外の人々と，ベトナム文化への親和性の是認を共有することは難しいであろう。ムアランは真剣に取り組まねば，その感動を観客に伝えることはできない。つまりコアがしっかりしていなければ，ベトナム文化是認の共通理解は生まれず，プラットフォームの形成はおぼつかない。この相補的な関係にあるコアの形成とプラットフォームの形成という2つの視点から見えた継承語教室設置の意義を下記にまとめる。

4.2　継承語教室設置の意義
4.2.1　ベトナム系児童にとっての継承語教室の意義

　前述の通り，継承語教室のメンバーであるベトナム系児童はベトナム文化への親和性を是認し，ベトナム人としてのエスニシティを追及する教室運営に参加する。さらに，子どもたちがベトナム語習得を核としたベトナム文化への親和性を追及しようとすれば，継承語教室のみならず親の存在もまた，ベトナム文化を子どもたちに伝えるリソースとなる。子どもたちは「親への信頼，親との絆」を求める動機と「ベトナム語学習の動機」を相互に補完しながら強化していく可能性が観察された。その活動はベトナム人である「自己の肯定」やベトナム人としての「アイデンティティの確立」につながることが予想される。

4.2.2　日本人児童・教師にとっての継承語教室の意義

　日本人児童にとって学校とは普段意識されることもないが，日本社会に巣立つ日本人を育てる場として存在している。しかしベトナム語継承語教室が学校内に存在し，異なる価値観に基づく活動（ここではベトナム言語・文化を是認しそれを追及しようとする活動）が育まれ，それがコリア・ベトナムフェスティ

バル等でのムアランの演技や，ベトナム語学習などで，マジョリティ児童に可視化される。それはつまり，学校空間に，複数の価値の追求の可能性を具現化したプラットフォームが出現したということである。自分の属する日本文化を唯一の価値観で見つめるのではなく，世界の中の1つの文化的コアとして相対化し，世界に，そして日本国内にもいくつもの学ぶべき文化のコアが存在することを体感する機会となったのではないか（図1）。これは「異なりを劣位と読み替える」同化圧力を持つ学校という場の変革への可能性を秘めた「体感」ではないのか。

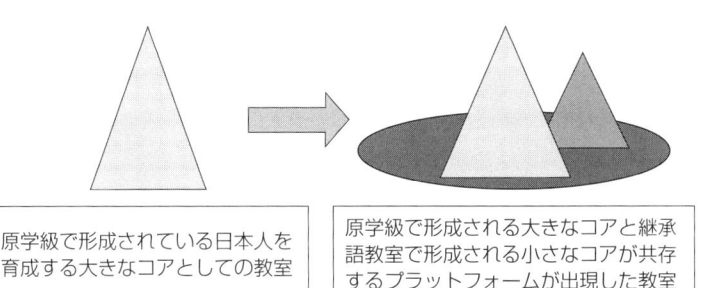

| 原学級で形成されている日本人を育成する大きなコアとしての教室 | 原学級で形成される大きなコアと継承語教室で形成される小さなコアが共存するプラットフォームが出現した教室 |

図1　複数のコアを乗せたプラットフォームを持つ学校の模式図

　この経験は狭い視野の中で自文化中心主義（エスノセントリズム）に陥ることを防ぎ，異文化理解のために重要な資質である「文化相対主義的視点」が子どもたちに備わることを予感させる。文化相対主義的視点の重要性に関しては，梶田（1996）が「文化衝突を避けるために（中略）自己の文化を One of them として受け入れざるをえない」と，その必要性を説いている（梶田，1996，p. 85）。これからの多文化社会，国際社会で成長し，活躍していくすべての子どもに必要な資質である自己の文化に対する「文化相対主義的視点」を甲小学校の子どもたちは獲得する機会を得ているといえよう。

4.3　今後の課題

　筆者はここまで公立小学校に設置された継承語教室がその継承語を持つ当該児童だけでなくすべての児童に国際理解教育，あるいは言語意識教育の資源供

給源として機能している事例を記述した。しかしそうした継承語学習の存在と機能に対して，日本社会や教育行政は正当な評価を行っているとはいいにくい現状である。日本文化への同化的志向の強い日本の教室空間において，外国につながる子どもたちの多くがその言語能力や複数の文化への親和性を不可視化し，やがては失おうとしている。彼らの持つ複数の言語の部分的な能力（それは将来，発展する可能性を秘めている）や複数の文化への親和性を評価し，維持し，涵養していくことは多文化化，国際化していく現代社会を生きていくすべての子どもたちに教育資源を提供する有益な試みである。この有益性を生かすためには現場の継承語指導者や教員の奮闘のみに頼るのではなく，継承語学習の重要性への正当な評価と制度的な裏付け（例えば外国につながる子どもの多い地域における継承語教室の設置や中学，高校での継承語学習の継続，大学入試科目化[注12]など）を持って，社会の中に眠る継承語〈資源〉の維持・涵養を目指す必要性を指摘して筆をおきたい。

参考文献

石井美佳（1999）．「多様な言語背景を持つ子どもの母語教育の現状──「神奈川県内の母語教室調査」報告」『中国帰国者定着促進センター』7, 148-189.

太田晴雄（2000）．「ニューカマーの子どもと学校教育──日本的対応の再考」江原武一（編著）『多文化教育の国際比較──エスニシティへの教育の対応』(pp. 284-308.) 玉川大学出版部.

落合知子（2012a）．『外国人市民がもたらす異文化間リテラシー──NPOと学校，子どもたちの育ちゆく現場から』現代人文社.

落合知子（2012b）．「公立小学校における母語教室の存在意義に関する研究──神戸市ベトナム語母語教室の事例から」『多言語多文化──実践と研究』4, 100-120.

梶田孝道（1996）．「「多文化主義」をめぐる論争点」初瀬龍平（編著）『エスニシティと多文化主義』(pp. 67-102.) 同文館.

カミンズ, ジム・ダネシ, マルセル（2005）．『カナダの継承語教育──多文化・多言語主義をめざして』(中島和子・高垣俊之（訳）) 明石書店.

北山夏季（2012）．「公立学校におけるベトナム語母語教室設置の意義について──保護者の取り込みと児童への影響」『人間環境学研究』10(1), 17-24.

[注12] すでに兵庫県内にはベトナム語やスペイン語など少数言語を授業科目とした神戸甲北高校，芦屋国際中等学校などが存在し，センター試験にも韓国語や中国語などの継承言語が受験科目となる動きもある。

キムリッカ, ウィル (1998).『多文化時代の市民権——マイノリティの権利と自由主義』（角田猛之・石山文彦・山﨑康仕（監訳）） 晃洋書房.
桑原靖夫（編）(2001).『グローバル時代の外国人労働者——どこから来てどこへ』東洋経済新報社.
志水宏吉 (2003).「「エイリアン」との遭遇——学校で何が起こっているか」駒井洋（監修・編著）『多文化社会への道（講座 グローバル化する日本と移民問題 第Ⅱ期第6巻）』(pp. 100-119.) 明石書店.
関口知子 (2003).『在日日系ブラジル人の子どもたち——異文化間に育つ子どものアイデンティティ形成』明石書店.
高橋朋子 (2009).『中国帰国者三世四世の学校エスノグラフィー——母語教育から継承語教育へ』生活書院.
恒吉僚子 (1996).「多文化共存時代の日本の学校文化」堀尾輝久・久冨善之 他（編）『学校文化という磁場（講座学校第6巻）』(pp. 215-240.) 柏書房.
中島和子 (1998).『バイリンガル教育の方法——地球時代の日本人育成を目指して』アルク.
中島和子 (2003).「JHLの枠組みと課題——JSL/JFLとどう違うか」『第一回 母語・継承語・バイリンガル（MHB）研究会議事録』<http://www.mhb.jp/2003/08/jhljslfl.html/>（2015年6月29日）
野津隆志 (2010).「母語教育の研究動向と兵庫県における母語教育の現状」松田陽子・野津隆志・久保田真弓・乾美紀（編）『外国人児童の母語学習支援をめぐるネットワーク形成の国際比較』(pp. 1-14.) 平成19〜21年度科学研究費補助金基盤研究C，課題番号：19520561，研究成果報告書.
福田浩子 (2007).「複言語主義における言語意識教育——イギリスの言語意識教育の新たな可能性」『異文化コミュニケーション研究』19, 101-119.
福田浩子・吉村雅仁 (2010).「多言語・多文化に開かれたリテラシー教育を目指して——日本の小学校における言語意識教育の提案」『複言語・複文化主義とは何か——ヨーロッパの理念・状況から日本における受容・文脈化へ』(pp. 119-131.) くろしお出版.
文化庁 (2012).「公立学校に就学する外国人児童生徒数の推移」<http://www.bunka.go.jp/kokugo_nihongo/kyouiku/todofuken_kensyu/h24_hokoku/pdf/shisaku_03.pdf>（2013年12月25日）
文部科学省 (2013).「帰国・外国人児童生徒教育等に関する施策概要」<http://www.mext.go.jp/a_menu/shotou/clarinet/003/001.htm>（2013年12月26日）
母語教育支援センター校等連絡会 (2009).「平成20年度 新渡日の外国人児童生徒にかかわる母語教育支援事業 実践報告書」<http://www.hyogo-c.ed.jp/~mc-center/document/h20report/bogokyouikushien.pdf>（2015年6月28日） 兵庫県教育委員会
Cummins, J. (1981). The role of primary language development in promoting educational success for language minority students. In California State Department of Education (Ed.). *Schooling and language minority students: A theoretical framework.* (pp.3-49). Los Angeles: National Dissemination and Assessment Center.

あとがき

西山 教行

『異文化間教育とは何か』を終えるにあたり，異文化間性をめぐる，極めて個人的な回想をつづり，あとがきに代えたいと思う。

私は1994年から95年にかけて，パリ近郊にあるサンクルー・フォントネ高等師範学校フランス語普及研究センター（CREDIF）に留学し，フランス語教育学の研修を受けた。この研究所は，フランス政府が国際社会へのフランス語の普及を推進するために創設したもので，フランス政府の対外政策に連動していた。40名ほどのフランス人研究者が各国へのフランス語普及のために教授法を研究し，教材開発を行い，教員研修を実施していた。私の参加した研修は，教授法を学び，フランス語教育の技能の向上をはかるといった研修ではない。「外国語としてのフランス語および第二言語としてのフランス語の教育，刷新，普及に関する責任を持つ外国人専門家の養成」をその正式名称とするもので，フランス語教育のカリキュラムやコース改革に関与する専門家や教員研修を担当する専門家の養成を目的としていた。私は，その頃，一介の非常勤講師としてフランス語を教えていたにすぎず，カリキュラム設計などに何一つ責任を持っていなかったが，他国からの参加者の多くは教材開発やカリキュラム設計といった具体的なミッションを持って参加していた。

参加者は前期，後期それぞれ15名程度と少数精鋭で，出身国は世界各地におよんでいた。シリア，イラン，レバノン，クウェートといった中東をはじめ，ベネズエラ，チリ，ボリビア，エクアドル，メキシコといったラテンアメリカ，さらにはルワンダ，チャドといったサハラ以南アフリカからの参加者もいた。ヨーロッパについては，エストニア，アルバニア，ハンガリー，ロシア，旧東ドイツ，オーストリア，スペインといった旧社会主義の国々が中心であり，アジアはわずかにベトナムと日本の2カ国であった。

この出身国のリストを見ると，西側の国は少なく，また日本のような豊かな国が少ないことに気づく。多くは，発展途上国や新興国であり，先進国は少数

派だった。

　フランス政府は世界各国に対して，フランス語教育に関わる何らかの政策目標を掲げている。日本に関していえば，1996年に国際フランス語教授連合世界大会が東京で開催されることになっているため，その準備要員を養成しなければならなかったというのが，日本人を研修に参加させる理由だったのだろう。しかし，私がこのことを知るのは，研修に参加してからしばらく経ってからのことであり，留学前や，研修開始直後には，自分の研修がフランス政府の対外フランス語政策の枠組みで実施されているなど，知るよしもなかった。

　研修生はほぼ全員が高等師範学校の寮に入り，寝食を共にしつつ，毎日ほぼ必修の講義を受講していた。全員フランス語教師や視学官などであり，フランス語が共通語となった。異なる文化を担うそれぞれが，フランス語を媒体として結びつき，対話と協働へ招かれていたのである。

　私はアフリカ中部にあるルワンダ出身のパスカルを隣人にする機会に恵まれた。これは1994年のことで，ルワンダで大虐殺のあった年である。パスカルはルワンダ国民教育省の役人で，初等教育を担当していた。大虐殺が始まるや，生命の危険を感じたパスカルは，隣国のブルンジ経由でフランスに待避し，そこで運良く，研修に参加する機会を得たのである。パスカルは家族を首都のキガリに残してきたのだが，大虐殺の混乱の中で家族との音信も不通となっており，家族の無事を確認できたのはその年の暮れになってからのことだった。半年あまりの間，家族の生死は不明だったのである。

　私はルワンダの位置関係や，旧ベルギー植民地のフランス語圏であることは知っていたが，国際政治の現実には疎く，なぜルワンダで大虐殺が行われたのか，またフランスがそれにどのように関与していたのかなどはわからず，悲劇を知ったときも，わずかな祈りを捧げたのみであった。パスカルと初めて会ったとき，この現実を前にして語るべき言葉を見い出すことができなかった。

　私はフランス文学へのあこがれからフランス語を学びはじめ，フランス文学研究を多少かじり，フランス語を教えるようになった。そのうちに，外国語教育のおもしろさに魅了され，フランス語教育学に転身した。このような個人的背景を持つ私には，フランス語への憧憬が刻みこまれていた。当然のことながら，フランス語が国際政治の冷酷な道具として機能しうるなどという発想は，

まったく持ち合わせていなかった。

　その私にとって，ルワンダ人のパスカルとの対話は苦悩と傷みに満ちたもので，私がフランス語，そしてまたフランスに対して抱いていたあこがれを打ち砕いてあまりあるものだった。無論，以前から，これまでフランスが過酷を極める植民地経営を行ったこと，その結果として，現在，アフリカ諸国ではフランス語を公用語として使用する国の多いことは知識として保有していた。しかし，それは私に直接関係のないことであり，どこか遠い国の出来事で，歴史の1コマにすぎなかった。しかし，ルワンダ人同僚との出会いによって私は，フランス語が社会生活に深く組み入れられ，それが大虐殺に到る要因の1つともなりうるという現実に向かい合うこととなった。これは，フランス語教育を生業とする私にとって強い衝撃だった。だがパスカルとの対話を紡いでいくうちに，私の中にルワンダ人への共感が育まれていった。

　ステレオタイプを量産するメディアにかかれば，ルワンダの大虐殺は部族対立の結末にほかならず，その責任はルワンダ人自身にあることになる。国際社会では，同胞を殺害しあう哀れなアフリカ人に救援の手を差し出すべきか否か，といったことが報道の焦点となり，そのような視点から，ルワンダへの共感は生まれにくい。だが主要メディアの語ることのなかった現実があった。ルワンダは地政学的な意味でフランス語圏と英語圏の境界に位置していた。このルワンダという橋頭堡の死守はまさしくフランスの国益の死守であり，そのために国際社会の中で狡猾な策動が行われてきたのだった。もとを正せば，ルワンダの部族対立は，分割と対立を原理とする植民地経営によって人為的に生み出されたものであり，フランス語はその植民地支配を支える道具だった。パスカルの発言はアフリカ人にとっては自明なことだろうが，日本人フランス語教師にとっては想像外の現実を照らし出すものだった。

　パスカルは，他者を抑圧し，支配する道具の1つであったフランス語を糾弾するばかりではなかった。現代まで続く過酷な歴史があろうとも，祖国の発展にフランス語は不可欠であり，そのためにはフランス政府の奨学金をもらってでもフランスで職業能力を高める必要があることを力説していた。このような視点は，フランス語に高級文明の光彩のみを認めていた私の胸をいたく衝くものだった。そのときから，私はフランス語という他者をそれまでとは異なる角

度から受け入れ，複層的で複合的なものとして見ることができるようになったのだと思う。

　フランス語に関する異なる視点を受け入れるとは，単に異なるものの見方が存在することを知識として受け入れるというだけのことではない。かつて私は，フランス語は高度な文明の媒体であり，それ自体がすぐれた文化の表れであると考えてきた。だがフランス語は文明を構築すると同時に，人間の抑圧装置としても機能していた。この二律背反を受け入れることは私にとって認めがたい事実を受け入れることであり，痛みを伴うものだった。私が慈しんできたフランス語という他者は輝かしく，幸福をもたらす価値観を運ぶだけのものではなかった。それは，争いを生みかねない価値観をもたらすものであり，そこには幾多の悲しみや苦しみも宿っていたのである。

　異文化間性との邂逅はつねに幸福に満ちあふれたものではない。喜びどころか，葛藤や軋轢をもたらす出会いもある。だが，むしろそれらの相克の中にこそ私たちの成長はあり，圧倒的に異なる他者との出会いがある。とはいえ，この経験は時には強烈すぎるほどの衝撃をもたらすものであって，時に人は衝撃のあまり他者を完全に排除するに到ることもある。

　この危うさを乗り越えるために，教育の果たす役割は決して小さくない。教室での学習は，学び手がいつか受ける衝撃を多少なりとも軽減するか，軽減できないまでも，その葛藤には意味のあることを知らしめるだろう。葛藤の存在を前もって知ることにより，必要とあらば，葛藤の危険性をある程度，察知することもできる。このような意味で，本書が葛藤や軋轢のありかやその処方を多少なりとも示していることを望んでやまない。

追記——その後のパスカル

　その後のパスカルの暮らしは平穏とは，ほど遠いものだった。パスカルは研修を終えて，ルワンダに帰国し，家族との再会を果たしたものの，職場の上司や同僚はすべて消え去っていた。そして大虐殺の余韻は治安の極度な悪化として表れ，首都キガリには民兵が跋扈した。パスカルは再び国を離れ，ケニアのナイロビに向かった。しかし，そこもまたルワンダ人民兵が侵入し，パスカルのように国を離れた者を追跡していたことから，そこにとどまることは許され

ず，係累をたどって，大きなルワンダ人コミュニティーのあるアフリカ南部のザンビアに逃れた。その後，コミュニティー内部の内紛から，ザンビアを離れ，タンザニアに移り，首都のアリアンス・フランセーズでフランス語教師の職を得た。しかし，その地での暮らしも安定とは無縁で，ルワンダ人民兵の徘徊する中で，パスカルは職場を去らざるを得なかった。そうして，ある日のこと，私はパスカルからの電話を受けた。突然の電話は，パスカルが逃亡生活の中でホームレスの状態にあること，フランスに暮らす妹を通じて経済的支援をしてもらいたいことを伝えるものだった。私はその申し出にすぐさま応じ，必要な措置をとったが，それを最後にパスカルとの糸は途切れてしまった。しかし，大虐殺を逃れた魂が，フランス語教育という職業技能を駆使しながらもアフリカの赤茶けた大地を必死の思いで暮らしている。そして苦悩の源泉であると共に，友情の架け橋ともなるフランス語が希望そのものへと変容し，友の生命を支えていることを願わずにはいられない。

【執筆者一覧】

大木 充	（おおき みつる）	京都大学 名誉教授
落合 知子	（おちあい ともこ）	神戸大学 国際人間科学部
キップ・ケイツ		鳥取大学 名誉教授
ダニエル・コスト		リヨン高等師範学校 名誉教授（フランス）
ダニエル・モーア		サイモンフレイザー大学 教育学部（カナダ） パリ第三大学 DILTEC（フランス）
西山 教行	（にしやま のりゆき）	京都大学大学院 人間・環境学研究科
姫田 麻利子	（ひめた まりこ）	大東文化大学 外国語学部
福島 青史	（ふくしま せいじ）	早稲田大学大学院 日本語教育研究科
フランシス・カルトン		ロレーヌ大学 人文学部（フランス）
細川 英雄	（ほそかわ ひでお）	早稲田大学 名誉教授 言語文化教育研究所 八ヶ岳アカデメイア
マイケル・バイラム		ダラム大学 名誉教授（イギリス）

【翻訳者一覧】

大山 万容	（おおやま まよ）	立命館大学 法学部 京都大学 国際高等教育院
倉舘 健一	（くらだて けんいち）	慶應義塾大学 総合政策学部
堀 晋也	（ほり しんや）	早稲田大学 教育・総合科学学術院
柳 美佐	（りゅう みさ）	同志社女子大学 表象文化学部

所属は 2019 年 8 月現在

[リテラシーズ叢書について]

本叢書は，リテラシーズ研究会・編集委員が企画・立案し，シンポジウム等を通じ議論を重ねた上で出版するものです。
本研究会の設立主旨等・活動はWEBサイトを御覧ください。
http://literacies.9640.jp/

リテラシーズ研究会・編集委員
川上郁雄・佐藤慎司・砂川裕一・牲川波都季・細川英雄・三代純平

リテラシーズ叢書4

異文化間教育とは何か
― グローバル人材育成のために

2015年10月27日　初版第1刷発行
2019年 8月29日　　　第3刷発行

編　者…　西山教行・細川英雄・大木 充

発行所　　くろしお出版
　　　　　〒102-0084　東京都千代田区二番町4-3
　　　　　電話 03-6261-2867　　fax.03-6261-2879　　www.9640.jp

装　丁…　折原カズヒロ
印刷・製本…　シナノ書籍印刷

© 2015　西山教行・細川英雄・大木充・リテラシーズ研究会

Printed in Japan　ISBN978-4-87424-673-3　C3080

———————— リテラシーズ叢書のご案内 ————————

リテラシーズ叢書 1
複言語・複文化主義とは何か
ヨーロッパの理念・状況から日本における受容・文脈化へ

細川 英雄・西山 教行　編
定価 2,400 円＋税

リテラシーズ叢書 2
「移動する子ども」という記憶と力
ことばとアイデンティティ

川上 郁雄　編
定価 3,800 円＋税

リテラシーズ叢書 3
マイノリティの社会参加
障害者と多様なリテラシー

佐々木 倫子　編
定価 2,200 円＋税

リテラシーズ叢書 5
日本語教育学としてのライフストーリー
語りを聞き、書くということ

三代 純平　編
定価 3,000 円＋税

リテラシーズ叢書 6
市民性形成とことばの教育
母語・第二言語・外国語を超えて

細川 英雄・尾辻 恵美・マルチェッラ マリオッティ　編
定価 2,800 円＋税

リテラシーズ叢書 7
コミュニケーションとは何か
ポスト・コミュニカティブ・アプローチ

佐藤 慎司　編
定価 2,400 円＋税